Hans Christian Scheid

FRANZ FUCHS

Doch kein Einzeltäter?

Hans Christian Scheid

Franz Fuchs

Doch kein Einzeltäter?

:STYRIA

Die Deutsche Bibliothek – CIP-Einheitsaufnahme

Scheid, Hans Christian:

Franz Fuchs : doch kein Einzeltäter? / Hans Christian Scheid. –
Graz ; Wien ; Köln : Verl. Styria, 2001
ISBN 3-222-12879-0

Repros & Umbruch: B & R Satzstudio, Graz
Umschlaggestaltung: Kurt Rendl
Umschlagbild: Helge Sommer, Graz
Druck und Bindung: Wiener Verlag, Himberg
ISBN 3-222-12879-0

VORWORT

„Die Einzeltätertheorie hat schon auch was Positives,
weil dann können Sie die Ermittlungen einstellen!"

Franz Fuchs am 9. November 1997
zum Untersuchungsrichter und zu Polizisten

„Es macht einen Unterschied aus, ob die Regierenden meinen,
es gibt nur einen, oder es gibt mehrere Täter.
Wenn es nur einen gibt, dann sagen sie, den Gauner haben wir und
jetzt können wir wieder machen, was wir wollen."

Franz Fuchs am 17. Mai 1998
zum Untersuchungsrichter und zu Polizisten

„Dieses Buch ist der Suche nach einem Stück
mehr Wahrheit gewidmet."

Der Autor

„Ich hätte dieses Buch gerne zur Fuchs-Verteidigung
im Grazer Prozess zur Verfügung gehabt."

Dr. Gerald Ruhri, Fuchs-Verteidiger

Inhaltsangabe

Einleitung

Das vorliegende Buch stellt die Ausgangsfrage: Konnte ein Fuchs allein so schlau sein?
Gemeint ist natürlich der Franz Fuchs, den große Teile der österreichischen Polizei, der Justiz und der Medien für ein Universalgenie hielten. Für jenes Genie nämlich, dass aus dem kleinen Ort Gralla in der Südsteiermark jahrelang ein ganzes Land mit Brief- und Rohrbomben terrorisiert haben soll. Die Geschworenen im Grazer Fuchs-Prozess haben sich im März 1999 dieser Sichtweise einstimmig angeschlossen. Das Gericht hat Franz Fuchs daraufhin als Einzeltäter zu lebenslanger Haft samt Einweisung in eine Haftanstalt für geistig abnorme Rechtsbrecher verurteilt.
Auch unter dem Eindruck des Urteils wagt es der Autor des vorliegenden Buches, größte Zweifel am Einzeltäter Franz Fuchs zu hegen. Für mich gibt es nämlich nach wie vor schwer wiegende Indizien für die Beteiligung mehrerer Personen am Terror der so genannten „Salzburger Eidgenossenschaft-Bajuwarische Befreiungsarmee".
Jetzt werden Sie vielleicht sagen, oje, da kommt ein Journalist daher, der einen Bestseller landen will, er will mit dem Fall Fuchs Geld verdienen, ist vielleicht ein Wichtigmacher und entwirft am Ende eine billige Verschwörungstheorie. Nein, keine Angst, so wird es nicht sein. Sie begegnen als Autor einem unabhängigen Journalisten, der sich nicht zufrieden gibt mit dem gerichtlich festgestellten Urteil zum BBA-Terror. Dies deshalb, weil mein Erkenntnisstand eben sehr große Zweifel am Einzeltäterurteil aufkommen lässt.
Ich fühle mich in meiner journalistischen Arbeit einem Leitspruch verantwortlich, den die öffentlich-rechtliche britische Rundfunk- und Fernsehanstalt BBC zu ihrem Credo erhoben hat. Dieser Leitspruch lautet: „to inform and to enlighten" – „informieren und erhellen".

Im Grazer Fuchs-Prozess dagegen schien mir die Devise geheißen zu haben: „Augen zu und durch!"
Was ich damit meine? Man hat beharrlich massive Schwachstellen der Einzeltäterthese ignoriert. Ja, bereits in der Phase der gerichtlichen Voruntersuchung hat man – so scheint es mir jedenfalls – wenig Interesse gezeigt, bestimmte vorhandene Ungereimtheiten aufzuklären und zu hinterfragen. Genau genommen wurden sogar – wie dieses Buch zeigen wird – weitere Merkwürdigkeiten erzeugt.
Einige Journalistenkollegen hatten beim Grazer Fuchs-Prozess übrigens auch das Gefühl, Polizei und Justiz hätten mehr tun müssen, um Hintergründe auszuleuchten und die Frage nach möglichen Hintermännern oder Mittätern intensiver abzuklären.
Alle Zweifel am Einzeltäter wurden aber beiseite geschoben. Gerade dort, wo der Fuchs-Verteidiger durch Zeugen vermutlich auch bei den Geschworenen solche Zweifel hätte nähren können, wurden die entsprechenden Anträge durch das Gericht abgelehnt. So wurde etwa ein aus der Sicht der Verteidigung wichtiger Zeuge als unerheblich eingestuft. Wie dieses Buch zeigen wird, wäre es jedoch vermutlich sehr wichtig gewesen, den Zeugen zu hören.
Vor allem der Inhalt der Bekennerschreiben, die Opferauswahl und die Konstruktion der fingierten Absenderadressen auf den Briefbombenkuverts lassen starke Bedenken aufkommen, dass dieser Franz Fuchs als Einzeltäter gehandelt haben soll. Vieles lässt sich mit dem Wissen des Einsiedlers Franz Fuchs nicht logisch in Beziehung setzen. Beim Grazer Fuchs-Prozess haben aber genau diese Dinge eine völlig untergeordnete Rolle gespielt.
Die BBA-Bekennerschreiben zeigen einen geradezu spielerischen Umgang mit der rechtsextremen Szene in Österreich. Der Verfasser dieser Schreiben muss sich meiner Ansicht nach mit einschlägigen Schriften befasst haben. Eine derartige Wortwahl war den Tageszeitungen so nicht zu entnehmen. Denn hier kommen Begriffe wie „multiethnischer Bastard" oder „panslawistisches Umvolkungsinstitut" vor. Dies deutet zumindest auf eine gewisse Vertrautheit mit Publikationen der rechten Szene hin. Bei Franz Fuchs findet sich aber

kein einziger Hinweis, dass er sich jemals mit solchen Publikationen befasst hätte. Sein Leben zeigt auch nicht einen einzigen Anhaltspunkt für Kontakte mit politischen Gruppen des rechten Spektrums. Wie soll Franz Fuchs die Bekennerschreiben ohne entsprechende Vorkenntnisse und Vorlagen entworfen haben? Man kann sich ja selbst beim Lesen der BBA-Bekennerschreiben im vierten Kapitel dieses Buches darüber ein Bild machen.

Ebenso seltsam in den Bekennerschreiben ist der Umstand, wie genau sich die so genannte „Salzburger Eidgenossenschaft-Bajuwarische Befreiungsarmee" mit der Ermittlungsarbeit der Polizei auseinandersetzte. Man ist versucht, davon zu sprechen, dass sich die BBA fast zu genau mit der Ermittlungsarbeit befasste – ein Faktor, der beim Grazer Prozess nicht erhellt wurde. Das vorliegende Buch wird den Merkwürdigkeiten in diesem Bereich auf die Spur gehen und es wird Antworten verlangen.

Subjektiv betrachtet werde ich beim BBA-Terrorfall den Gesamteindruck nicht los, dass hier eine Gruppe am Werk war, die mit viel Wissen und Übersicht mit der ganzen Republik gespielt hat. Eine Gruppe, die wie auf Knopfdruck gewisse Daten und Informationen abzurufen schien, um die üble Sache durchzuführen. Aus dem stillen Einsiedler-Kämmerlein in der Südsteiermark scheint mir dies aber unmöglich gewesen zu sein. Für diese Feststellung werde ich zahlreiche Argumente vorbringen.

Man kann jetzt natürlich noch ein – auf den ersten Blick durchaus schlüssiges – Argument gegen das vorliegende Buch ins Treffen führen. Man könnte nämlich einwenden, Franz Fuchs müsse der alleinige BBA-Terrorist gewesen sein. Schließlich hat es doch seit seiner Verhaftung in Österreich keinen BBA-Terroranschlag mehr gegeben.

Auch diesem Argument habe ich etwas entgegenzusetzen – meiner Ansicht nach ein ebenso schlüssiges Argument. Besteht da nicht die Möglichkeit, dass Mitglieder, Mittäter oder Hintermänner der so genannten BBA mit dem Ausgang des Falles durchaus zufrieden sein können und keine Veranlassung mehr sehen, weiter zu bomben? Ich stelle daher die Frage: Hat die BBA vielleicht in der Person von Franz Fuchs das ideale Bauernopfer gefunden?

Mittwoch, 5. Jänner 2000

Ein Dreivierteljahr nach dem Urteil gegen Franz Fuchs. Ich saß am Nachmittag in Graz bei Rechtsanwalt Dr. Gerald Ruhri, dem Verteidiger von Franz Fuchs. Wir sprachen über den Fall, der ihn – glaube ich – genauso wenig loslässt wie mich. Ich sagte damals zu ihm, dass ich dabei bleiben würde: Für mich sei dieser Franz Fuchs kein Einzeltäter.

Ferner kündigte ich ihm meine Absicht an, über diese Thematik ein Buch schreiben zu wollen. Dr. Ruhri bezeichnete mein Vorhaben als sehr interessant. An diesem Nachmittag überraschte mich der Anwalt mit einer Schilderung, die mir mein Buchprojekt gleich noch interessanter erscheinen ließ und mich in meinem Entschluss bestärken sollte. An diesem Tag im Jänner erzählte mir Dr. Ruhri nämlich, er habe vor kurzem einen Mithäftling von Fuchs in der Strafanstalt Karlau getroffen, den er ebenfalls anwaltlich vertrete. Dieser habe ihm bemerkenswerte Andeutungen über jüngste Äußerungen von Franz Fuchs gemacht. Diese Fuchs-Aussagen dürften von Spaziergängen im Gefängnishof stammen. Er soll sinngemäß gesagt haben, er habe die Verantwortung für den BBA-Terror auf sich genommen, er habe sich quasi geopfert. Das Ganze sei ein Angriff auf die Grundfesten der Republik gewesen. Hinter dem Terror wäre mehr verborgen gewesen.

Diese Geschichte ließ mich natürlich hellhörig werden. Ich sah mich einmal mehr in meiner Meinung bestärkt, dass dieser Franz Fuchs nicht der grandiose Alleskönner und somit Einzeltäter gewesen sein kann. Franz Fuchs schien im Gegensatz zu den seinerzeitigen Einvernahmen vor dem Untersuchungsrichter und den Polizeibeamten nun in einer neuen Weise gesprächig zu werden. Dr. Ruhri bekräftigte seine Absicht, mit Franz Fuchs demnächst einmal sprechen zu wollen. In weiterer Folge könnte man dann – so der Vorschlag des Anwalts am 5. Jänner 2000 – versuchen, Franz Fuchs mit einem Fragenkatalog zu konfrontieren. Dieser Fragenkatalog sollte all jene Rätsel ansprechen, die uns beiden – dem Anwalt und mir – nicht aus dem Kopf gingen. Ich war voller Begeisterung über diesen Vorschlag. Vielleicht könnten wir Fuchs nun zum Reden bringen. Vielleicht

würde es gelingen, Licht ins Dunkel so mancher Ungereimtheiten zu bringen.
Aus heutiger Sicht muss ich sagen, wir waren eben nicht schnell genug. Oder um es philosophischer auszudrücken: Vielleicht wollte es das Schicksal eben so haben. Wie auch immer, Tatsache ist, dieses Vorhaben blieb ein Projekt. Denn nur wenige Wochen nach dem Gespräch zwischen Dr. Ruhri und mir war Franz Fuchs nicht mehr am Leben.

Samstag, 26. Februar 2000
13 Uhr 20. Franz Fuchs wird tot in seiner Zelle in der Justizvollzugsanstalt Graz-Karlau aufgefunden. Erster Eindruck: Er hat sich mit dem Kabel seines Rasierapparates erhängt. Der Mann, der bei seiner Verhaftung am 1. Oktober 1997 durch einen Sprengsatz beide Hände verloren hatte, hat es nach den Erkenntnissen der Justiz geschafft, ohne Zuhilfenahme seiner Handprothesen ein Rasiererkabel als Strick aufzubereiten und dieses Kabel dann an einer Befestigungsschraube eines Kästchens in seiner Zelle anzubringen. Das Kästchen hatte er zuvor von der Wand genommen.
Mit seinen Armstümpfen soll es ihm gelungen sein, das Kabel um seinen Hals zu legen. Anschließend soll er einen Schemel bestiegen und diesen weggestoßen haben.
Ein psychiatrischer Gutachter wird wenige Stunden nach dem Auffinden der Leiche bereits kommentieren, dass er nicht sonderlich überrascht sei über den Selbstmord von Franz Fuchs. Das sei zu erwarten gewesen und wäre für den Gutachter nur eine Frage der Zeit gewesen. „Ich wusste, er würde geduldig eine Chance ausspähen, dass er sich das Leben nehmen kann", ist die Schlussfolgerung des Psychiaters.
Die Untersuchungen der Justiz schließen rasch mit der Erkenntnis ab, dass hier kein Fremdverschulden vorliegt.
Am Sonntag, dem 27. Februar 2000, finden sich Name und Bild von Franz Fuchs noch einmal auf den Titelseiten sämtlicher österreichischer Tageszeitungen. Dann scheinen der Fall Fuchs und damit – aus der Sicht von Polizei und Justiz – der Terror der so genannten „Salz-

burger Eidgenossenschaft-Bajuwarische Befreiungsarmee", kurz BBA, Geschichte zu sein. Kriminalgeschichte.

Man hat den Eindruck, mit dem Tod von Franz Fuchs herrscht geradezu eine gewisse Erleichterung, nun den Akt über den größten Kriminalfall der Zweiten Republik in Österreich endgültig schließen zu können. Wäre da nur nicht noch ein Journalist, der Antworten auf jene interessanten Fragen sucht, die auch noch nach dem Tod von Franz Fuchs Relevanz haben und im Interesse von Demokratie und Rechtsstaat stehen, wie ich meine.

Ich darf Sie nunmehr einladen, mich auf meiner „journalistischen Rasterfahndung" durch den BBA-Terrorfall zu begleiten. Durch die Fuchs-Vernehmungsprotokolle, durch die Anklageschrift, diverse Gutachten, durch Bücher, Zeitschriften und Zeitungen und bei der Wiedergabe diverser Gespräche. Manches vernetzt, quer gelesen und quer gedacht wird ein interessantes Bild ergeben.

Kapitel 1

Der BBA-Terror, das Umfeld, Franz Fuchs und zahlreiche Ungereimtheiten

Chronologie des BBA-Terrors

3.–6. Dezember 1993: Erste Briefbombenserie
Es werden zehn Briefbomben verschickt.
Alle Briefbomben werden am 3. Dezember 1993 in Niederösterreich aufgegeben, und zwar in Hollabrunn, in Stockerau, in Tulln und in Niederrußbach.

Die Empfänger:

August Janisch, Pfarrer in Hartberg in der Steiermark
Silvana Meixner, ORF-Moderatorin von „Heimat, fremde Heimat"
Madeleine Petrovic, damals Klubobfrau der Grünen
Terezija Stoisits, Abgeordnete der Grünen
Helmut Schüller, damals Präsident der Caritas
Johanna Dohnal, damals Bundesministerin
Wolfgang Gombocz, Slowenischer Kulturverein Artikel 7
Islamischer Ausländerhilfsverein
Arbeitsgemeinschaft für Ausländerbeschäftigung
Helmut Zilk, damals Bürgermeister von Wien

Vier Menschen werden bei dieser ersten Briefbombenserie schwer verletzt: Pfarrer Janisch, die ORF-Moderatorin Silvana Meixner, der dama-

lige Wiener Bürgermeister Zilk und die Sekretärin Astrid Bileck. Sie arbeitet in einer Wiener Rechtsanwaltskanzlei, die gerade das Konkursverfahren des Islamischen Ausländerhilfsvereines abwickelt.
Alle anderen Briefbomben werden rechtzeitig entdeckt und können entschärft werden.

24. August 1994: Rohrbombenanschlag in Klagenfurt
Bei der zweisprachigen (deutsch/slowenischen) Volksschule, der Dr. Karl Renner-Schule wird von einem Mann gegen 0 Uhr 30 ein verdächtiger Gegenstand deponiert. Dies beobachten Augenzeugen und verständigen die Polizei. Der zum Tatort gerufene Sprengstoffsachverständige Theodor Kelz fährt schließlich mit zwei weiteren Beamten, Günther Petritsch und Hermann Knaller, mit dem Sprengkörper zum Flughafen Klagenfurt. Dort will Kelz das Bombenrohr zwecks weiterer Abklärung durch die Röntgenstraße laufen lassen. Dabei detoniert der Sprengkörper. Theodor Kelz wird schwerst verletzt, er verliert beide Hände. Die Beamten Petritsch und Knaller erleiden ebenfalls schwere Verletzungen.

30. September–6. Oktober 1994: Zweite Briefbombenserie
Diesmal werden vier Briefbomben verschickt.
Die Briefbomben werden zwischen dem 30. September und dem 3. Oktober in einen Briefkasten in Kirchdorf in Tirol eingeworfen.

Die Empfänger:

Verlag Lojze Wieser, Klagenfurt
Ausländerberatungsstelle Dornbirn
Personalbüro der Papierfabrik Hallein
Stift Wilten in Innsbruck

Keine der vier Briefbomben detoniert. Eine Detonation ist aufgrund leerer Knopfzellen in den Briefbomben nicht möglich.

4. Februar 1995: Rohrbombenanschlag in Oberwart
Die Bombe wird an diesem Samstagabend um ca. 23 Uhr in der Nähe der Roma-Siedlung aufgestellt. Die Bombe ist einem Verkehrszeichen

nachempfunden, die Tafel trägt die Aufschrift „ROMA zurück nach INDIEN!".
Vier Angehörige der Volksgruppe der Roma, Josef Simon, Karl Horvath, Erwin Horvath und Peter Sarközi kommen bei der Explosion der Rohrbombe ums Leben.

6. Februar 1995: Rohrbombenanschlag in Stinatz
Am Montagvormittag berührt der Mitarbeiter des burgenländischen Umweltdienstes, Erich Preiszler, eine Spraydose, um sie in einen Metallcontainer zu werfen. Die Spraydose entpuppt sich als Rohrbombe. Der Arbeiter wird schwer verletzt.
Die Rohrbombe in Stinatz, einem Ort, in dem sehr viele Angehörige der kroatischen Volksgruppe leben, ist vermutlich bereits am Vortag, also am 5. Februar 1995, hinterlegt worden.

7.–13. Juni 1995: Dritte Briefbombenserie
Bei dieser dritten Serie werden drei Briefbomben verschickt.
Die Briefbomben werden zwischen dem 7. und dem 8. Juni 1995 in Ternitz in Niederösterreich aufgegeben.

Die Empfänger:
Arabella Kiesbauer, Fernsehmoderatorin bei PRO 7 in München
Intercontact Partnervermittlung in Linz
Dietrich Szameit, Oberbürgermeister von Lübeck

Alle drei Briefbomben detonieren. In München wird die Sekretärin von Arabella Kiesbauer, Sabine Damann, beim Öffnen des als Fanpost getarnten Bombenbriefes schwer verletzt. In Linz wird die Frau des Geschäftsführers der Partnervermittlung, Eva Kulmer, schwer verletzt. Und in Lübeck trifft die Briefbombe den Geschäftsführer der SPD-Fraktion im Lübecker Rathaus, Thomas Rother. Auch er wird schwer verletzt.

14.–16. Oktober 1995: Vierte Briefbombenserie
Bei dieser Serie werden drei Briefbomben versandt.
Am Wochenende, dem 14. und 15. Oktober, werden die Briefe in St. Pölten in Niederösterreich aufgegeben.

Die Empfänger:

Maria Loley, Flüchtlingshelferin in Poysdorf
Dr. Mahmoud Abou-Roumie, Arzt in Stronsdorf
Familie Dr. Chang-Sik Chung und Dr. Hye-Shuk Chung, Ärzte-Ehepaar in Mistelbach

Zwei der Bomben werden explodieren. Die Flüchtlingshelferin Maria Loley und der Arzt Dr. Mahmoud Abou-Roumie werden schwer verletzt. Die dritte Briefbombe wird rechtzeitig entdeckt.

9.–11. Dezember 1995: Fünfte Briefbombenserie

Bei dieser Serie wird der Versuch unternommen, vier Briefbomben zu verschicken. Alle werden nach polizeilicher Erkenntnis zwischen Samstag, dem 9., und Montag, dem 11. Dezember, in der Früh in einen Briefkasten des Postamtes Gösting in der steirischen Landeshauptstadt Graz eingeworfen. Zwei der Briefbomben detonieren im Postkasten, zwei weitere in einem Spezialbehälter auf dem Transport von Graz nach Wien.

Die Empfänger der Briefbomben sollten folgende Personen bzw. Institutionen sein:

UNO-Flüchtlingshilfswerk UNHCR
Familie Palathunkal, Wien
Angela Resetarits, Wien
Partnervermittlungsinstitut, Postfach 16 in Köszeg in Ungarn

29. November–9. Dezember 1996: Sechste Briefbombenserie

Diese Serie wird zwar von der Polizei als Serie bezeichnet, genau genommen besteht sie aber nur in der Versendung einer einzigen Briefbombe, aufgegeben am 29. November in Deutschfeistritz in der Steiermark.

Die Empfängerin sollte die Stiefmutter des damaligen Innenministers Einem, Lotte Ingrisch, sein.

Aufgrund einer veralteten Adressenangabe von Frau Ingrisch wird der Brief von der Post an die fingierte Absenderadresse, ein Astrologie-Institut im 10. Bezirk in Wien, „retourniert". Dort wird der Brief am 9. Dezember 1995 als verdächtig auffallen.

Die Geschäftsführerin schaltet die Polizei ein. Die Briefbombe detoniert in den Räumlichkeiten des Instituts bei der Entschärfung durch ein so genanntes sachkundiges Organ, wie das in der Polizeisprache heißt. Glücklicherweise wird niemand verletzt.

Die Bekennerschreiben

Zugleich mit der zweiten Briefbombenserie taucht im Oktober 1994 erstmals ein Bekennerschreiben auf, das mit dem Briefkopf „Salzburger Eidgenossenschaft-Bajuwarische Befreiungsarmee" versehen ist.
Jene Schreiben, die von der Polizei als authentisch betrachtet wurden, können Sie in Kapitel 4 nachlesen.
Oktober 1994 BBA-Schreiben an den damaligen slowenischen Außenminister Lojze Peterle
Februar 1995 BBA-Schreiben an die Rechtsanwälte Dr. Michael Graff, Dr. Herbert Schaller und Dr. Rudolf Mayer
Ende Mai 1995 wird ein BBA-Schreiben an den niederösterreichischen FPÖ-Landesrat Hans Jörg Schimanek aufgegeben.
Nur eine Woche später, Anfang Juni 1995, meldet sich die BBA neuerlich beim Wiener Rechtsanwalt Dr. Mayer, diesmal mit dem längsten Schreiben, einem 28-seitigen Brief.
Zeitgleich mit dem Mayer-Schreiben wird im Juni 1995 ein zweiseitiges BBA-Schreiben an das Nachrichtenmagazin *Profil* verschickt.
Und dann erhält das Nachrichtenmagazin *Profil* mehr als ein Jahr später wieder Post von der BBA. Diesmal ist der Großteil des 19-seitigen Schreibens, das Ende September 1996 auftaucht, verschlüsselt.

Der BBA-Terror, sein zeitliches Umfeld und das erste Rätsel

Der Briefbombenterror begann im Dezember 1993. Zu Anfang dieses Jahres war es in Österreich zu einer harten politischen Konfrontation um die Ausländerpolitik gekommen. Die FPÖ führte ihr Ausländervolksbegehren durch. Zwischen 25. Jänner und 1. Februar 1993 unterstützten 416.532 Österreicherinnen und Österreicher die zwölf

Punkte dieses Volksbegehrens. Die Wünsche reichten von der Forderung nach einer Verfassungsbestimmung, wonach Österreich kein Einwanderungsland sein sollte, einer Ausweispflicht für ausländische Arbeitnehmer am Arbeitsplatz, der Forderung nach Aufstockung der Exekutive bis hin zum Wunsch nach der Errichtung einer Osteuropa-Stiftung zur Verhinderung von Wanderungsbewegungen.

Am 23. Jänner 1993 veranstaltete die erst kurz zuvor gegründete Initiative SOS-Mitmensch, eine Menschen- und Bürgerrechtsbewegung, ein Lichtermeer in Wien zum Zeichen des Protests gegen das FPÖ-Ausländervolksbegehren. 250.000 bis 300.000 Menschen folgten dem Aufruf der überparteilichen Organisation. Unter den Mitgliedern des Proponentenkomitees von SOS-Mitmensch waren auch spätere Empfänger von Briefbomben zu finden, wie etwa der ehemalige Caritas-Präsident Helmut Schüller.

Sowohl 1993 als auch das Jahr zuvor waren Jahre, in denen die rechtsextreme Szene in Österreich immer wieder für Schlagzeilen sorgte. Das Auftreten der Neonazi-Organisation „Volkstreue außerparlamentarische Opposition" (VAPO) führte bereits Anfang 1992 zu zahlreichen Verhaftungen. Allen voran wurde der Vorsitzende der VAPO, Gottfried Küssel, verhaftet.

Im Handbuch des österreichischen Rechtsextremismus, herausgegeben vom Dokumentationsarchiv des österreichischen Widerstandes und erschienen im Deuticke-Verlag, kann man über die VAPO nachlesen. In der zweiten Auflage aus dem Jahr 1996 findet sich auf Seite 235 folgende Eintragung: „Die VAPO ist eine weder als Partei noch als Verein konstituierte militante, neonazistische Gruppe. In der von der VAPO herausgegebenen Publikation ‚die Sturmfahne' wird unter dem Titel ‚Das VAPO-Konzept zur Organisationsform' festgestellt: ‚Die VAPO ist eine fundamentale nationale Opposition. Sie ist keine Organisation im herkömmlichen Sinn, sondern eine lose Kampfgemeinschaft von nationalen Gruppen und Personen.'"

Als Aktivitäten zählt das Handbuch des österreichischen Rechtsextremismus die Gründung von Kameradschaften in verschiedenen Städten (wie Wien, Linz, Gmunden, Wels, Pöggstall, Salzburg, Wiener Neustadt, Korneuburg), die Durchführung von Kundgebungen (in

St. Pölten und Linz) sowie unter anderem die Durchführung von Wehrsportübungen mit der „Kameradschaft Langenlois" auf.

Gottfried Küssel wurde am 29. September 1993 wegen seiner VAPO-Aktivitäten in einem Prozess am Wiener Landesgericht zu zehn Jahren Haft verurteilt. Das Urteil wurde vom Obersten Gerichtshof aus formalen Gründen aufgehoben. Im September 1994 begann die zweite Hauptverhandlung gegen Küssel, am 19. Oktober wurde Küssel zu elf Jahren Haft verurteilt. Dieses Urteil wurde rechtskräftig.

Während des Küssel-Prozesses wurde Hans Jörg Schimanek junior, Aktivist der so genannten „Kameradschaft Langenlois", wegen des Verdachtes der falschen Zeugenaussage verhaftet. Auch wurde ein Verfahren wegen des Verdachtes der Wiederbetätigung im Sinne des Nationalsozialismus eingeleitet. Dieses endete zunächst am 31. März 1995 mit der Verurteilung zu 15 Jahren Haft. In der Berufungsverhandlung wurde das Urteil auf acht Jahre Haft herabgesetzt.

Das härtere Vorgehen gegen die rechtsextreme Szene in Österreich mit zahlreichen Verfahren hat nicht zuletzt die Novellierung des NS-Verbotsgesetzes im März 1992 bewirkt. Unter anderem wurde die Strafuntergrenze für NS-Wiederbetätigung gesetzlich auf ein Jahr Freiheitsstrafe herabgesetzt. Zuvor galten fünf Jahre als Mindeststrafe.

Der Nationalrat beschloss bei der Novellierung des Gesetzes auch einen Zusatz zum Verbotsgesetz. Die so genannte Auschwitz-Lüge, also das Leugnen der Massenmorde in den Nazi-Konzentrationslagern, wurde unter Strafe gestellt.

Die Bekennerschreiben der ominösen „Salzburger Eidgenossenschaft-Bajuwarische Befreiungsarmee" befassen sich sehr intensiv mit der rechtsextremen Szene in Österreich. Die Schreiben basieren geradezu auf einer intimen Kenntnis des rechtsextremen Spektrums. Der spielerische Umgang mit den Namen der Exponenten dieser Szene fällt ebenso auf wie deutliche Parallelen zwischen den Bekennerschreiben und einschlägigen Publikationen.

Besonders auffallend ist das Faktum, dass sich die BBA in Kampftrupps untergliedert. In Kampftrupps mit historischen Namen.

Fast könnte man vermuten, dass die BBA mit ihren historischen Kampftrupps eine Anspielung machen möchte – etwa auf die Organisation einer VAPO, die sich ja – wie zuvor gerade erwähnt – als lose Kampfgemeinschaft von Kameradschaften verstand.

An dieser Stelle will ich ein Zitat des früheren Generaldirektors für die öffentliche Sicherheit, Michael Sika, aus dem Jahr 1996 im Zuge der Terrorermittlungen erwähnen. Das Nachrichtenmagazin *News* zitierte in der Ausgabe Nr. 5 vom 1. Februar 1996 einen Hinweis von Sika, dass es sich bei den Motiven in den BBA-Bekennerschreiben um eine Tarnung handeln könnte. Sika sprach konkret von einer vorgetäuschten „Deutschtümelei".

Der Meinung Sikas aus dem Jahr 1996 würde ich auch im Jahr 2001 noch immer voll inhaltlich beipflichten. Denn auch ich halte die „Deutschtümelei" in den BBA-Schreiben für vorgetäuscht.

Allerdings geht Sika heute davon aus, dass diese Deutschtümelei eben von Franz Fuchs vorgeheuchelt wurde. An diesem Punkt trenne ich mich von der Übereinstimmung mit Michael Sika und sehe hier das erste große Rätsel in dem ganzen Kriminalfall. Das erste große Problem mit der Logik.

Lassen Sie mich den bekannten Schriftsteller Mark Twain zitieren, der einmal gesagt haben soll: „Um Tatsachen verdrehen zu können, muss man sie kennen."

Dieses Zitat von Mark Twain möchte ich für den vorliegenden Kriminalfall leicht abwandeln. Und das würde dann so aussehen: „Ein Verfasser der Bekennerschreiben müsste, um Deutschtümelei zu heucheln und vorzutäuschen, diese Deutschtümelei kennen." Also mit dieser Art von „Gedankengut" vertraut sein.

Bei Franz Fuchs lagen aber keine Bezüge zur rechten Szene vor, keine Literatur oder einschlägige Publikationen, keine Kontakte. Buchstäblich fand sich nichts, was Fuchs in Verbindung mit der rechtsextremen Szene hätte bringen können.

Abgesehen von einigen, allerdings äußerst oberflächlichen Kommentaren von Franz Fuchs über Exponenten der rechtsextremen Szene in den Vernehmungen ließ sich nichts ermitteln.

Wie soll dieser Franz Fuchs also in der Lage gewesen sein, Deutschtümelei vorzutäuschen, wenn ihm schon die Grundvoraussetzungen dazu fehlten?
Eine berechtigte Frage mit bestechender Logik.

Der Weg zum Einzeltäter

Der Terror der ominösen „Salzburger Eidgenossenschaft-Bajuwarische Befreiungsarmee" erstreckte sich über die Jahre 1993 bis 1996. Die Ermittler vollzogen dabei nicht selten einen Zickzackkurs: Man balancierte zwischen Einzeltäterthese und Mehrtäterthese hin und her.
Schon wieder muss ich Michael Sika zu Wort kommen lassen. Für den früheren obersten Chef aller Exekutivbeamten war der Einzeltäter im BBA-Terrorfall schon im Dezember 1993 ein ernst zu nehmendes Thema. Sika schreibt dies jedenfalls in seinem Buch „Mein Protokoll", erschienen im NP-Verlag. Und Sika beruft sich dabei auf den Kriminalpsychologen im Innenministerium, Thomas Müller. Nach Sikas Darstellung fertigte Müller bereits am 8. Dezember 1993 ein Täterprofil an, das auf einen Einzeltäter hinwies. Der Kriminalpsychologe entwarf das Profil eines technisch versierten, fremdenfeindlichen Einzeltäters um die 50, der im Süden Österreichs in einem Ort mit den Endbuchstaben „tz" leben dürfte. Also möglicherweise Hochosterwitz oder Leibnitz. Der Heimatort von Franz Fuchs, Gralla, liegt bei Leibnitz. Welch ein Zufall! Sika macht zu diesem Täterprofil Nummer eins keine weiteren Angaben. Er bleibt in seinem Buch die Antwort schuldig, wie der Kriminalpsychologe damals – im Dezember 1993 – zu seinen Erkenntnissen gekommen sein will. Sika berichtet aber über etwas Merkwürdiges in Verbindung mit der Präsentation dieses ersten Täterprofils vor Spitzenbeamten der Staatspolizei in den Räumlichkeiten der Einsatzgruppe zur Bekämpfung des Terrorismus, der EBT. Was weiß Sika also zu berichten?
Er schreibt, dass ein Beamter unter bis heute ungeklärten Begleitumständen die Ausführungen Müllers mittels Videokamera versteckt mitgeschnitten habe. Müller habe nichts von diesem „Lauschangriff"

bemerkt und habe – so Sika – auch erst Jahre später von dem Videoband erfahren.

Von diesem Täterprofil Nummer eins gänzlich unberührt blieben dann allerdings die ersten Schritte, die man in der Staatspolizei setzte. Es kam nämlich bei den Ermittlungen zu einem Schlag gegen die Neonazi-Szene. Schon aufgrund der Auswahl der Opfer der ersten Briefbombenserie – Personen und Organisationen, die sich ausländerfreundlich engagierten – vermutete die Staatspolizei die rechtsextreme Szene und ihre Exponenten als Urheber des Terrors. Und es gab erste Festnahmen. Als mutmaßliche Täter für die erste Briefbombenserie im Dezember 1993 wurden Franz Radl und Peter Binder verhaftet.

In Verbindung mit diesen beiden Verhaftungen erscheinen aus heutiger Sicht einige Dinge äußerst merkwürdig. Die beiden Verhafteten waren nämlich ohnehin in den Monaten zuvor unter intensiver Beobachtung der Staatspolizei gestanden.

Bei Franz Radl war erst am 19. August 1993 an seinem Wiener Wohnsitz eine Hausdurchsuchung durchgeführt worden. Im Übrigen saß er gerade eine Haftstrafe nach einer Verurteilung wegen Verstoßes gegen das NS-Verbotsgesetz ab. Er wurde erst wenige Wochen vor der ersten Briefbombenserie aus der Haft entlassen. Auch hier scheint schon die Logik es auszuschließen, dass dieser Mann einen solchen Terrorakt in so kurzer Zeit vorbereiten hätte können.

Das Nachrichtenmagazin *Profil* wird am 13. Februar 1995 über den zweiten damals Verdächtigen, Peter Binder, folgende bemerkenswerte Sätze schreiben: „So wurde der wegen der ersten Briefbombenserie angeklagte Peter Binder bereits vier Monate vor der ersten Briefbomben-Welle, seit August 1993, überwacht. Sogar einen Plan zur Ausschaltung des Rechtsextremisten hatten die Ermittler erarbeitet."

Dieser letzte Satz aus dem *Profil*-Artikel hat für mich in einem Rechtsstaat alarmierenden Charakter. Was soll das heißen: „Sogar einen Plan zur Ausschaltung des Rechtsextremisten hatten die Ermittler erarbeitet." Wie weit wollte die Exekutive im Fall Binder gehen, wenn man diesen Satz liest? Bei dem Wort „Ausschaltung" denkt man im äußersten Fall sogar an gewaltsamen Tod. Welche Pläne gab es damals tatsächlich, auf die der *Profil*-Autor offenbar Bezug nahm? Eine Sache, die ich auch heute für mehr als nur erklärungsbedürftig halte.

Peter Binder und Franz Radl wurden jedenfalls im Dezember 1993 verhaftet und zwei Jahre später im ersten Briefbombenprozess von diesem Verdacht freigesprochen. Ein für mich bis heute nachwirkendes Resumee zu diesem Radl/Binder-Prozess zur ersten Briefbombenserie zog der Journalist Alfred Worm. In *News* Nr. 1 vom 4. Jänner 1996 schrieb er: „Binder und Radl wurden nicht aus Mangel an Beweisen, sondern wegen des Fehlens jedweder Indizien von den Geschworenen freigesprochen. Die von der EBT erhobenen Indizien waren entweder falsch, manipuliert oder zur Wahrheitsfindung ungeeignet."

Springen wir nach dieser Vorwegnahme der Schicksale von Franz Radl und Peter Binder in der Bombencausa zeitlich zurück, in jenen Zeitraum, als die beiden gerade in Untersuchungshaft saßen. Nach den ersten Verhaftungen schien der Terror Pause zu machen. Die Einsatzgruppe zur Bekämpfung des Terrorismus EBT fertigte die Vollanzeige gegen Radl/Binder. Sie wurde der Staatsanwaltschaft Wien von zwei Beamten der EBT am 17. April 1994 übermittelt.

Bis zum 24. August 1994 blieb es ruhig. Kurz bevor die Sommerferien zu Ende gingen, machte das Rohrbombenattentat auf die zweisprachige Volksschule in Klagenfurt Schlagzeilen. Die Rohrbombe wurde entdeckt, nachdem ein Gendarmeriebeamter und seine Lebensgefährtin einen Mann beim Hinterlegen eines verdächtigen Gegenstandes vom Balkon des Nachbarhauses aus beobachtet hatten. Beim Versuch, die Bombe näher abzuklären, sie am Flughafen Klagenfurt durch ein Röntgengerät laufen zu lassen, detonierte sie. Der Polizist Theodor Kelz verlor dabei beide Hände.

Der Terror erfuhr dann eine deutliche Tempoverschärfung. Nur wenige Wochen später, knapp vor der damaligen Nationalratswahl, folgte die zweite Briefbombenserie. Explosive Briefe, die aufgrund leerer Batterien nicht detonierten. Daran anschließend tauchte ein erstes Bekennerschreiben einer so genannten „Salzburger Eidgenossenschaft-Bajuwarische Befreiungsarmee" auf. Dieses Schreiben wurde der Öffentlichkeit erst einige Wochen nach seinem Eintreffen beim slowenischen Außenminister Peterle bekannt. Dieser hatte das Schreiben zwar, wie ein Protokoll zeigt, schnell an die österreichischen Sicherheitsbehörden übergeben, die Öffentlichkeit aber erfuhr von der Existenz eines solchen Schreibens erst einige Wochen später. Das Schreiben signalisierte die Übernahme der Verantwortung für den Rohrbombenanschlag von Klagenfurt. Inhaltlich enthüllte es ein abstruses Geschichtsbild, wonach das heutige Kärnten seit jeher fest in deutscher oder eben bajuwarischer Hand gewesen sei. Bemerkenswert an dem ersten BBA-Bekennerschreiben war das Faktum, dass versucht wurde, die gerade zu diesem Zeitpunkt in Untersuchungshaft sitzenden Franz Radl und Peter Binder zu entlasten. Es hieß darin: „Wir vermuten, dass die inhaftierten Verdächtigen Franz Radl und Peter Binder nicht einmal von der Existenz einer BBA wissen; umso weniger haben sie irgendjemanden angestiftet oder gar das Kampfprojekt (Anmerkung: die erste Briefbombenserie) selbst durchgezogen."

Wieder vergingen einige Monate ohne Terroraktivität. Dann aber erlebte Österreich einen dramatischen Terrorschwerpunkt. Ein Wochenende im Zeichen des Terrors. Wir schrieben den 4. und 5. Februar 1995.

Fast schien es, als ob sich die BBA an diesem Wochenende gezielt einen grausamen operativen Schwerpunkt im Burgenland gesetzt hätte. Dem tragischen Rohrbombenanschlag in Oberwart fielen vier Angehörige der Volksgruppe der Roma zum Opfer. Junge Familienväter verloren bei dem heimtückischen Attentat ihr Leben.

Am 6. Februar kam noch eine Hiobsbotschaft aus dem Burgenland. An diesem Montagvormittag verletzte eine am Wochenende in Stinatz hinterlegte Rohrbombe einen Mitarbeiter des burgenländischen Umweltdienstes schwer.

Begleitet war dieses blutige Terrorwochenende von der Aufgabe eines weiteren BBA-Bekennerschreibens. Gleich lautend verschickt an drei Rechtsanwälte. Und zu allem Überfluss tauchte auch noch ein Pamphlet gegen die Volksgruppe der Kroaten im Burgenland auf. Dieses Pamphlet wurde in einem Buswartehäuschen im burgenländischen

Ollersdorf gefunden. Ein Schreiben mit extrem volksgruppenfeindlichem Inhalt.
Vor allem unter dem Eindruck des folgenschweren Anschlages von Oberwart wurde der Druck auf die Exekutive, endlich einen Fahndungserfolg gegen die BBA zu bringen, größer.
Eine Umfrage des Nachrichtenmagazins *News* im Februar 1995 ergab, dass nur acht Prozent der Befragten den BBA-Terror einem Einzeltäter zutrauten.
Und auch wenn der damals höchste österreichische Beamte in der Exekutive, Michael Sika, in seinem Buch im Jahr 2000 schreiben wird, dass er immer vom Einzeltäter überzeugt gewesen sei, ließ er sich doch am 7. März 1995 in einer Pressekonferenz zu folgender Bemerkung verleiten: „Im ausgehenden 20. Jahrhundert gibt es das Universalgenie nicht mehr. Alle Eigenschaften können nicht einer Person zugeschrieben werden." Bereits vier Tage vor dieser Äußerung hatte das Innenministerium an alle Sicherheitsdienststellen ein Täterprofil gesandt, das nun von einer kleinen Tätergruppe ausging.
Täterprofil Nummer zwei war geboren. Und auch dieses Täterprofil kam übrigens wieder unter Mitarbeit des Kriminalpsychologen Thomas Müller zustande. Es wies einen Urheber, einen Bombenbauer und einen Hinterleger aus. Aus dem Innenministerium verlautete: „Es ist davon auszugehen, dass die Täterschaft ein unauffälliges Leben führt und vermutlich dem so genannten Mittelstand angehört. Man könne nicht ausschließen, dass es honorige Personen sind, die sich vielleicht zu Gesprächen in Kaffeehäusern treffen ... Die Täterschaft beschäftigt sich vermutlich intensiv mit Minderheiten- und Ausländerpolitik und mit Personen, die in diesem Bereich tätig sind ... Der Täterschaft ist eine übertriebene deutschösterreichische-deutschnationale Gesinnung nicht abzusprechen. Wahrscheinlich verwendet die Täterschaft in Gesprächen Worte, die auf ihre Gesinnung schließen lassen (zum Beispiel: Slawisierungs- und Ungarisierungsversuche; deutsch-österreichisches Territorium; Schwarzafrikaner ...). Vermutlich besitzt die Täterschaft eine gewisse Erfahrung im Umgang mit Behörden, Ämtern und Gerichten.
Aufgrund ihrer Interessen lässt sich auf ein regelmäßiges und interessiertes Lesen, Auswerten und Aufbewahren von Tageszeitungen und

BUNDESMINISTERIUM F. INNERES
Gen.Dion.f.d.öff. Sicherheit
Gruppe II/C
Einsatzgruppe zur Bekämpfung
des Terrorismus

Wien, am 3. März 1995

VERTRAULICH !

Betreff: Unbekannte Täter;
Sprengstoffanschläge in Österreich;
Fahndung.

An alle
Sicherheitsdirektionen
Bundespolizeidirektionen
Landesgendarmeriekommanden

Das BMI-EBT ersucht die do. Behörden und Dienststellen um Mitfahndung nach den Tätern die in den letzten Wochen und Monaten Sprengstoffanschläge verübten. Hierzu werden die nachstehenden Informationen übermittelt:

Auszug aus dem zweiten Täterprofil, März 1995

Erkenntnisse zur Täterschaft

Es muß davon ausgegangen werden, daß es sich bei der Täterschaft um einige wenige Personen handelt, die eine gemeinsame Ideologie vertreten. - In Briefen scheint die Bezeichnung "Salzburger Eidgenossenschaft - Bajuwarische Befreiungsarmee/BBA" auf, die angeblich sog. "Kampftrupps" unterhält. Für letztere sind die Bezeichnungen "Graf Ernst Rüdiger von Starhemberg", "Regent Andreas Hofer von Tirol", "Herzog Oadilo von Bayern" und "Friedrich II., der Streitbare, Herzog von Österreich und Steiermark und Vierburgenland" verwendet worden.

Die Ermittlungen ergaben, daß an den Bombenattentaten mindestens drei Personen beteiligt sein müssen, die im folgenden als Urheber, Bombenbauer und Hinterleger bezeichnet werden.

Der Urheber:

> ***Dieser ist ein Mann im Alter von etwa 60 Jahren, allenfalls auch darüber. Er verfügt über eine ausgezeichnete Bildung, hat vermutlich ein Studium absolviert und hat gute Kenntnisse des juristischen Bereiches. Er ist mit der Organisation von Behörden und dem Behördenaufbau vertraut. Er beherrscht die deutsche Sprache perfekt und bedient sich einer gewählten Ausdrucksweise. Wenn er auch über große Kenntnisse der mittelalterlichen Geschichte verfügt, so scheinen diese jedoch eher amateurhaft erworben zu sein. Der Urheber ist ebenso intelligent, selbstbewußt, phantasie- und ideenreich wie auch ehrgeizig, geltungssüchtig, eitel und überheblich. Dies schließt aber nicht aus, daß er im täglichen Leben und in der Öffentlichkeit als höflicher und hilfsbereiter Mensch in Erscheinung tritt. Er ist bereit, in Verfolgung seiner Ideen und seiner Überzeugung Menschen zu verletzen und zu töten. Er befindet sich in einem Konflikt- und Spannungsfeld gegenüber Angehörigen von in Österreich lebenden Minderheiten und in einem solchen gegenüber der katholischen Kirche wegen deren angeblichen "Slawisierungs- und Ungarisierungsversuchen".***

Auszug aus dem zweiten Täterprofil, März 1995

Er verfügt über ausgezeichnete Detailkenntnisse der Kärntner Verhältnisse in Bezug auf die dort lebende Minderheit und interessiert sich offenbar sehr für die Kärntner Tagespolitik (z.B. Land- und Forstwirtschaftskammer in Klagenfurt; Schulpolitik;Vorkommnisse im Zusammenhang mit der slowenisch--sprechenden Minderheit). Seine besonder Vorliebe gilt einem von ihm vertretenen Deutschtum, wobei diese Einstellung nicht unbedingt in Verbindung mit ns-Gedankengut stehen muß.

Der Bombenbauer:

Dieser Mann dürfte etwa 50 - 55 Jahre alt sein. Er besitzt hohes technisches Wissen und fundierte Kenntnisse der Bereiche Elektronik und Chemie, vor allem was Sprengstoffe betrifft. Er ist ideenreich und phantasiebegabt, ein Bastler und bringt dies bei der Konstruktion der Bomben immer wieder zum Ausdruck. Hervorzuheben ist seine penible, genaue, akkurate und präzise Arbeit bei der Herstellung der Sprengkörper. - Er ist erfahren im Umgang mit zwei-Komponenten-Epoxyharz (dieses ist ein glasklarer, flüssiger, rasch erhärtender Kunststoff, mit welchem kleine Gegenstände - z. B. Blumen, Münzen, Muscheln, usw. - eingegossen werden). Es ist damit zu rechnen, daß besonders gut gelungene derartige Stücke in der Wohnung oder am Arbeitsplatz des Bombenbauers zu finden sind.

Der Hinterleger:

Jener Mann, der die Rohrbombe bei der Dr. Karl-Renner-Schule in Klagenfurt deponierte, ist etwa 20 - 40 Jahre alt, ca. 175 cm groß, schlank und hat dunkles Haar. Vorsichtig und umsichtig hatte er sich dem Hinterlegungsort genähert und bewies hierbei ausgezeichnete Nerven. Auf einem öffentlich zugänglichen Ort (vor der Schule) machte er die Bombe scharf und handelte überlegt, als er nach dem Deponieren ohne Hast mit einem PKW vom Hinterlegungsort wegfuhr. Er kann Autofahren und besitzt einen PKW oder kann zumindest über einen solchen verfügen.

Auszug aus dem zweiten Täterprofil, März 1995

Zeitschriften wie zumindest ‚Krone', ‚Kurier', ‚Täglich Alles', ‚News', ‚Profil' usw. schließen. Es ist denkbar, dass die Täterschaft Zeitungen mit deutsch-nationaler Ausrichtung wie z. B. ‚Aula', ‚Das Grenzland ruft', ‚Sieg' und/oder ‚Nation' regelmäßig liest und/oder abonniert hat. Die Täterschaft dürfte TV-Sendungen wie z. B. ‚Orientierung' und ‚Heimat, fremde Heimat' regelmäßig verfolgen. In diesen Sendungen wurden vor den Anschlägen Beiträge über die Ausländerberatungsstelle in Dornbirn, über die Unterbringung von Ausländern im Stift Wilten in Tirol und über die Roma-Siedlung in Oberwart ausgestrahlt ..."

Während die Exekutive also jetzt – verbrieft durch ein weiteres Täterprofil – nach einer Tätergruppe fahndete, brachen neue BBA-Bekennerschreiben und die nächsten Briefbombenserien über Österreich herein (Serie drei im Juni 1995, Serie vier im Oktober 1995 und Serie fünf im Dezember 1995). Diese fünfte Briefbombenserie sorgte wenige Tage vor der damaligen Nationalrats-Neuwahl und wenige Tage vor dem Ende des Radl/Binder-Prozesses für besonders große Aufregung. Der Radl/Binder-Prozess endete, wie schon gesagt, mit Freisprüchen vom Verdacht der Beteiligung an der ersten Briefbombenserie. Für Radl und Binder gab es beim Prozess jedoch Haftstrafen wegen Verstoßes gegen das NS-Verbotsgesetz.
Immer nervöser wurde man in weiten Teilen der Exekutive ob des ausbleibenden Fahndungserfolges. Der Terror verschärfte sich, von Tätern keine Spur.
Und wieder kam der frühere Generaldirektor für die öffentliche Sicherheit ins Spiel. Sika vereinbarte nämlich zu Jahresanfang 1996 mit zwei Journalisten ein Buchprojekt. Dieses Buch sollte die Erkenntnisse der Exekutive darlegen und ein Täterprofil veröffentlichen. Zwischen Sika und den Journalisten wurde strengstes Stillschweigen vereinbart, weil Querschüsse aus dem Innenministerium befürchtet wurden. Am 29. November 1996 wurde das Buch – überraschend für die Öffentlichkeit – in einer Pressekonferenz in Wien präsentiert. Selbst der damalige Innenminister Caspar Einem war erstaunt. Er war nicht informiert. Dieser 29. November 1996 wird

uns in diesem Buch noch einmal befassen. Denn bei mir kommen größte Zweifel auf, ob die von Michael Sika gewünschte Geheimhaltung des Buchprojektes so lückenlos funktioniert hat, wie er sich das gewünscht hatte. Merken wir uns dieses Datum, den 29. November 1996.

Zurück zu der Buchpräsentation. Das Buch hatte den Titel „Der Briefbomber ist unter uns", wurde verfasst von Michael Grassl-Kosa und Hans Steiner und war im GKS-Zeitschriftenverlag erschienen. Mit dem Buch wurde nun Täterprofil Nummer drei veröffentlicht, wieder entworfen vom Kriminalpsychologen Thomas Müller. Und dieses dritte Täterprofil ging nun neuerlich vom Einzeltäter aus. Nach der Vorstellung von Michael Sika sollte dieses Buch jedenfalls einen Einzeltäter provozieren, gleichermaßen Druck auf ihn ausüben und mit ihm auf besondere Weise kommunizieren. Franz Fuchs kaufte sich dieses Buch übrigens nicht, wie er in den Vernehmungen später berichten wird. Mit ihm kommunizierte es also nicht. Grundsätzlich ist an Sikas Überlegung, dass ein solches Buch einen Einzeltäter provozieren müsste, durchaus etwas dran. Die Logik würde wirklich besagen, dass ein Einzeltäter sich dieses Buch kaufen würde. Umso auffallender das Desinteresse von Franz Fuchs. Und genauso interessant ist es, dass Fuchs auch ein bereits 1995 erschienenes, ebenso bekanntes Buch nicht gekauft hat. Die Rede ist von dem Werk „Bombenspuren" der Journalisten Kurt Tozzer und Günther Zelsacher, erschienen im Holzhausen-Verlag. Dieses Buch, das sich ebenso dem BBA-Terror widmete, ließ Fuchs also genauso kalt. Und in den Vernehmungen wird der angeblich so „allwissende Fuchs" sogar behaupten, dass der Journalist Kurt Tozzer doch in der Zwischenzeit verstorben sei. Hier zeigen sich einmal mehr die unpräzisen Darstellungen des Franz Fuchs in den Vernehmungen nach seiner Verhaftung. Richtig wäre nämlich gewesen, dass der Journalist Günther Zelsacher gestorben war. Solche Fehler stehen einfach im Widerspruch zu dem von Behördenseite skizzierten Bild vom genialen Fuchs, der alles weiß. Wie man später sehen wird, gibt es für die Wissenslücken dieses Franz Fuchs zahllose Beispiele.

Tritt nicht auch hier schon wieder ein gravierender Widerspruch zu Tage? Franz Fuchs betonte, dass er sämtliche Buchveröffentlichungen

zum BBA-Terror ignoriert habe. Eigentlich doch ein seltsames Verhalten. Auf der anderen Seite wurde diesem Franz Fuchs von der Polizei und vom Gericht eine penible Medienauswertung zwecks Erstellung der Bekennerschreiben zugetraut.
Zunächst aber zurück zum Inhalt des Buches „Der Briefbomber ist unter uns". Wie gesagt, es machte Täterprofil Nummer drei des Kriminalpsychologen Thomas Müller mit dem Bild vom Einzeltäter publik. Müller entwarf folgendes Profil:
„Er ist Österreicher. Er ist ein Mann. Er ist Pensionist. Er wohnt in Niederösterreich, dem Burgenland, der Steiermark oder in Kärnten. Er wohnt in einem Einfamilienhaus. Er hat eine Hobby-Werkstatt. Er benutzt Spezialwerkzeug. Er ist allein stehend. Er hat bereits erwachsene Kinder und mag seine Enkelkinder. 1985 und 1993 gab es markante Einschnitte (gemeint im Zusammenhang mit einem Ausländer und im privaten Bereich – Tod seiner Frau, Wechsel in den Ruhestand etc.).
Sein Markenzeichen ist die Sprachgewandtheit. Er hat Matura. Er ist Katholik. Er ist chemisch versiert. Er ist elektronisch hochversiert. Er ist historisch interessiert. Seine Freizeitbeschäftigung ist das Lesen von Büchern und Zeitungen."
Darüber hinaus weist das im Buch „Der Briefbomber ist unter uns" veröffentlichte Täterprofil im Besonderen auf die eindrucksvollen mikrosensorischen Fähigkeiten hin, die der Mann haben müsste. Da heißt es: „Seine Fähigkeiten im mikrosensorischen Bereich (Lötpunkte, die mit freiem Auge nicht mehr sichtbar sind) könnte der Briefbomber auch auf anderen Gebieten angewendet haben. Er könnte an seinem ehemaligen Arbeitsplatz oder jetzt zu Hause einen Gegenstand aufbewahrt haben, der ein eindrucksvolles Zeugnis dieser Fähigkeit ist, wie ein Schiff in einer Flasche beispielsweise."
Ferner attestierte das Täterprofil dem gesuchten Einzeltäter folgende Eigenschaften:
„Er ist ordnungsliebend. Sein Humor ist der Zynismus." Soweit Täterprofil Nummer drei. Einige Wochen vor der Veröffentlichung dieses Buches mit dem Täterprofil war ein großteils verschlüsseltes BBA-Bekennerschreiben aufgetaucht. Wenige Tage vor der damaligen EU-Parlamentswahl. Zeitgleich mit der Veröffentlichung des Buches

samt dem Täterprofil gelangte noch eine Briefbombe zum Versand, jene an die Stiefmutter des damaligen Innenministers Caspar Einem, Lotte Ingrisch.

Unter dem Eindruck des BBA-Terrors setzte die Exekutive – allen voran auch hier wieder Michael Sika – bei der Politik zusätzliche Fahndungsmethoden durch. Rasterfahndung und Lauschangriff.

Die Rasterfahndung ist die Vernetzung von Daten, der Datenabgleich zur Ausforschung von mutmaßlichen Tätern. Die Möglichkeit der Rasterfahndung wurde mit 1. Oktober 1997 gesetzlich eingeführt. Der Lauschangriff, also das Abhören mutmaßlicher Täter, wurde per Gesetz ab dem 1. Juli 1998 in Österreich möglich.

Just der 1. Oktober 1997, der Tag eins in der Geschichte der Rasterfahndung, brachte einen Fahndungserfolg in der Terrorcausa. Allerdings nicht mit Hilfe der Rasterfahndung.

Weil sich zwei Frauen in Gralla am Abend des 1. Oktober 1997 nicht sicher fühlten und sich durch ein Auto verfolgt sahen, riefen sie die Gendarmerie zu Hilfe.

Es waren die zwei Frauen, die auf diese Weise der Republik den mutmaßlichen BBA-Terroristen lieferten. Bei der Gendarmeriekontrolle zündete Franz Fuchs einen Sprengsatz, der ihn schwer verletzte. Er verlor durch die Explosion beide Unterarme.

Was wird bei Franz Fuchs gefunden? Was nicht?

Von großer Bedeutung ist natürlich die Frage, was wurde jemals von der Exekutive bei Franz Fuchs sichergestellt, was Rückschlüsse auf seine Täterschaft im BBA-Terrorfall zulässt. Ohne Zweifel gab es da Dinge, die Franz Fuchs teilweise massiv belasteten. Andererseits werfen gerade einige bei Fuchs sichergestellte Gegenstände wiederum neue Fragen auf.

Am Abend des 1. Oktober 1997 fiel Franz Fuchs also zwei Gendarmen nach der Explosion von Gralla buchstäblich vor die Füße. Der Polizeiakt vermerkt dazu:

„Der Täter stürzte schließlich zu Boden und konnte festgenommen werden. Beim Versuch, ihm die Handschellen anzulegen, stellten die

Beamten fest, dass dem Mann durch die Explosion beide Unterarme abgetrennt worden waren. Er wurde in das Landeskrankenhaus Wagna eingeliefert, wo er unmittelbar darauf notoperiert wurde."

Während Franz Fuchs im Krankenhaus lag, lief die Behördenmaschinerie an, die unter anderem eine Hausdurchsuchung am Wohnort ermöglichte.

Mit dem Vollzug dieser gerichtlichen Verfügungen wurde bis zum Eintreffen der Beamten der Briefbomben-Sonderkommission aus Wien zugewartet. Am 2. Oktober 1997 am Vormittag treffen die Beamten aus Wien in der Südsteiermark ein. Um 12 Uhr 55 wird dann mit der Hausdurchsuchung im Wohnhaus von Franz Fuchs in Gralla 149 begonnen.

Die Polizei vermerkt, dass schon am ersten Tag der Hausdurchsuchung verschiedene elektronische Bauteile und sprengstoffverdächtige Gegenstände beschlagnahmt wurden, wovon insbesondere eine als Blumentopf getarnte Sprengfalle, mehrere mit Sprengstoffen gefüllte Rohre, eine mit Sprengstoff gefüllte Plastikflasche, weitere verschiedene Sprengstoffe, darunter Nitroglycerin, und zwei als Zündauslöser modifizierte Wecker den Verdacht auf die Täterschaft erhärteten, wie die Mitglieder der Briefbomben-Sonderkommission festhielten. Darüber hinaus wurden elektronische Schaltpläne sichergestellt, die Franz Fuchs in den Augen der Ermittler und der späteren Gerichtsgutachter besonders belasteten. In der Vollanzeige der Briefbomben-Sonderkommission gegen Franz Fuchs hieß es dazu, es sei mit an Sicherheit grenzender Wahrscheinlichkeit anzunehmen, dass Franz Fuchs die bei der Hausdurchsuchung gefundenen Schaltpläne, die eindeutig mehreren Briefbombenserien und den Sprengfallen in Oberwart, Stinatz und Klagenfurt zuzuordnen seien, selbst entwickelt und gezeichnet habe.

Ebenso wurden Textfragmente für eine Art Bekennerschreiben und einige Zettel sichergestellt, die einen Zusammenhang mit dem BBA-Terrorfall vermuten ließen. Das sieht auf den ersten Blick nach einer erdrückenden Indizienlage aus. Im Lichte der Erkenntnis, dass es sich bei Franz Fuchs um einen Einzeltäter gehandelt haben soll, ist die Ausbeute der bei Fuchs sichergestellten Gegenstände aber durchaus kritischer zu sehen. Denn es ist genauso interessant aufzulisten, was bei Fuchs nicht gefunden wurde, im gegenständlichen Terrorfall aber eine große Rolle spielte.

Zu nennen sind da zunächst einmal die BBA-Schreibgeräte. Jene Schreibgeräte, die der BBA zur Abfassung der Bekennerschreiben dienten. Diese wurden bei Fuchs aber nicht sichergestellt. Keinerlei Spuren von elektrischen Typenradschreibmaschinen oder einem Tintenstrahldrucker, keine Spur vom ominösen Briefkopf mit dem Logo „Salzburger Eidgenossenschaft-Bajuwarische Befreiungsarmee". Dieser BBA-Briefkopf war weder auf dem bei ihm sichergestellten Computer noch auf Disketten abgespeichert.

Ein Labor oder zumindest ein laborähnlicher Raum zur Herstellung der Sprengstoffe wurde im Umfeld des Franz Fuchs nicht entdeckt. Auch bei den Gerichtsgutachtern im Fall Fuchs wurde eine deutliche Skepsis sichtbar bei der Annahme, dass Franz Fuchs die Sprengstoffe für die Bomben in seiner Wohnung hergestellt haben soll. Abgesehen davon wurde keinerlei Sprengstoff-Literatur sichergestellt.

Überhaupt wurden bei Fuchs kaum Bücher gefunden, die ihn wirklich schlüssig als Einzeltäter belastet hätten. Mit Ausnahme vielleicht des 22-bändigen Lexikons.

Es gab keinen Hinweis auf die bei einem Einzeltäter vermutete umfassende Mediendokumentation, obwohl der BBA-Terror jahrelang ein seltsames Spiel mit den österreichischen Medien getrieben hatte, das auf eine penible Auswertung zahlloser Medien hingedeutet hatte.

Auch das bei Fuchs gefundene Werkzeug oder eben gerade das nicht gefundene Werkzeug ließ Fragen offen.

Wo sind also die vielen Dinge verblieben, über die ein Einzeltäter verfügt haben muss? Der Staatsanwalt mutmaßte in seiner Anklageschrift, Franz Fuchs hätte viele Dinge eben bereits vor seiner Verhaftung am 1. Oktober 1997 vernichtet. Was meinte der Angeklagte dazu?

Franz Fuchs hat beispielsweise die Abfassung der Bekennerschreiben stets geleugnet und gemeint, er sei nicht im Besitz der BBA-Schreibgeräte gewesen. Zum konkreten Vorhalt, er könne eine Schreibmaschine ja vernichtet haben, sagte Franz Fuchs in der Vernehmung vor dem Untersuchungsrichter und den Polizeibeamten am 9. November 1997: „Schreibmaschinen wird man schwer wegwerfen können, weil sich da immer Zeugen finden könnten, die einen dabei beobachten und dann sofort Meldung machen. Die KTZ (Anmerkung: Kriminaltechnische Zentralstelle) könnte sofort nachweisen, dass dies die selbe Schreibmaschine ist, auf der die Bekennerbriefe geschrieben wurden. Auch die Schreibmaschine in die Mur zu werfen, ist keine schlaue Idee, weil da gibt es wieder die Taucher, die alles finden würden."

> Über Vorhalt, daß es ohneweiteres denkbar ist, daß der Verfasser der Bekennerbriefe jene Schreibmaschinen oder Schreibgeräte, wie Computer, etc , bereits entsorgt hat bzw sich deren entledigt hat, erklärt der Beschuldigte: „Schreibmaschinen wird man schwer wegwerfen können, weil sich da immer Zeugen finden könnten, die einen dabei beobachten und dann sofort Meldung machen. Die KTZ könnte sofort nachweisen, das dies die selbe Schreibmaschine ist, auf der die Bekennerbriefe geschrieben wurden. Auch die Schreibmaschine in die Mur zu werfen, ist keine schlaue Idee, weil da gibt es wieder die Taucher, die alles finden würden.

Auszug aus dem Vernehmungsprotokoll von Franz Fuchs

Diese Bemerkung von Franz Fuchs birgt ohne Zweifel sehr viel Logik in sich. Die Vernichtung gleich mehrerer Schreibgeräte, ob in Etappen oder gleichzeitig, hätte wirklich jemandem auffallen können. Allen voran schon den Fuchs-Eltern, die mit ihrem Sohn schließlich dasselbe Haus bewohnten. Wenn Franz Fuchs der alleinige BBA-Terrorist sein sollte, wie es das Gericht meinte, dann hätte er eine Vielzahl von Schreibgeräten besitzen müssen. Dies werde ich später auch im Abschnitt „Die BBA und ihre Schreibgeräte" dokumentieren und näher erläutern. Ganz grundsätzlich sei hier zunächst einmal der Gedanke eingebracht, dass eine Vernichtung von Schreibgeräten vielleicht doch zu allererst den Eltern hätte auffallen müssen. Es wäre interessant zu wissen, ob die Eltern von Franz Fuchs jemals danach gefragt wurden. Sie hätten ihren Sohn möglicherweise in dieser Frage entlasten können. Eine derartige Anzahl von Schreibgeräten im Hause hätte den Eltern sehr wohl auffallen können. Selbst wenn man jenen Meldungen glauben schenkt, dass Fuchs seinen Eltern den Zutritt zu seinem Wohntrakt angeblich schon längere Zeit verwehrt hatte, hätten sie diesbezüglich noch immer Beobachtungen machen können. Entweder zum Zeitpunkt, an dem die Schreibgeräte ins Haus gekommen sein müssten, oder zum Zeitpunkt der vom Staatsanwalt vermuteten Beseitigung derselben.

Hat es die BBA-Schreibgeräte im Haus vielleicht gar nie gegeben, so wie es Franz Fuchs in den Vernehmungen behauptete?

Der Staatsanwalt stellte fest, dass Franz Fuchs vieles vernichtet habe. Schließlich hätte sich Fuchs ja mindestens seit einem Jahr observiert gefühlt. Für den Betrachter des Falles beginnt die Argumentationslinie des Staatsanwaltes an dieser Stelle etwas ins Wanken zu kommen.Was ich damit meine? Auf der einen Seite soll Fuchs viele ihn belastende Dinge vernichtet haben – aus Angst. Auf der anderen Seite verbleiben in seiner Wohnung aber Gegenstände, die er wesentlich leichter beseitigen hätte können. Für mich ist das ein Rätsel. Während eine Schreibmaschine eben schwer zu entsorgen ist, könnte man Schaltpläne, die auf Papier gezeichnet sind, wohl ohne größere Probleme vernichten. Wenn sich Fuchs schon angeblich verfolgt gefühlt haben soll, warum lässt er belastende Dinge in der Wohnung zurück? Warum soll Fuchs nur einen Teil der ihn belastenden Gegenstände beseitigen? Ein großes Rätsel. In den Vernehmungsprotokollen fehlen schlüssige Erklärungen.

Wer sich Pläne des bescheidenen, äußerst kleinen Fuchs-Anwesens in Gralla 149 angesehen hat, der muss schon aufgrund der Größen- und Raumverhältnisse massive Zweifel bekommen, ob dieser Wohnraum wirklich das Zentrum des jahrelangen perfekten und perfiden BBA-Bombenterrors gewesen sein konnte – wie dies jedenfalls Franz Fuchs von der Anklage unterstellt wurde.

Er müsste dort also die Sprengstoffe abgemischt, die Bomben gebaut haben, bei ihm müssten sich Schreibgeräte getürmt haben, und nicht zuletzt müssten ihn die Ordner mit der Mediendokumentation in seinen kärglichen Räumlichkeiten fast „erschlagen" haben. Denn wie stellte der Kriminalpsychologe Thomas Müller in seinem dritten Täterprofil über den mutmaßlichen Einzeltäter fest: „Er hat eine penible Zeitungsauswertung, indem er alle Artikel aufhebt, die seinen Fall betreffen. Fein säuberlich mit Datum und Seitenangabe geordnet, muss diese Sammlung bereits mehrere Ordner füllen." Dies schrieb der Kriminalpsychologe 1996. Bei Franz Fuchs, um es nochmals zu betonen, wird aber keine solche Mediendokumentation sichergestellt. Auf die wenigen laut Hausdurchsuchungsprotokoll sichergestellten Zeitungs- und Zeitschriftenartikel werde ich gleich Ihre besondere Aufmerksamkeit lenken.

Sehen wir uns das Sicherstellungsprotokoll der Sonderkommission über die bei Fuchs im Wohnhaus Gralla 149 gefundenen Gegenstände näher an. Und widmen wir uns ganz kleinen Details.

Laut Punkt zwei im Sicherstellungsprotokoll soll in einer Seifenschale ein Zettel gefunden worden sein, worauf stand: „Wir wehren uns! BBA, Friedrich der Streitbare."(Anmerkung: Friedrich der Streitbare wurde mehrfach in den BBA-Bekennerschreiben erwähnt und wurde zu einer Symbolfigur des Terrors hochstilisiert.)

XII.2. Sicherstellungsprotokoll der SOKO, vom 5.10.1997;

Auflistung jener Gegenstände, welche bei der HD in 8430 Gralla Nr 149 beschlagnahmt und der Abteilung II/11 (Kriminaltechnische Zentralstelle) des BMfI übergeben wurden:

SpZ 1 Blumentopf mit Sprengfalle (Sektor I/Blumentopf mit Sprengfalle)

1 -	Seifenschale mit Elektronik aus Blumentopf	(I/02A)
2 -	Bekennerschreiben "Wir wehren uns! BBA, Friedrich der Streitbare" in Seifenschale	(I/08A)
3 -	Manipulierter Kochtopfdeckel mit Kabel	(I/11B)
4 -	Kochtopf mit Eisenrohr, gefüllt mit Sprengstoff und Patronen	(I/15A)

Auszug aus der Strafanzeige gegen Franz Fuchs

Das Protokoll wertet diesen Zettel gleich zum Bekennerschreiben auf. Im Bereich des Fuchs'schen Wohnzimmers wurden dann – unter Punkt 98 und 99 im Sicherstellungsprotokoll vermerkt – Blätter und Zettel mit der BBA-Kampfparole „Wir wehren uns" gefunden. Die polizeiliche Vollanzeige zum Fall Fuchs stellt auf Seite 756 dazu noch Folgendes erläuternd fest: „Die Aufschrift auf den Zetteln sowie auf dem Blatt sind mit einer Typenradschreibmaschine, ausgestattet mit einem Typenrad in der Schriftart ‚Micro Modern' im Fettdruck gefertigt. Ein derartiges Typenrad wurde bereits bei dem Bekennerschreiben von Ollersdorf verwendet." Von der Polizei wurde dieser Fund also als weiteres Indiz für die Täterschaft von Franz Fuchs gewertet. Wir halten dazu fest, dass in der Fuchs-Wohnung Zettel mit BBA-Parolen aufgetaucht sind, verfasst auf einer elektrischen Typenradschreibmaschine, von der bei der Hausdurchsuchung jede Spur fehlte.

Aus den Fuchs-Vernehmungen erhält man keinerlei schlüssige Antwort, warum sich solche kleinen Details zum Zeitpunkt der Hausdurchsuchung in der Wohnung befunden haben.

Ich habe vorhin schon von den wenigen Zeitungs- und Zeitschriftenartikeln gesprochen, die laut Protokoll in der Fuchs-Wohnung gefunden wurden. Listen wir genau auf, was die Terror-Sonderkommission bei Franz Fuchs zu diesem Themenkomplex gefunden haben will:

Nummer 127 im Sicherstellungsprotokoll vermerkt, dass die Seiten 9 und 10 sowie 15 und 16 der Zeitung *Kurier* vom 4. Februar 1995 gefunden wurden. Auffallend sei dabei ein Artikel über ein Nazipamphlet vor einer Schule. Gemeint war in diesem Fall ein Artikel über einen Trittbrettfahrer-Scherz zum BBA-Terror.

Seite 9/10 und Seite 15/16 der Zeitung "KURIER" vom

04.02.1995, auffallend ein Artikel "NAZIPAMPHLET VOR SCHULE" ("FELDBACHER EIDGENOSSENSCHAFT")

zwei Seiten aus Telefonbuch "STADT SALZBURG" II/83 (Schulen) und II/41;

zwei Seiten aus Telefonbuch "LINZ" II/314 (Schulen) und II/315 (Schulen;

1Zeichenblatt, weiß, mit handschriftlicher Notiz "Postf. 16“ und drei Stück Klebebändern, transparent (alles 8/7)

Auszug aus der Strafanzeige gegen Franz Fuchs, Auflistung der bei der Hausdurchsuchung sichergestellten Gegenstände

Nummer 136 berichtet über die Sicherstellung von Ausschnitten über die Briefbombencausa in der Ausgabe 7/96 im Nachrichtenmagazin *News*. Ebenso werden noch drei Ausgaben des *Börsenkurier*, das ist eine Wirtschafts-Wochen-Zeitung, eine Fachzeitschrift für Elektronik aus dem Jahr 1985 und ein Computermagazin *CT* vom Jänner 1994 sichergestellt.

Diese genannten Punkte sind die einzigen Hinweise auf Medienkonsum in der Fuchs-Wohnung. Nicht der Ansatz einer Spur zu einer umfassenden Mediendokumentation, wie sie ein BBA-Terrorist gehabt haben müsste – für den Vollzug des Terrors auf der „operativen Ebene" der Bekennerschreiben.

Geht man den oben angeführten *Kurier*-Zeitungsartikeln nach, erlebt man überhaupt Überraschendes und Merkwürdiges zugleich. Noch einmal: Nach Darstellung des Sicherstellungsprotokolls wurden bei Franz Fuchs die Seiten 9 und 10 sowie 15 und 16 der Tageszeitung *Kurier* vom 4. Februar 1995 sichergestellt. Übrigens war dies der Tag der Hinterlegung der Bombe von Oberwart. In der Vollanzeige der Polizei zum Fall Fuchs wird vermerkt, dass auf diesen Zeitungsseiten besonders ein Artikel über eine „Feldbacher Eidgenossenschaft" auffällt. Jetzt habe ich mir aus reinem Interesse die Mühe gemacht, in der entsprechenden Zeitung nachzublättern. Ich habe mir sogar zwei Ausgaben dieser Tageszeitung angesehen, und zwar die an diesem Tag in Wien erschienene Ausgabe genauso wie jene, die an diesem Tag in der Steiermark verkauft wurde. Dies deshalb, weil die jeweiligen Ausgaben im Chronik-Teil unterschiedlich gestaltet sind. Das Überraschende und zugleich Merkwürdige: In keiner dieser *Kurier*-Ausgaben vom 4. Februar 1995 wird auf den betreffenden Zeitungsseiten über eine „Feldbacher Eidgenossenschaft" berichtet.

Ich erlaube mir daher, eine nicht unbedeutende Frage zu stellen: Wie kommt es zu derartigen Feststellungen in der polizeilichen Anzeige zum Fall Fuchs?

Im Sicherstellungsprotokoll über die Hausdurchsuchung wurde auch erwähnt, dass bei Franz Fuchs Artikel über den Bombenterror aus der Ausgabe Nr. 7/96 der Zeitschrift *News* sichergestellt worden seien. Blättert man nun in dieser angegebenen Zeitschrift, findet man tatsächlich einen mehrseitigen Artikel über den BBA-Terrorfall, in dem von *News*-Journalisten der damalige Erkenntnisstand der Ermittler wiedergegeben wird. In diesem Artikel fand ich eine Begebenheit erwähnt, die ich auch heute noch für erklärungs- und aufklärungsbedürftig halte. Vor allem im Hinblick auf die Frage nach möglichen Mittätern. *News* weiß in dieser Ausgabe vom Februar 1996 nämlich unter Berufung auf die Ermittler der Einsatzgruppe zur Bekämpfung des Terrorismus EBT von einem seltsamen Fund zu berichten. Da heißt es: „Unmittelbar nach dem Rohrbombenanschlag von Oberwart im Februar 1995, bei dem vier Roma getötet wurden, stießen die Fahnder der EBT auf einen mysteriösen Fund. Im Bahnhofsgasthaus von Mödling wurde ein Päckchen sichergestellt, bestehend aus Kopien von einem BBA-Bekennerschreiben und Kuverts." Die Berichterstattung über diesen Fund endet mit dem Satz: „Die Ermittlungen laufen."

Die Frage, die sich mir bis heute stellt, lautet: Gibt es gar einen Bajuwaren in Mödling, einer Stadt nahe bei Wien?

Dieser merkwürdige Fund von Kopien eines BBA-Bekennerschreibens, einer Kopie eines Briefkuverts an Rechtsanwalt Dr. Rudolf Mayer sowie einer Geldbörse am Mödlinger Bahnhof scheint mit den Jahren in Vergessenheit geraten zu sein. Ich habe in der Lektüre von hunderten Artikeln in Zeitungen und Zeitschriften zum BBA-Terror nie mehr von diesem seltsamen Fund gelesen.

Nach diesem nicht unwichtigen Exkurs zurück zu jenem Sicherstellungsprotokoll über die Gegenstände, die bei Franz Fuchs gefunden wurden. Es hält unter Punkt 120 fest: „6-Schilling-Briefmarke ‚Glasgemälde Abtei Mariastern-Gwiggen Vorarlberg' und Zahnstocher."

Eine einzelne Briefmarke und ein Zahnstocher erweckten bei der Hausdurchsuchung ebenfalls höchste polizeiliche Aufmerksamkeit, sie wurden beschlagnahmt und mitgenommen. In der Wohnung befand sich offenbar nur eine einzige Briefmarke. Und diese Briefmarke gewinnt die Aufmerksamkeit deshalb, weil eine Marke mit dem gleichen Klostermotiv für ein BBA-Briefkuvert eines Bekennerschreibens im Oktober 1994 verwendet wurde. (Beim BBA-Terror wurden bei den Postsendungen übrigens vorwiegend Briefmarken mit Klostermotiven verwendet.) Neben der einen Briefmarke ist im Sicherstellungsprotokoll zunächst von einem Zahnstocher die Rede. Jetzt wird man als Leser der polizeilichen Vollanzeige gegen Franz Fuchs an die Staatsanwaltschaft über ein Detail stolpern. Nur einige Seiten nach dem oben genannten Vermerk des Zahnstochers mutiert dieser in einer nochmaligen Spurenauflistung plötzlich zum Bruchstück eines

Streichholzes. Man wollte damit eine Analogie zu jenem Streichholz andeuten, das bei der dritten Briefbombenserie Verwendung gefunden hatte. Hier die zwei Textstellen aus der Strafanzeige gegen Franz Fuchs:

SOKO „BRIEFBOMBEN" - 11.05.98 < STRAFANZEIGE FRANZ FUCHS >

120 - 6-Schilling-Briefmarke "Glasgemälde Abtei Mariastern-Gwiggen Vorarlberg" und Zahnstocher (6/2)

SpZ 6/2: (ho Sicherstellungsprotokoll, lfd. Nr. 120):

eine 6-Schilling-Briefmarke, Motiv "Glasgemälde Abtei Mariastern -Gwiggen" (Bezug: Bekennerbrief an slowenischen Außenminister Dr. PETERLE);
Bruchstück eines Streichholzes (Bezug: Serie III)

Auszug aus der Strafanzeige gegen Franz Fuchs

War es nun ein Zahnstocher oder war es ein Streichholz, das bei Fuchs gefunden wurde?

Was hat Franz Fuchs gestanden?

Franz Fuchs hat in den über ein halbes Jahr dauernden Vernehmungen durch den Untersuchungsrichter und Beamte der Briefbomben-Sonderkommission kein umfassendes Geständnis abgelegt.
Er hat sich stets nur als untergeordnetes Mitglied der so genannten „Salzburger Eidgenossenschaft-Bajuwarische Befreiungsarmee" bezeichnet. Besondere Bedeutung hatten natürlich die ersten Tage und Wochen der Vernehmung.
Am 2. Oktober 1997 im Landeskrankenhaus Wagna und dann am 3. Oktober im Inquisitenspital im Landeskrankenhaus Graz gab es von Franz Fuchs überhaupt keine Angaben. Kein Kommentar, hieß es. Erst am 4. Oktober machte Fuchs erste Aussagen.
Hier eine Auswahl von Zitaten, die dokumentieren, was Franz Fuchs zu seiner Rolle in dem Terrorfall erklärte:
Am 4. Oktober 1997:
„Das mit Klagenfurt müssen Sie mir aber erklären, ich habe keinen Bezug nach Klagenfurt."

BUNDESMINISTERIUM F. INNERES
Gen. Dion. f. d. öff. Sicherheit
Gruppe II/C
Einsatzgruppe zur Bekämpfung
des Terrorismus – EBT

EBT 5.072/4/96 Leibnitz, am 4.10.1997

Brief- und Rohrbombenanschläge in
Österreich und Deutschland

Betreff: FUCHS Franz;
festgenommen wegen versuchten Mordes an 2 Gendarmeriebeamten.
Verdacht der Beteiligung an den Brief- und Rohrbombenanschlägen in Österreich.
Verdacht der Mittäterschaft an der Bajuwarischen Befreiungsarmee - Salzburger Eidgenossenschaft - BBA
Befragung in der geschlossenen Abteilung des Landeskrankenhauses Graz - Augenklinik

B e r i c h t

Am Samstag, den 4.10.1997 ab 11.50 Uhr wurde die Befragung des Franz FUCHS im Landeskrankenhaus Graz zunächst von GrI LINZER fortgesetzt. Um 13.00 Uhr traf auch Obst MARINGER im LKH Graz worauf die Befragung wieder von den beiden Beamten geführt wurde. Ab 14.20 Uhr wohnte dieser Befragung auch der Untersuchungsrichter des LG für Strafsachen Graz, Dr Erik NAUTA bei.

Nach dem gegenseitigen Begrüßen der involvierten Personen begann FUCHS sofort ein Gespräch mit GrI LINZER, ohne jegliche Anzeichen sein kontraproduktives Verhalten vom Freitag fortzusetzen. Noch bevor der genannte Beamte die Kommunikation mit FUCHS fortsetzte, stellte er bezugnehmend auf das Befragungsende des Freitages die erste Frage die dahingehend lautete: "Das mit Klagenfurt müssen sie mir aber erklären, ich habe keinen Bezug nach Klagenfurt."

FUCHS setzte dann fort indem er ausführte: "ich habe die Zünder, es sind 18 Stück glaube ich, die muß ich zerfeilen, 3 Zeitzünder, Abreißzünder oder so. Ich habe eine Schachtel gekriegt, zum Zerstören, das ist nur die Zünderelektronik."

Während FUCHS diese Aussagen traf, blickte er immer gegen den Plafond des Krankenzimmers und alternierend auf seine Hände.

Ohne auf gestellte Fragen des Beamten zu antworten führte FUCHS von sich aus weiter an: "Die haben sie rückgebaut ab Dezember, die sehen keinen Grund mehr weiterzumachen."

Auszug aus dem Vernehmungsprotokoll

„Ich habe eine Schachtel gekriegt, zum Zerstören, das ist nur die Zünderelektronik."

„Die haben sie rückgebaut ab Dezember, die sehen keinen Grund mehr weiterzumachen."

„Einen Bezug zur Bombe in Klagenfurt kann ich mir nicht vorstellen, zum Burgenland sehr wohl."

„Es hat, glaube ich, mit der Regierungsumbildung zu tun, dass nichts mehr passiert, außerdem habe ich das nicht zu bestimmen."

„20.000 Schilling habe ich sicher jedes Jahr fürs Auto gezahlt. Aber mit dem Auto war ich nicht in Oberwart. Ich war mit dem Auto in Klagenfurt. Auf der Pack hat mich dann einer überholt. Ein Auto mit 180 hat mich überholt. Sie, und in Judendorf-Straßengel war ich auch. Dort hat mich einer von euch observiert."

Auf die Frage, aus wie viele Leuten die BBA besteht, antwortete Fuchs: „Das weiß ich nicht. Fachleute gibt es sicher nicht viel. Chemiker und Elektroniker gibt es nur einen, wahrscheinlich."

„Es gibt 50 Seiten von der BBA über allgemeine Verhaltensweisen, da steht drinnen, wie beseitigt man Spuren, wie geht die Kommunikation zum Verbindungspunkt, dort darf man aber nicht hingehen, es stehen dort die Satzungen und wie man Sprengstoff und die Elektronik anfordert."

„Dort steht, auch jedes Mitglied darf Kampfmittel bauen und zum Einsatz bringen, sofern es dazu in der Lage ist und nicht observiert wird."

Auf die Frage, ob er Mitglied der BBA sei, antwortete Fuchs: „Ja." Auf die Frage, auf welcher Ebene er tätig sei, antwortete er: „Einmal war ich Briefträger, jetzt bin ich als Provokateur tätig und gehe einkaufen."

„Briefkuverts habe ich in Feldbach gekauft, da wurde gerade umgebaut, als ich dort war."

„... als Provokateur musste ich herumfahren, um die Staatspolizei abzulenken von ihrer Ermittlungstätigkeit."

Auf die konkrete Frage, wie Fuchs mit der BBA in Kontakt kam, antwortete er: „Ich bekam eine Einladung, Briefe aufzugeben, die den Binder und den Radl verteidigen. Es war 1995. Es war ein fingierter Absender drauf. Auf der Einladung stand drauf, Nebenjob Briefaufgabe oder so und die Mitteilung, dass am Verbindungspunkt zu einer bestimmten Zeit drei Briefe liegen, die in bestimmten Orten in Postkästen zu werfen sind."
Auf den Vorhalt, dass diese Angaben unglaubwürdig seien, insbesondere die Kontaktaufnahme der BBA mit ihm via Einladungsschreiben, gab Fuchs an: „Ich kenne allerdings ein Mitglied der BBA, das ich hochgehen lassen könnte. Ich will aber nichts sagen."
Auf die Frage, was die eigentlichen Ziele der BBA seien, antwortete Fuchs wörtlich: „Ich habe gedacht, die Gesellschaft ist verrückt geworden und man muss da dreinfunken. Das ist meine Überlegung gewesen, der BBA beizutreten. Das Bomben ist aber nicht meine Sache."

Auf die Frage, mit wem und wie er kommuniziert habe, sagte er: „Das sage ich nicht, er war auf einem Berg, den ich von meiner Wohnungstür sehen kann. Ich berichtige, es war in meinem Bad, dort habe ich immer Licht ein- und ausgeschaltet und so mit jemandem kommuniziert." Auf die Frage, wo dieser Berg sei und in welcher Entfernung zu seinem Wohnhaus der Berg liege, antwortete Fuchs: „Höchstens zehn Kilometer ... die Verbindung war immer am Montag Nachts, so gegen 11, es muss am Hengsberg gewesen sein."

Auf die Frage, warum Fuchs den Namen des Verbindungsmannes beziehungsweise etwaiger Beteiligter nicht nennen wolle, gab Fuchs an: „Wenn man in so einer Gemeinschaft herumspielt, empfindet man eine Art Freundschaft."

Auf die Frage, was die Zielsetzungen der BBA seien, gab er an: „Jeder, der einen Ausländer ins Land geholt hat, soll diesen repatrieren, auf seine Kosten." Auf die Frage, wie er zu Ausländern stehe, meinte Fuchs: „Wenn man darauf verzichten kann, auf einen Universitätsprofessor wird man nicht verzichten."

„Der Grund für die Bombe in Oberwart war die Messerstecherei zwischen Roma und Bundesheerangehörigen in Oberwart."

Am 7. Oktober 1997:
„Mein Beitrag an den Briefbombenanschlägen bestand einzig darin, dass ich untergeordnetes Mitglied der BBA (Bajuwarische Befreiungsarmee) war. Meine Aktivitäten in der BBA erschöpften sich darin, dass ich, wie bereits in meinen vorangegangenen Vernehmungen erwähnt, drei Entlastungsschreiben für die BBA aufgab. Weiters habe ich einmal für die BBA zahlreiche Briefkuverts eingekauft und bin im Übrigen als ‚Provokateur' tätig geworden. Meine Tätigkeit für die BBA bestand hauptsächlich darin, dass ich als ‚Provokateur' in der Steiermark herumgefahren bin, um die Aufmerksamkeit der Briefbombenfahnder auf mich zu lenken und damit von den Aktivitäten der anderen BBA-Mitglieder abzulenken."

Mir wird weiters der

Beschluß

auf Ausdehnung der Voruntersuchung wegen des Verdachtes des Verbrechens des teils versuchten Mordes nach §§ 75 (teils 15) StGB im Zusammenhang mit den Briefbombenserien 1 - 6 , sowie im Zusammenhang mit den Sprengfallen in Oberwart, Klagenfurt und Stinatz zur Kenntnis gebracht. Dazu gebe ich an:

Mein Beitrag an den Briefbombenanschlägen bestand einzig darin, daß ich untergeordnetes Mitglied der BBA (Bajuwarische Befreiungsarmee) war. Meine Aktivitäten in der BBA erschöpften sich darin, daß ich, wie bereits in meinen vorangegangenen Vernehmungen erwähnt, drei Entlastungsschreiben für die BBA aufgab. Weiters habe ich einmal für die BBA zahlreiche Briefkuverts eingekauft und bin im übrigen als "Provokateur" tätig geworden. Meine Tätigkeit für die BBA bestand hauptsächlich darin, daß ich als "Provokateur" in der Steiermark herumgefahren bin, um die Aufmerksamkeit der Briefbombenfahnder auf mich zu lenken und damit von den Aktivitäten der anderen BBA-Mitglieder abzulenken. Dies war meine Aufgabe als Provokateur. Die Fahrtrouten, die ich in der Steiermark unternommen habe, sind mir meist von der BBA vorgegeben worden.

Auszug aus dem Vernehmungsprotokoll

„Die Hintermänner der BBA sind mir nicht bekannt, beziehungsweise will ich diese nicht bekannt geben."

„Ich selbst trug in der BBA den Namen Harand von Wildon III."

„Ich selbst habe mit den Briefbomben nichts zu tun. Ich selbst bin nicht das Bombenhirn und habe auch keine Briefbomben versendet."

„Die BBA hat ihre Tätigkeit im Dezember 1996 eingestellt. Es gab einen internen Beschluss der BBA, nichts mehr zu tun. Deshalb hatte ich den Auftrag, die Bomben zurückzubauen."

„Konkret hatte ich in meiner Wohnung den bei meiner gestrigen Vernehmung beschriebenen Selbstschussapparat, weiters die Bombe mit dem Blumentopf sowie eine Handgranate."

„Das in den bei mir sichergestellten Bomben sichergestellte Silberfulminat stammt aus dem Chemielabor. Damit meine ich, dass es vom Chemiker der BBA zur Verfügung gestellt wurde."

„Ich habe jedenfalls die Rohrbombe von Oberwart nicht gebaut."

„Ich habe die Briefbomben wirklich nicht gebaut."

„Ich bleibe dabei, dass ich nicht der Briefbombenbauer bin."

Spätere Angaben von Franz Fuchs, siehe Vernehmung am 13. Oktober 1997:
„Ich bekenne mich noch einmal der Mitgliedschaft der BBA, bin aber nicht bereit, Namen und Adressen sonstiger Mitglieder der BBA zu sagen ... Auch wenn sie mir dem Namen und dem Aussehen nach bekannt sind, würde ich sie nicht verraten, weil es sich um österreichische Patrioten handelt."

„Ich bin selbst ein österreichischer Patriot und bekenne mich selbst als österreichischer Terrorist. Einer der Gründe dafür ist, dass ich, selbst wenn ich diese Personen persönlich kennen würde, diese nicht verrate, liegt darin, dass meine Familie Repressalien zu erwarten hätte. Wenn mir vorgehalten wird, dass es den Anschein hat, dass ich die Namen der Mittäter der BBA nur deshalb nicht nenne, weil es keine weiteren Mittäter gibt, da ich die Anschläge alle ganz allein verübt habe, gebe ich zur Antwort, dass weder meine elektronischen und schon gar nicht meine chemischen Kenntnisse ausreichen, um derartige Bomben zu bauen."

Am 14. Oktober 1997:
„Ich bleibe dabei, die Rohrbombe bei der Dr. Karl Renner-Schule weder gebaut noch am 24. 08. 1994 um 00.30 hinterlegt zu haben."

Am 18. Oktober 1997:
„Ich bleibe aber dabei, dass ich weder mit dem Anschlag von Oberwart noch mit den Briefbombenanschlägen etwas zu tun habe. Ich habe diese Bomben nicht gebaut und auch die Briefbomben nicht verschickt."

Später wird Franz Fuchs in den Vernehmungen allerdings angeben, ein Zeitglied in die Bombe von Oberwart eingebaut zu haben. Das Zeitglied wird von den Ermittlern nicht gefunden.

Am 21. Oktober 1997:
Auf die Frage, ob er wisse, wer das codierte Bekennerschreiben der BBA verschlüsselt habe, gibt der Beschuldigte mit einem leichten Lächeln (wie das Protokoll vermerkt) an: „Ich war es nicht."

Am 27. Oktober 1997:
„Den Inhalt der Bekennerschreiben kenne ich vorwiegend von den Zeitschriften *News* und *Profil*."

Und Fuchs am 9. November 1997:
„Ich bin nicht der Schreiber der Bekennerbriefe."

Spärliche Angaben von Fuchs zur Motivlage

Merkwürdig im Lichte eines Einzeltäters sind die spärlichen Angaben zu den Motiven, wie sie von Franz Fuchs dargestellt wurden, sowohl was den gesamten Terror betrifft als auch die Bombenopfer. So gab es von Franz Fuchs in den monatelangen Vernehmungen zu einzelnen Bombenopfern überhaupt keine verwertbaren Angaben über allfällige Motive. Wie etwa im Fall der Briefbombe an die frühere Frauenministerin Johanna Dohnal. Ein anderes Mal gipfelte eine Frage zum Motiv der Briefbombe an den in Stronsdorf in Niederösterreich tätigen syrischen Arzt Dr. Mahmoud Abou-Roumie gar in der Feststellung von Fuchs, Dr. Roumie werde schon selber wissen, warum er eine Briefbombe bekommen habe.

Auch die Darstellung der generellen BBA-Motive für den gesamten Terror fällt kärglich aus. So sagte Fuchs in der Vernehmung am 26. Oktober 1997:

„Die Ideologie der BBA ist mir bekannt. Im Wesentlichen ist es um die Bekämpfung des Trios Vranitzky, Scholten und Busek gegangen (Anmerkung: also um den früheren SPÖ-Kanzler, den damaligen SPÖ-Wissenschaftsminister und den damaligen ÖVP-Vizekanzler), das die Österreicher auseinanderdividieren wollte und nur mehr den nicht deutschösterreichischen Teil der Bevölkerung für fähig hielt, Führungspositionen einzunehmen ...

Ich denke schon, dass der Abgang von Busek, Scholten und Vranitzky zu einem erheblichen Teil auch ein Verdienst der BBA war."

Die Ideologie der BBA ist mir bekannt. Im Wesentlichen ist es um die Bekämpfung des Trios Vranitzky, Scholten und Busek, gegangen, das die Österreicher auseinanderdividieren wollte und nur mehr den nicht deutsch-österreisschen Teil der Bevölkerung für fähig hielt, Führungspositionen einzunehmen.
Man las nur noch von Neuernennungen die am Namensende ein ...ics, itsch, ak oder ...al, aufwiesen. All diese Namensendungensind nicht deutsch-österreichisch.
Auf die Frage warum dann nicht Vranitzy, Scholten und Busek die Bomben erhielten, sondern andere, gebe ich an, daß womöglich die Genannten noch zwanzig Jahre im Amt geblieben wären, ihre Rolle als Märtyrer ausgekostet hätten und jeder hätte die „Armen" gewählt.

Ich denke schon, daß der Abgang von Busek, Scholten und Vranitzky zu einem erheblichen Teil auch ein Verdienst der BBA war. Das Löchnak gegangen ist, ist schade, da er ein vernünftig denkender Mensch war. Mit Träumern und sonstigen hatte er nicht viel gemein. Dem Namen nach, war er zwar kein deutsch-österreicher, aber er war kein slawischer Rassist.
Was Einem betrifft, so glaube ich, daß dieser nicht so schlimm war, wie erwartet. Seine Stiefmutter ist selber schuld, daß sie eine Briefbombe bekommen hat, dies hat jedenfalls nicht mit der Person des Innenministers Einem zu tun.

AV: Merklich lächelt der Beschuldigte bei dieser Aussage
[illegible] am 26.10.97
[illegible]

Zum jetzigen Innenminister Schlögl habe ich mir keine Gedanken gemacht. Dieser trägt einen deutschen Namen, obwohl er ein wenig ungarisch aussieht.

Auszug aus dem Vernehmungsprotokoll

Zu dem von der BBA strapazierten Kampfslogan „Wir wehren uns!", meinte Fuchs am 13. Dezember 1997 in der Vernehmung:

„Man wehre sich gegen zwei Sachen: 1. die Diskriminierung von Deutschösterreichern bei Führungspositionen in Politik und Wirtschaft und 2. die Verdrängung der Deutschösterreicher, dem Verschieben der Volksgruppenverhältnisse."

Am 15. Oktober 1997 antwortete Fuchs auf die Frage, ob die BBA grundsätzlich etwas gegen Volksgruppen in Österreich habe: „Es ist nicht der Fall, sondern nur gegen einzelne Proponenten gewisser Volksgruppen. So stören uns beispielsweise die Burgenland-Kroaten nicht."

Am 22. Oktober 1997 sagte Fuchs zum Thema Volksgruppen: „Mir persönlich ist es eigentlich egal, welcher Volksgruppe einer angehört. Mich stört nur, wenn in der Regierungsliste beziehungsweise Ministerliste nur Angehörige einer anderen Volksgruppe drinstehen. Im Täglichen ist es mir ganz egal, ob die Krankenschwester blaue oder braune Augen hat, beziehungsweise welcher Volksgruppe sie zuzuordnen ist."

In weiten Teilen der Fuchs-Vernehmungsprotokolle ist keine Spur von jenem Fanatismus gegen Volksgruppen zu finden, wie er sich etwa in den Bekennerschreiben zeigt. Ein weiterer erstaunlicher Gegensatz also zwischen Fuchs-Angaben in den Vernehmungen und den Inhalten der BBA-Bekennerschreiben. Auch die Feststellung von Fuchs zu den Burgenland-Kroaten steht plötzlich im Widerspruch zu den Terrorhandlungen der BBA, siehe das Attentat in Stinatz.

Am 9. Februar 1998 hieß es dann von Franz Fuchs zu den Motiven für das Handeln der BBA: „In der österreichischen Innenpolitik haben wir eine deutschfeindliche rassistische Staatsführung gehabt. Da war es notwendig, etwas zu unternehmen. Persönliche Gründe hatte ich aber keine."

Dieser letzte Satz ist bemerkenswert. Persönliche Gründe will Fuchs für sein Terror-Engagement also nicht gehabt haben. Fuchs – der politische Idealist? Merkwürdig, wie ein politischer Biedermann plötzlich den Wandel zu einem hochpolitischen Terroristen vollzogen haben soll, ohne persönliche Motivation. Was soll diesen Mann jahrelang angetrieben haben, eine Republik zu terrorisieren? Kann man diese Frage beantworten?

Ganz allgemein fällt in den Vernehmungsprotokollen auf, wie dürftig die Angaben von Fuchs zu den Motiven sind. Auch hier stellt sich mir einmal mehr die Frage, ob es unter diesem Gesichtspunkt denkbar ist, dass hier wirklich das Bombenhirn gesprochen hat oder vielleicht doch nur – wie Fuchs ja stets behauptete – ein untergeordnetes Mitglied der BBA? Stellen Sie sich vor, da soll dieser Franz Fuchs dutzende Seiten Bekennerschreiben mit teilweise abstrusen ideologischen Thesen verfasst haben und dann schrumpft seine ganze Motivation plötzlich auf die vorhin wiedergegebenen wenigen Sätze zusammen?

Spricht so das Bombenhirn?

Seltsam ist, dass bei Franz Fuchs in den Vernehmungsprotokollen so überhaupt kein Triumphgefühl spürbar wird. Gerade ein Einzeltäter, und sei er auch noch so psychisch krank und irrational, müsste eigentlich ein Triumphgefühl empfinden, wäre es ihm doch über Jahre hinweg gelungen, eine ganze Republik in Angst und Schrecken zu versetzen. Wenn man den folgenden Satz von Franz Fuchs aus der Vernehmung am 2. November 1997 liest, fragt man sich, ob so das Bombenhirn spricht?

Auf die Frage, ob ihm der Kampf eine Befriedigung war oder ob ihm der Kampf Spaß gemacht habe, gab Fuchs an: „Eigentlich nicht. Ich habe mir fast in die Hose gemacht. Ich habe mich auch nicht gefreut, wenn etwas gelungen ist – eher eine Woche lang gezittert ..."

Auch die Präzision, die der ganze BBA-Terrorfall erkennen lässt, wird bei Franz Fuchs in den Vernehmungen nicht spürbar. Nicht nur, dass die Angaben von Fuchs in den ersten Wochen äußerst spärlich sind, sie sind auch fehlerhaft. Was mich eigentlich nachdenklich macht. Denn schließlich ist doch von offizieller Seite immer wieder die Schilderung vom „ach so genauen Fuchs" in Umlauf gebracht worden. Rätselhaft und befremdlich sind die Fuchs-Angaben vom 7. und vom 9. Oktober 1997. Die Merkwürdigkeiten beginnen am 7. Oktober in der Vernehmung zunächst mit der Feststellung, er selbst sei

zum Zeitpunkt der Briefaufgabe in Maria Enzersdorf im Jahre 1994 von der BBA angeworben worden. Nun erfolgte die Aufgabe des Bekennerschreibens aber im Februar 1995 in Maria Lanzendorf. Hier verwechselte Franz Fuchs also zwei Gemeinden in der Nähe von Wien. Dazu kommt noch die falsche Jahreszahl. Übrigens bleibt diese Angabe durch die vernehmenden Beamten unwidersprochen im Protokoll.
Am 9. Oktober 1997 wird Fuchs wieder zahlreiche Angaben durcheinander bringen, etwa wenn er sagt: „Als die Serie IV aufgegeben wurde, (es war in Ternitz) ..."
Nun ist aber die vierte Briefbombenserie in St. Pölten aufgegeben worden.
Zu dieser vierten Briefbombenserie weiß Fuchs dann zu sagen: „Am Tag, an dem die Briefbomben, ich meine damit die Waldviertler Briefbomben ..." Auch hier irrt sich Franz Fuchs plötzlich. Die Briefbomben der vierten Serie sind nicht in das niederösterreichische Waldviertel, sondern in das niederösterreichische Weinviertel geschickt worden. Den Höhepunkt der Fuchs-Schilderungen an diesem Tag erlebt man aber dann bei der Frage nach einem der Opfer der vierten Serie, der Poysdorfer Flüchtlingshelferin Maria Loley. Da heißt es nämlich plötzlich: „Ich gebe zu Protokoll, dass mir ihr Name auch nach einer halben Stunde noch immer nicht eingefallen ist."
Ich frage Sie: Spricht so das Bombenhirn?

Ich selbst wurde zum Zeitpunkt der Briefaufgabe in Maria Enzersdorf im Jahre 1994 von der BBA angeworben. Ich wurde dann drittes Mitglied im Kampftrupp Harand von Wildon.

Bei den Serien IV, V und VI der BBA bin ich ebenfalls als Provokateur tätig geworden. Als die Serie IV aufgegeben wurde, (es war in Ternitz) bin ich von Gralla über Graz nach Bruck und von dort weiter nach Mürzzuschlag gefahren, wo ich auch mein Auto getankt habe. Ich habe deshalb in Mürzzuschlag getankt, bzw kann ich deshalb so genau daran erinnern, weil ich die Angewohnheit habe, bei langen Fahrten im eigenen Bundesland, also in der Steiermark, zu tanken, um nicht im fremden Bundesland tanken zu müssen.

Auszüge aus dem Vernehmungsprotokoll

Die Flüchtlingshelefrin war mir schon aus den Medien bekannt, noch bevor sie eine Briefbombe bekommen hat. Die hat ja genug Wirbel gemacht.
Ich gebe zu Protokoll, daß mir ihr Name auch nach einer halben Stunde noch immer nicht eingefallen ist.
Bekannt war sie mir aber deshalb, weil sie in den Medien einen Wirbel in ihrer Eigenschaft als Flüchtlingshelferin gemacht hat.

Unterbrechung der Einvernahme in der Zeit von 19.30 Uhr bis 19.55 Uhr zum Zwecke der Essenseinnahme.

Am Tag, an dem die Briefbomben, ich meine damit die Waldviertler Briefbomben, in St Pölten aufgegeben wurden (das war ein Sonntag, laut Presseberichten) war auch ich in St Pölten. Ich führe durch St-Pölten nach Herzogenburg. Ich ~~weiß deshalb so genau,~~ daß ich in Herzogenburg war und dort mit dem Auto umgedreht habe, weil dort eine schöne Kirche ist. Der Grund warum ich nach St Pölten gefahren bin, an dem Tag an dem die Briefbomben aufgegeben wurden, war wieder eine Provokationsfahrt namens der BBA. An diesem Sonntag fuhr ich also im Auftrag der

Auszug aus dem Vernehmungsprotokoll

Ein Alibi für Franz Fuchs?

Am 9. Oktober 1997 erzählte Franz Fuchs in der Vernehmung über seine angeblichen Provokateursfahrten im Auftrag der BBA. So auch über jene, die er vor der fünften Briefbombenserie in Graz gemacht haben will.
Lassen wir Franz Fuchs laut Vernehmungsprotokoll mit seiner Schilderung ungekürzt zu Wort kommen:

Bezugnehmend auf die in Graz aufgegebene Briefbombenserie gebe ich an. xxxxxxxa Mir ist aus der Zeitung bekannt, daß in Graz eine Briefbombe am Montag explodiert ist und dabei eine weitere zerstört hat. Am Donnerstag, vor diesem besagten Montag, war ich in Graz. Ich bin um ca 13.00 Uhr an diesem Donnerstag von Gralla weggefahren und bin um ca 18.00 Uhr wieder zu Hause gewesen. Ich war zuerst im Bereich des alten Unfallkrankenhauses in der Körösistraße bzw dort in der Gegend, dann im Bereich der Bulme, das ist die Bundeslehranstalt für Maschinenbau und Elektrotechnik. Festgehalten wird, daß der Beschuldigte auf die Frage was er in der Gegend des alten UKH gemacht hat mit der Antwort zögert und dann nach einigem Nachdenken zu Protokoll gibt: "ich habe jemandem besucht, um wen es sich dabei handelt, möchte ich aber nicht sagen, weil sie mit dem

Gegenstand dieses Ve rfahrens nichts zu tun hat." Als ich mein Auto dann später bei einem Gasthaus nahe der BULME parkte, bemerkte ich, daß ich observiert werde. Weil ich fühlte, daß mir eine männliche Person in einem in der Nähe parkenden Auto nachschaute, beschloß ich dann Richtung Autohaus Wittwar zu gehen. Dort schaute ich mir die Mercedes in der Auslage an. Wenn ich nicht observiert worden wäre, dann wäre ich nicht zum Wittwar gegangen. Über näheres Befragen: "Ich wäre sonst in das Gasthaus gegangen, und hätte dort einen Tee getrunken." Bei diesem Spaziergang zum Autohaus Wittwar hatte ich wieder ein Nylonsackerl, vielleicht von der Buchhandlung KIENREICH oder von der Firma Hosen PFEIFER, bei mir. Ich weiß noch, daß es damals Winter war, ich glaube es war ein Pullover in dem Nylonsackerl. Es kann auch noch eine Zeitung im Sackerl gewesen sei.

Auf die Frage, wieso ich das Sackerl mit dem Pullover und den Zeitungen mitnahm wenn ich nach meiner heutigen Verantwortung ursprünglich nur die Absicht hatte, in das Gasthaus zu gehen und dort einen Tee zu trinken, so gebe ich dazu an: "Ich habe das Nylonsackerl deswegen bei mir getragen um die Aufmerksamkeit der Standobservanten auf mich zu ziehen." An diesem Donnerstag hatt e ich aber keinen Auftrag von der BBA mich in Graz aufzuhalten und die Observanten der Polizei abzulenken. Ich betone ausdrücklich, daß ich keine Briefbomben bei mir getragen habe und um 18.00 Uhr wieder zu Hause war.

Auszug aus dem Vernehmungsprotokoll von Franz Fuchs

Soweit also die Darstellung von Franz Fuchs zu dieser angeblichen Fahrt als Provokateur der BBA im Dezember 1995 kurz vor der Grazer Briefbombenserie. Damit will ich mich nun etwas eingehender befassen und einige Vergleiche anstellen.

Franz Fuchs gibt also in der Vernehmung an, am Donnerstag in Graz gewesen zu sein. Das war am Donnerstag, dem 7. Dezember 1995.

Geht man von der Richtigkeit dieser Angabe aus und nimmt nun an, dass Fuchs am 8., 9., 10. und 11. Dezember 1995 kein weiteres Mal in Graz war, ließe sich für ihn sogar ein Alibi finden, das ihn als Täter der fünften Briefbombenserie ausschließen würde.

Denn es ist die Sonderkommission des Innenministeriums, die in ihrer Anzeige zum BBA-Terror bei der Staatsanwaltschaft auf Seite 261 festhalten wird, die Briefbomben könnten frühestens am Samstag, dem 9. Dezember 1995, vormittags eingeworfen worden sein.

In der Strafanzeige der Briefbomben-Sonderkommission zum Fall Fuchs steht wörtlich zu lesen:

SOKO „BRIEFBOMBEN" - 11.05.98 < STRAFANZEIGE FRANZ FUCHS >

Einwurfzeitpunkt

Hier gibt es drei Überlegungsansätze:

- Entladedauer der Knopfzelle, die als Zeitschaltung diente;

Die Temperaturen in Graz lagen im fraglichen Zeitraum zwischen -2 und 0°C. Unter diesen Wetterbedingungen beträgt die Entladedauer der Knopfzelle ~ 40 Stunden, sodaß die Briefbomben frühestens Samstag, 9.12.1995 vormittags, eingeworfen werden konnten. Erfolgte das „Schären" nur wenige Stunden vor dem Einwurf, so müßte dieses spätestens Samstag in den Nachtstunden erfolgt sein.

- Abkühldauer der Briefbombe mit dem NTC

Die rekonstruierte Schaltung einer der im Postkasten explodierten Briefbombe wies eine Schaltung auf, die den Sprengkörper bei Temperaturen von +4 bis +5 °C zur Zündung bringt. Bei den am 11.12.95 morgens herrschenden Temperaturen von -1 bis -2 °C kann die Temperatur im Briefkasten durch die geschützte Lage des Gebäudes maximal 0°C betragen haben. Wie Versuche zeigten, benötigt der NTC in der Briefbombe 20 - 30 Minuten um die Umgebungstemperatur anzunehmen. Folgt man dieser Überlegung, könnte der Einwurf erst ca. 20 Minuten vor der Explosion erfolgt sein.

- Schäden an Postsendungen, deren Einwurfzeitpunkt bekannt ist.

Bei der Analyse der Beschädigungen der Briefsendungen fällt auf, daß die meisten am Donnerstag und Freitag aufgegebenen Sendungen keine oder nur minimalste Schäden aufweisen, während bei solchen die in der Zeit von Freitag abends bis Montag früh eingeworfen wurden, starke Schäden sehr häufig sind.

Auszug aus der Strafanzeige gegen Franz Fuchs

Dies ist ein bemerkenswertes Ergebnis der polizeilichen Ermittlungen, und es würde Franz Fuchs geradezu ein Alibi verschaffen, der ja behauptet hat, am Donnerstag, dem 7. Dezember 1995, in Graz gewesen zu sein.

Den Staatsanwalt im Fuchs-Prozess ließen diese Überlegungen offenbar „unbeirrt". Denn Staatsanwalt Mag. Johannes Winklhofer hält auf Seite 141 seiner Anklageschrift – eigentlich im Widerspruch zur Polizei – fest:

„Zu einem nicht näher bekannten Zeitpunkt zwischen dem 7. 12. 1995, 18 Uhr, und dem 11. 12. 1995, 8 Uhr, warf Franz Fuchs die vier Briefbomben in den Briefkasten des in der Wienerstraße 232 gelegenen Postamtes Graz-Gösting."

Warum bleiben Fuchs viele Fragen erspart?

Franz Fuchs war bereits unmittelbar nach seiner Verhaftung in vielen Medien als das endlich gefasste Bombenhirn präsentiert worden. Die Bezeichnung „mutmaßliches" Bombenhirn, wie es der korrekten Gesetzeslage vor einer rechtskräftigen Verurteilung entspricht, schien unterzugehen.

Nur wenige Medien haben über die Jubelberichte von der Festnahme hinaus weitere Fragen gestellt oder Zweifel geäußert. Die Wiener Stadtzeitung *Falter* beispielsweise schrieb im Herbst 1997 nach der Verhaftung von Franz Fuchs: „Aus dem Fall ergeben sich Fragen über Fragen, aber die wenigsten werden auch gestellt."

Ein Eindruck, den auch ich gewinnen sollte. Etwa beim Lesen der gesamten Fuchs-Vernehmungsprotokolle. Mein Resümee verpacke ich in eine provokante Frage: Wurde Franz Fuchs geschont? Wie ich darauf komme? Meinem Gefühl nach blieben wesentliche Fragen zum Terrorgeschehen ausgespart. Franz Fuchs musste offenbar gar nicht zu allem und jedem Stellung nehmen, so wie ich mir das eigentlich erwartet hätte. Vor allem zum Inhalt der Bekennerschreiben sowie zur Wahl der Opfer beziehungsweise dem Hintergrund von den bei den Briefbomben verwendeten fingierten Absenderadressen drängten sich viele Fragen auf. Aber Fuchs schien sich dazu gar nicht äußern zu müssen. Viele Rätsel scheinen in den Vernehmungen mit Fuchs gar nicht erst angesprochen worden zu sein. Ungereimtheiten wurden scheinbar nicht hinterfragt, Hintergründe vielfach zu wenig ausgeleuchtet.

Die Vernehmungen von Franz Fuchs hinterlassen bei mir den Eindruck, man hätte diesen Mann viel mehr fragen müssen. Eigentlich hätte man doch mehr zu Tage fördern müssen, schließlich wurde der Untersuchungsrichter bei den Befragungen ständig von erhebenden Beamten der Sonderkommission begleitet und unterstützt. Obwohl es ansonsten in Strafverfahren nicht üblich ist, dass bei der Einvernahme durch den Untersuchungsrichter Polizeibeamte anwesend sind und assistieren.

Meinen Eindruck werde ich mit Beispielen begründen und belegen.

Keine Fragen respektive Antworten finden sich darüber, wie Franz Fuchs an gewisse Kenntnisse gelangt sein soll, die immer wieder in der Öffentlichkeit zu Mutmaßungen Anlass gaben, wonach die BBA über Vorgänge im Innenministerium bis hin zu geheimen Expertisen Bescheid gewusst hätte. Diese Thematik wird uns im Abschnitt „Fuchs – Einsiedler und Insider" noch ausführlich beschäftigen.
Gerne hätte ich von Fuchs auch gehört, wie er an ein bestimmtes Zitat eines Historikers gekommen sein will, obwohl dieses Zitat nicht öffentlich publiziert wurde.
Leider fehlt auch eine bohrende Frage zu jener Episode, die den Leiter des Dokumentationsarchivs des österreichischen Widerstandes, Wolfgang Neugebauer, in Verbindung zu dem wegen der ersten Briefbombenserie angeklagten und dann dafür freigesprochenen Franz Radl bringt. Diese Geschichte – vorher nicht publiziert – taucht in einem Bekennerschreiben auf.
Fuchs sieht sich keinen Fragen ausgesetzt, warum gerade er – der Mann aus dem südsteirischen Gralla – sich bei Rechtsanwälten im Wiener Raum so gut auskennen soll. Ein Bekennerschreiben der BBA spricht etwa Dr. Thomas Prader mit der Formulierung „der mutige grüne Anwalt" an. Dies war als Anspielung auf die damalige Arbeit von Dr. Prader für die Wiener Grünen gedacht. Warum sollte sich Franz Fuchs nun auch für das Wiener kommunalpolitische Geschehen interessieren? Dr. Prader ist in seiner politischen Funktion damals über Wien hinaus kaum in Erscheinung getreten. Welches Interesse sollte ausgerechnet Franz Fuchs haben, Dr. Prader so genau zu beobachten?

Thema Anwälte: Nicht gefragt wurde Fuchs offenbar auch, warum und woher er den Traiskirchner Rechtsanwalt Dr. Herbert Schaller kannte. Dr. Schaller vertrat eine Reihe von Personen aus dem rechten Lager in Verfahren wegen Verstoßes gegen das NS-Verbotsgesetz vor Gericht. Im Februar 1995 wurde ihm – in der offenbar irregeleiteten Annahme, er werde den Briefbombenverdächtigen Franz Radl vor Gericht vertreten – ganz gezielt ein BBA-Bekennerschreiben zugeschickt. Drei Monate später, im Brief an den damaligen niederösterreichischen FPÖ-Landesrat Schimanek, schrieb die BBA plötzlich: „Seitdem es den Linken gelungen ist, Dr. Schaller zum Abtritt zu bewegen, gibt es bei uns keinen brauchbaren Extremismus-Anwalt mehr." Dr. Schaller war tatsächlich zu Jahresende 1994 in Pension gegangen. Über diesen Umstand erfolgte aber keine große mediale Berichterstattung. Während die BBA sich Anfang Februar 1995 also noch brieflich an Dr. Schaller wendet, wird wie selbstverständlich im Brief an den FPÖ-Landesrat Schimanek – aufgetaucht im Juni 1995 – auf Schallers Ausscheiden aus der anwaltlichen Tätigkeit hingewiesen. Ich frage Sie: Woher sollte Franz Fuchs derartige Kenntnisse und diese Wendigkeit nehmen? Abgesehen davon – warum sollte er sich überhaupt mit derartigen Feinheiten beschäftigen? Diesbezügliche Fragen an Franz Fuchs finden sich jedenfalls nirgends.

Genauso wenig musste sich Fuchs bei der Einvernahme durch U-Richter und Polizeibeamte der Frage stellen, wie er von einer bestimmten Anzeige erfahren haben soll. Einer Anzeige, die ein Wiener Journalist nach dem Anschlag von Ebergassing eingebracht hatte. Diese Anzeige tauchte dann plötzlich in dem 28-seitigen BBA-Bekennerschreiben an Rechtsanwalt Dr. Mayer auf. Auch diese Sache ist für mich bis heute mysteriös und mit dem Wissen des Südsteirers Franz Fuchs nicht logisch in Beziehung zu setzen.

Das nächste Beispiel: Warum greift ein BBA-Bekennerschreiben den Namen eines Polizisten der EBT auf, von dem die breite Öffentlichkeit keine Notiz genommen hat. Das BBA-Schreiben bezeichnet diesen Polizisten als Zeitungsinformanten. Fuchs bleibt es auch erspart, mitzuteilen, wie er von diesem Polizisten erfahren hat.

Franz Fuchs wird offensichtlich nicht gefragt, warum der Briefbombe an die TV-Moderatorin Arabella Kiesbauer ein Zettel mit einer Anspielung auf den Namen ihres aus Ghana stammenden Vaters beigefügt war. Auf dem Zettel stand „Ammissah, Ghana". Der Vater von Arabella Kiesbauer heißt Sammy Ammissah. Sehr interessiert hätte mich, wie Franz Fuchs auf diesen Namen gestoßen sein soll. Herr Ammissah lebt in den USA und ist mit seiner Tochter öffentlich nie in Erscheinung getreten.

Genauso wenig erfährt man darüber, wie Fuchs vom Verwandtschaftsverhältnis zwischen Angela Resetarits und dem Direktor des Gymnasiums von Oberwart, Martin Zsivkovits, erfahren haben will.
Bei der fünften Briefbombenserie sollte Angela Resetarits, die Mutter der bekannten Resetarits-Brüder, des Sängers, des Kabarettisten und des Fernsehredakteurs, eine Briefbombe erhalten. Als fingierte Absenderadresse fand sich darauf der Name ihres Neffen, eben jenes Direktors des Gymnasiums von Oberwart. Nichts Böses ahnend hätte Frau Resetarits – wie sie selbst später sagte – diesen Brief wohl geöffnet. Gott sei Dank wurde dieser Brief aber rechtzeitig entdeckt und explodierte schließlich in einem Spezialbehälter des Entschärfungsdienstes des Innenministeriums auf dem Weg von Graz nach Wien. In den Vernehmungsprotokollen findet sich kein Hinweis auf eine Frage und vor allem auf eine etwaige Antwort, warum Franz Fuchs Kenntnis über die „Blutsbande" zwischen Angela Resetarits und Martin Zsivkovits gehabt hat.
Bekanntlich war ein BBA-Schreiben im September 1996 zum Großteil verschlüsselt und wurde dann von einem Mitarbeiter des Heeres-Nachrichtenamtes entschlüsselt. Provokant wurde auf der einzigen nicht codierten Seite des Schreibens die Entschlüsselung durch die NSA (National Security Agency) empfohlen. Dieser US-Geheimdienst wurde vor diesem Zeitpunkt, wie das Nachrichtenmagazin *Profil* recherchierte, innerhalb von zwei Jahren in Österreich ganze fünf Mal in verschiedenen Zeitungen erwähnt und davon nur ein einziges Mal im Zusammenhang mit der Codierung von Texten. Dies damals in der Wochenendbeilage der Tageszeitung *Die Presse* vom 26. August 1995. Das war mehr als ein Jahr vor der Aufgabe des verschlüsselten Briefes samt Empfehlung der NSA-Hilfe für die Entschlüsselung. Auf behördlicher Ebene scheint es gelegentlich Kontakte von Seiten der Staatspolizei zur NSA zu geben. Ist es nicht interessant, warum ein Franz Fuchs aus Gralla ausgerechnet auf diesen, in Österreich zum damaligen Zeitpunkt weitgehend unbekannten US-Nachrichtendienst verfällt und ausgerechnet dessen Hilfe bei der Entschlüsselung empfiehlt? Die Frage wäre zweifellos interessant gewesen. Unser Pech, ich kann sie nirgends in den Vernehmungsprotokollen finden.

Und noch etwas hätte ich von Fuchs gerne beantwortet gehabt. Dies spricht den angeblichen „Historiker" in der Person des Franz Fuchs an. In dem 28-seitigen BBA-Bekennerschreiben an Rechtsanwalt Dr. Mayer wird als Gründungsdatum für die Zweite Republik in Österreich der 29. April 1945 angegeben. Allgemein anerkannt in der österreichischen Geschichte ist allerdings der 27. April 1945. Der 29. April spielt zwar im historischen Ablauf der Ereignisse eine Rolle, aber der 27. April gilt in den Geschichtsbüchern als Gründungstag. Warum erwähnt das BBA-Schreiben den 29. April? Es wäre doch interessant gewesen, von Fuchs darauf eine Antwort zu bekommen!

Merkwürdigkeiten bei den Vernehmungen

Beim Lesen der Vernehmungsprotokolle sind mir einige Stellen besonders aufgefallen und haben mich nachdenklich gemacht.
Beispiel Nummer eins:
Bei Fuchs wurde nach seiner Verhaftung ein Bertelsmann-Lexikon sichergestellt. (Detail am Rande – die Polizei spricht von einem 22-bändigen Lexikon, der historische Gutachter erwähnt später 20 Bände). Das Lexikon erschien in den Jahren 1972 und 1973.
Der historische Gutachter, Dr. Rudolf Jerabek, listet in seinem Gerichtsgutachten penibel sämtliche handschriftlichen Anmerkungen von Franz Fuchs in diesem Lexikon auf. So führt er auch an, dass Fuchs einen Eintrag über den früheren österreichischen SPÖ-Bundeskanzler Fred Sinowatz (Bundeskanzler zwischen 1983 und 1986) machte. Demnach trug Franz Fuchs die Eintragung handschriftlich ein, weil der Name des Politikers in dem Bertelsmann-Lexikon noch nicht enthalten war.
Fuchs notierte: „Sinowatz Fred: 1983–86", und zwar im Band 17 auf Seite 214. Sonst scheint zu Sinowatz in dem Lexikon offenbar nichts vermerkt zu sein, das hätte der historische Gutachter in der wie gesagt penibel geführten Liste wohl angeführt.
Umso überraschter ist nun der Leser der Vernehmungsprotokolle, wenn er im Protokoll vom 19. Oktober 1997 auf folgende Passage stößt: „Über Vorhalt der handschriftlichen Vermerke ‚Tschuschenhäupt-

ling' bei Altbundeskanzler Alfred SINOWATZ: Der Beschuldigte versucht immer wieder den an ihn gerichteten Fragen auszuweichen. Er erklärt sodann: So jetzt bekommen Sie überhaupt keine Antworten mehr. Möglicherweise war SINOWATZ ein Dorn im Auge. Sonst gebe ich dazu keine Erklärung ab."

Fuchs wird hier also ein Vorhalt gemacht, der, wie das Gesamtbild zeigt, auf keiner erkennbaren Grundlage basiert, weil es diesen Vermerk „Tschuschenhäuptling" als handschriftliche Eintragung in dem Lexikon offenbar nicht gibt. Seine gereizte Reaktion wäre also nicht ganz unverständlich. Klarerweise muss ich aufgrund der sich mir darstellenden Lage die Frage stellen: Gab es diesen handschriftlichen Vermerk gar nicht? Warum taucht dann aber eine solche Frage auf? Erklärungsbedarf ist gegeben.

Über Vorhalt der handschriftlichen Vermerke „Tschuschenhäuptling" bei Altbundeskanzler Alfred SINOWATZ: Der Beschuldigte versucht immer wieder den an ihn gerichteten Fragen auszuweichen. Er erklärt sodann: So jetzt bekommen Sie überhaupt keine Antworten mehr. Möglicherweise wär SINOWATZ ein Dorn im Auge. Sonst gebe ich dazu keine Erklärungen ab.

Auszug aus dem Vernehmungsprotokoll

16/231, SANTORIN: "zerstört ~~1520 v.Chr~~ 1628 v.Chr. minoische Kultur"
16/243, SARTEN: "= Skyten"
17/31, SCHWEDEN, nordgerman. Volk: "Sueben?"
17/32, SCHWEDEN [Staat]: "Schwaben-Reich, Svear" bei 'Sverige'
17/51, SCHWEIZ: "Etrusker" bei 'Räter, ein wahrscheinlich illyr. Volksstamm'
17/214, *eigener Eintrag*: "Sinowatz, Fred: 1983-86"
17/215, SINTFLUT: "23.9.9545 v.Chr., Asteroid 3km ∅, 7 Trümmer, 5 Mio Menschen damals auf Erde"
17/239, SKYTEN: "= Sarten, Ostperser?, Kasachstan" bei 'indogerman. Völkerschaft'; "+ 425v.Chr." bei 'Herodot'; "Skyte Radagais, besiegte Truppen zerstören auf Rückkehr 405 n.Chr. Flavia Solva, Georgier, Goldenes Vlies, Stalin"
17/241, SLAWEN: "oberhalb Kiew" bei 'Pripjat-Sümpfe'

Auszug aus dem Gutachten des historischen Sachverständigen Dr. Rudolf Jerabek

Beispiel Nummer zwei:

Am 6. November 1997 werden die Vernehmungen von Franz Fuchs nur von Polizeibeamten durchgeführt, von Mitgliedern der Einsatzgruppe zur Bekämpfung des Terrorismus des Innenministeriums. Der Untersuchungsrichter ist nicht anwesend.

Im Vernehmungsprotokoll dieses Tages findet sich dann auf Seite 7 folgende Passage:

> Auf die Frage, was der Beschuldigte über die 1,5 Volt-Technik weiß, gibt der Beschuldigte zu Protokoll: „Gestern haben sie mir noch mehr darüber vorgelesen. Die Überschrift war OADILOS Elektroniklehrgang. Es ist besser, wenn ich mich darüber nicht äußere, weil ich nicht weiß, wie sie zu dieser Information kommen und was da gespielt wird. Ich war sehr überrascht, daß sie wissen, daß es so etwas gibt, denn bei mir zu Hause können sie das nicht gefunden hat. Es hat mir während meiner Haft unter dem Pseudonym EHRLICH, Niemalsgasse 1 Wien ein verwirrt klingender Herr geschrieben und in diesem Brief mehrmals von „Ihr beide" gesprochen, was darauf schließen ließe, es wären zwei eingesperrt. Möglicherweise haben sie doch zwei eingesperrt. Ich halte dies aber für unrealistisch, weil sich von mir aus, wie ich hoffe, keine Spuren zurückverfolgen lassen."

Auszug aus dem Vernehmungsprotokoll

Dazu Folgendes: Blättert man in den Vernehmungsprotokollen einen Tag nach vor auf den 5. November, findet man keinen Hinweis, dass Franz Fuchs bei dieser Vernehmung aus irgendeinem „Elektroniklehrgang" vorgelesen worden wäre.
Eine – zugegeben – provokante Frage: Gab es irgendwelche Gespräche samt „Vorlesestunden" mit Franz Fuchs – abseits der offiziell protokollierten Vernehmungen? Ich jedenfalls kann mir diese Stelle in dem Vernehmungsprotokoll nicht erklären.
Genauso stellt sich mir die Frage nach der höchst seltsamen Post, die Franz Fuchs da offenbar laut eigener Aussage bekommen hat. Was hat es damit auf sich?

Beispiel Nummer drei:
Bei Franz Fuchs wurden bei der Hausdurchsuchung zweifelsohne eine Reihe ihn belastender Dinge beschlagnahmt. Wie etwa Zeichnungen von elektronischen Schaltplänen. Am 7. November 1997 wird Fuchs auf diese Gegenstände mit der Frage angesprochen, warum er die Gegenstände in der Wohnung nicht vernichtet habe? Die Antwort von Fuchs: „Erstens war ich schon die längste Zeit davon informiert, dass sie wissen, dass ich Mitglied der BBA bin. Mir wurde auch gesagt, dass ich von den Ermittlern eingekreist bin. Ich habe sogar

Fotos bekommen. Auf einem dieser Fotos war sogar ein Mann abgebildet, der sogar bei meiner Verhaftung anwesend war."
Einmal mehr ein merkwürdiger Satz von Fuchs. Die Polizei übrigens hat wiederholt betont, Franz Fuchs sei vor seiner Verhaftung nicht observiert worden.

Auf die Frage, warum der Beschuldigte die Gegenstände in der Wohnung nicht vernichtet hat, antwortet dieser :
„Erstens war ich schon die längste Zeit davon informiert, daß sie wissen, daß ich Mitglied der BBA bin. Mir wurde auch gesagt, daß ich von den Ermittlern eingekreist bin. Ich habe sogar Fotos bekommen. Auf einem dieser Fotos war sogar ein Mann abgebildet, der sogar bei meiner Verhaftung anwesend war. Die Fotos gibt es nicht mehr, ich gebe auch nicht an, von wem ich die Fotos bekommen habe.Außerdem ist stündlich Streife gefahren worden. Die Gegenstände in meiner Wohnung habe ich zur Selbstverteidigung aufbewahrt. Ich habe nicht damit gerechnet, wie es bei der Selbstverteidung an und für sich üblich ist, zu gewinnen, sondern ich dachte da eher an einen „lautstarken" Abgang.

Auszug aus dem Vernehmungsprotokoll von Franz Fuchs

Beispiel Nummer vier:
Dieses betrifft eine Passage in der Vernehmung am 21. April 1998, also bereits gegen Ende der Vernehmungen durch den Untersuchungsrichter und die Polizeibeamten. Dabei wird Fuchs mit folgendem Sachverhalt konfrontiert:

Dem Beschuldigten wird das in AS 1o1 in Band 58 im Gerichtsakt erliegende Foto vorgelegt, welches eine auf einem weißen Papier aufgeschriebene Adresse (mit Schreibmaschine aufgeschriebene Adresse) aufweist:

IOM OCV Wien
Möllwaldplatz 5/III,
A-1o4o Wien

Diese Adresse wurde anläßlich der Hausdurchsuchung in meiner Wohnung gefunden, wobei die Adresse in Maschine geschrieben auf einem A4 Blatt vermerkt war.

Über Befragen zu dieser Adresse, erklärt der Beschuldigte:

Ich weiß nicht, wer mit dieser Adresse gemeint ist. Ich weiß es zumindest jetzt nicht mehr. Wenn dieser Zettel in meiner Wohnung gefunden wurde, habe ich wahrscheinlich einmal gewußt, wer damit gemeint ist.
Ich habe überhaupt keine Erinnerung an diesen Zettel. Mit meiner mechanischen Schreibmaschine habe ich es nicht geschrieben.

Über Befragen, ob er diese Adresse geschrieben hat, oder nicht, erklärt der Beschuldigte:

Ich nehme mit ziemlicher Sicherheit an, daß ich das nicht geschrieben habe, allein schon, weil es sich offensichtlich nicht um meine Schreibgeräte handelt.

Über Befragen, wie das Schreiben dann in seine Wohnung kommt, erklärt der Beschuldigte:

Das weiß ich auch nicht.

Es gibt viele Geheimnisse auf der Welt.

Dem Beschuldigten wird gesagt, daß die Abkürzung IOM für Internation Organization for Migration steht. Hierauf erklärt er:

Das ist eine in Wien ansässige Gangsterorganisation, es ist kein Wunder, daß ich sie vergessen habe. Diese Organisation ermuntert Streuner, daß sie zu uns kommen. Ich spreche nicht mehr darüber, seitdem ich jetzt weiß, daß es sich um eine Ausländerorganisation handelt.

Über nochmaliges Befragen, wie dieser Zettel in seine Wohnung gekommen ist, und ob dies per Morsezeichen erfolgt ist, erklärt der Beschuldigte:

Kein Kommentar.

Auszug aus dem Vernehmungsprotokoll

Ein seltsamer Dialog, der hier wiedergegeben wird. Interessant ist vor allem der Hinweis von Fuchs auf die Schreibmaschine, mit der die gegenständliche Adresse geschrieben wurde. Dazu kommt noch, dass ich im Sicherstellungsprotokoll über sämtliche bei Fuchs sichergestellten Gegenstände keinen eindeutigen Hinweis auf einen solchen Zettel mit einer derartigen Adresse gefunden habe.

Die Ermittler

Schon zu Beginn der Terrorwelle hatte das Innenministerium eine Sonderkommission eingerichtet, personell im Prinzip aus der Einsatzgruppe zur Bekämpfung des Terrorismus gespeist, der eine Schlüsselrolle zukam. Lassen wir uns diese Polizei-Einheit von zwei Seiten schildern. Zum einen von den Journalisten Michael Grassl-Kosa und Hans Steiner in dem Buch „Der Briefbomber ist unter uns" und zum zweiten aus der Perspektive der Journalistenkollegen Kurt Tozzer und Günther Zelsacher in ihrem Buch „Bombenspuren".

Michael Grassl-Kosa und Hans Steiner schrieben über die EBT: „Höchst geheim installierte der damalige Innenminister Karl Blecha

eine staatspolizeiliche Operativgruppe, die mit österreichweiten Kompetenzen ausgestattet war und direkt dem Leiter der Staatspolizei unterstellt wurde. Diese Gruppe erhielt in Anlehnung an die im Bereich der Kriminalpolizei auf Ministeriumsebene bereits existierende ‚Einsatzgruppe zur Bekämpfung der Suchtgiftkriminalität' den Namen ‚Einsatzgruppe zur Bekämpfung des Terrorismus' (EBT), deren erster Leiter der Jurist Oswald Kessler wurde. Ausschlaggebend für die Gründung dieser Operativgruppe war der Umstand, dass in den 70-er und 80-er Jahren auch Österreich von internationalen Terroranschlägen (OPEC-Anschlag 1971, Nittel-Mord 1981, Schwechat-Überfall 1985) nicht verschont geblieben war und mit weiteren Terroranschlägen gerechnet werden musste."
Soweit eine kurze Darstellung der EBT aus der Sicht der Journalisten Michael Grassl-Kosa und Hans Steiner.
Kurt Tozzer und Günther Zelsacher beschrieben in ihrem Buch diese Polizei-Einheit folgendermaßen. Auf Seite 221 ihres Buches „Bombenspuren" erfährt man: „Kessler begann bei der EBT, wird dann zum Leiter der Gruppe II/C befördert, also zum Chef der Staatspolizei. Er wertet die EBT zu seiner Prätorianergarde auf und stärkt ihr Selbstbewusstsein bis zur Überheblichkeit. Seit Beginn der Briefbombenerhebungen kommt es deshalb zu Reibereien mit den örtlichen Behörden ..." An einer anderen Stelle befassten sich Tozzer und Zelsacher bereits eingehend mit den Spannungen zwischen der EBT und lokalen Behörden. So vermerkten die beiden Journalisten auf Seite 169: „Bei den Ermittlungen kommt es oft zu Eifersüchteleien zwischen den örtlichen Kriminalbeamten und der Elite-Truppe aus Wien. Die durchwegs jüngeren Leute der EBT fahren schwere BMW- und Mercedes-Limousinen, während ihre Kollegen mit alten Golfs und Kadetts unterwegs sind. Zu den ortsansässigen Sicherheitsbehörden haben sie oft ein gestörtes Verhältnis. In der Öffentlichkeit werden sie von Illustrierten und Magazinen als Supermänner hochgejubelt."
Im Zusammenhang mit den Bombenterror-Ermittlungen der Einsatzgruppe zur Bekämpfung des Terrorismus möchte ich auch noch den Journalistenkollegen Hans Henning Scharsach zu Wort kommen lassen, und zwar mit einer kleinen Bemerkung aus seinem Buch „Hai-

ders Clan", die Aufmerksamkeit verdient und nach einer Erklärung verlangt. Scharsach schrieb auf Seite 161 dieses 1995 im Orac-Verlag erschienenen Buchs: „Mitglieder der EBT (Einsatzgruppe zur Bekämpfung des Terrorismus) klagen darüber, dass Beweismaterial aus ihren Schreibtischen ‚verschwindet', zu denen nur Kollegen Zugang haben."

Die Gratwanderung zwischen Einzeltäterthese und Tätergruppe

Nach dem Abschluss der gerichtlichen Voruntersuchung erstattete die Sonderkommission beziehungsweise eben die EBT des Innenministeriums bei der Staatsanwaltschaft die Anzeige zum Fall Fuchs. Auch in Teilen der Polizei gab es bis zuletzt, wahrscheinlich sogar bis heute, Zweifler an der Einzeltätertheorie. Aufschlussreich in diesem Zusammenhang ist die Vollanzeige. Der fast 1000 Seiten umfassende Akt wird der Staatsanwaltschaft am 11. Mai 1998 übermittelt. Und auch in dieser Vollanzeige zum BBA-Terror und zur Person von Franz Fuchs rutscht den Verfassern mehrfach die Formulierung „die Täter" hinein. So etwa, um nur zwei Beispiele zu nennen, auf den Seiten 36 und 37.

Auf Seite 36 heißt es da: „Es muss angenommen werden, dass die Täter von diesem Umstand Kenntnis hatten ..."

Oder auf Seite 37: „Im entschlüsselten Teil des Bekennerbriefes an *Profil*, datiert mit 24. August 1996, führen die Täter an ...."

Zweifel am Universalgenie Franz Fuchs

Vielleicht überrascht es, aber dem folgenden Abschnitt meiner Betrachtungen zum BBA-Terror und zu Franz Fuchs möchte ich ein Zitat eines glühenden Verfechters der Einzeltäterthese voranstellen. Und zwar abermals eines des früheren Generaldirektors für die öffentliche Sicherheit, Michael Sika. Er schrieb in seinem Buch „Mein Protokoll" auf Seite 265 folgenden Satz:

„Franz Fuchs hatte zwar nie gestanden, Einzeltäter und Schöpfer der BBA zu sein, in seinen Einvernahmen aber zweifelsfrei bewiesen, dass er in allen Bereichen über das nötige Wissen und die erforderliche Sachkenntnis verfügt.“ Soweit Sikas Sicht der Dinge, der sich wohl durch das Grazer Gerichtsurteil bestätigt sieht.

Hatte dieser Franz Fuchs das „Zeug zum Einzeltäter“? Hier meine Sicht der Dinge:

Die Vernehmungsprotokolle zeigen, dass Franz Fuchs durchaus ein bestimmtes Maß an Wissen erkennen ließ. Blickt man aber tiefer, wird neben dem von Sika gelobten Sachwissen plötzlich auch Nichtwissen spürbar. Und eine Reihe von Beispielen habe ich zu diesem Thema ja bereits angeführt.

Ganz außer Betracht wollen wir dabei die vorhin aufgezeigten fehlenden Fragen an Fuchs lassen. Also jenes Wissen, das gar nie erforscht und ergründet wurde. Die offizielle Linie zu Franz Fuchs lautete stets: Dieser Mann habe neben den technischen Fähigkeiten über ein hervorragendes Allgemeinwissen verfügt und im Speziellen über ein gutes historisches Wissen. Analysiert man einerseits das Leben von Franz Fuchs, andererseits aber seine Aussagen nach der Verhaftung, so gewinnt man überraschende Erkenntnisse.

Lassen Sie mich in den folgenden Zeilen bewusst provozieren und mich dabei fast sarkastisch werden: Der einsame Fuchs in seinem kleinen Bau in Gralla 149 in der Südsteiermark weiß also alles, kennt alles und jeden, bastelt brillant bis ins kleinste Detail und durchblickt Zusammenhänge, für die andere Jahre und Jahrzehnte brauchen und vor allem viel Kommunikation benötigen. Nein, Fuchs braucht keine Kommunikation. Er ist sogar noch stolz darauf, dass er wenig liest – wie er in den Vernehmungen einmal sagen wird. Es gelingt ihm, den flächendeckenden Terror also offenbar gänzlich autodidaktisch zu entwickeln. Ohne jegliche Kontakte zur Außenwelt.

Ja, denkt man diesen Aspekt des Universalgenies in diesem Terrorfall konsequent weiter, kommt man auf eine ganze Liste erforderlicher Qualitäten. Und damit auch fast schon wieder auf ein Täterprofil. Ich nenne es Anforderungsprofil.

Lassen Sie mich der Auflistung der erforderlichen Kenntnisse auch gleich Gegenpositionen beifügen, wie sie sich im konkreten Fall in den Vernehmungsprotokollen und im Gerichtsprozess zeigen.

Zunächst einmal muss jemand, der so etwas macht, ein brillanter Bastler von Bomben sein. Er muss dabei vor allem über elektronische Fertigkeiten verfügen. Diese Fähigkeiten hat der Techniker Franz Fuchs grundsätzlich auch nie bestritten.
Er hat ja auch Sprengsätze gebaut, wie jenen, den er bei seiner Verhaftung in Gralla selbst gezündet hat. Die Verantwortung für die Herstellung der Briefbomben hat er aber stets strikt zurückgewiesen. Nicht zuletzt Experten, wie der Kriminalpsychologe Müller in seinem Täterprofil Nummer drei, haben auf die mikrosensorischen Fähigkeiten des BBA-Bombenbauers verwiesen. Und der Leiter des Amtes für Wehrtechnik, Ingo Wieser, ist im Buch „Der Briefbomber ist unter uns“ – also vor der Verhaftung von Franz Fuchs – mit folgendem Zitat erwähnt: „Um die Glühwendel zu verdrahten, führte er Mikroverschweißungen durch, die mit freiem Auge kaum zu sehen sind. Das ist sagenhaft. So hat er immer gearbeitet. Ich würde das nie zusammenbringen.“ Der Experte Wieser sagte solche Sätze vielleicht auch unter einem persönlichen Aspekt. Wieser ist nämlich so wie Franz Fuchs Brillenträger. Fuchs wird später auf derartige Schilderungen von den mikrosensorischen Fähigkeiten in den Vernehmungen insofern Bezug nehmen, als er darauf hinwies, „dass so ein Fuzzelwerk nichts für seine Augen ist“. Das Gericht wird es beim Prozess übrigens nicht als notwendig erachten, einen Augenarzt als Zeugen anzuhören. Dies wollte der Verteidiger, um abzuklären, ob Franz Fuchs überhaupt in der Lage gewesen sei, solche spezifischen Arbeiten durchführen zu können.
Wir kommen nun zur Bombenchemie. Leider logisch – ohne die Sprengstoffe keine gefährlichen Bomben. Dazu hat Franz Fuchs übrigens über weite Strecken in den Vernehmungen geschwiegen und das ihm unterstellte Fach- und Sachwissen in diesem Bereich generell in Abrede gestellt. Hier hat er – jedenfalls für den Leser der Vernehmungsprotokolle – genau genommen kein Fachwissen erkennen lassen.
Nächste Frage: Wo hat er die Sprengstoffe hergestellt? Ein Labor wurde bei Franz Fuchs nicht gefunden, doch laut Staatsanwalt reichte dazu auch die Wohnung aus. Dies bleibt rätselhaft. Die Kriminaltechnische Zentralstelle wird in einem Gutachten zum Fuchs-Prozess

darauf hinweisen, dass bei Fuchs weder die zur Herstellung der Sprengstoffe notwendigen Chemikalien gefunden wurden noch die von den Experten in einem solchen Fall erwarteten Spuren von Synthese-Versuchen wahrgenommen werden konnten.
Dieser Terrorfall hat seine Besonderheiten aber auch in den Bekennerschreiben. Dutzende Seiten wurden unter dem Terror-Decknamen „Salzburger Eidgenossenschaft-Bajuwarische Befreiungsarmee" verfasst. Bei jedem Schreiben müssen also ein oder mehrere Verfasser über zumindest solide und gute sprachliche Qualitäten verfügt haben, denn die sind keineswegs stümperhaft verfasst. Franz Fuchs hat auch zu diesem Punkt stets erklärt, nicht der Verfasser der Bekennerschreiben zu sein. Er hat dazu also kein Teilgeständnis abgelegt.
Die Geschworenen haben ihm trotzdem die Fähigkeit zur Abfassung dieser Bekennerschreiben attestiert. Für das Gericht hat sie Fuchs also geschrieben. Da konnten die Geschworenen auch die Zweifel des früheren Arbeitgebers von Fuchs, Diplomingenieur Reinhold Heidinger, nicht von ihrer Meinung abbringen. Heidinger hatte schon unmittelbar nach der Fuchs-Verhaftung in der Zeitschrift *News* vom 9. Oktober 1997 seine Bedenken geäußert, vor allem im Hinblick auf die Bekennerschreiben. Ein Auszug aus dem Interview:
„*News*: Glauben Sie, dass ihr Freund jener Mann sein kann, der beinahe vier Jahre die Republik in Atem gehalten hat?
Heidinger: Mit Sicherheit war er technisch in der Lage, diese Bomben zu bauen. Auch die penible Art, wie die Bomben weiter verbessert wurden, passt zu seinem Charakter. Nur – der Franz Fuchs, den ich kenne, baut vielleicht Bomben, er schickt sie aber ganz sicher nicht ab.
News: Sie glauben an Mittäter?
Heidinger: Mit Sicherheit kann er es nicht alleine gemacht haben. Dafür spricht vor allem eine Tatsache: Er war vom Jahr 1985 bis 1989 in meinem Unternehmen tätig. In dieser Zeit musste ich alle seine Geschäftsbriefe überarbeiten, weil sie nämlich im Rohzustand unbrauchbar waren. Bei allen Qualitäten auf technischem Gebiet war er sprachlich nicht besonders begabt. Es ist für mich ausgeschlossen, dass der Franz derart komplexe und sprachlich perfekte Bekennerschreiben verfasst haben soll."

Die Bekennerschreiben haben auch bis heute so manchen Expertenstreit heraufbeschworen. Ein großer Zweifler an dem Umstand, dass der Verfasser der Bekennerschreiben ein Einzeltäter gewesen sein soll, ist der Wiener Sprachwissenschafter Univ.-Prof. Dr. Günther Lipold. Er hatte im Juni 1995 im Auftrag des Untersuchungsrichters im ersten Briefbombenverfahren gegen Franz Radl und Peter Binder ein Gutachten zu den BBA-Bekennerschreiben erstellt. Nach der Verhaftung von Franz Fuchs befragte ihn das Nachrichtenmagazin *Profil* neuerlich zu seiner Meinung. Lipold am 13. Oktober 1997 zu *Profil*: „Ich halte es für ziemlich sicher, dass an der Erstellung der Bekennerschreiben mehrere Personen beteiligt waren. Textliche und syntaktische Kriterien sprechen dagegen, dass der Verfasser eine Einzelperson ist." *Profil* schreibt weiters, dass der Sprachwissenschafter Lipold seine Expertise auch nach der Verhaftung von Franz Fuchs vollinhaltlich aufrecht halte. Zitat Lipold: „Aus der sprachlichen Analyse lässt sich ableiten, dass es wahrscheinlich sogar so etwas wie eine Redaktionsinstanz für einige Bekennerschreiben gegeben haben muss."

Wenn wir nun schon bei der sprachlichen Analyse der Bekennerschreiben sind, möchte ich noch ein kleines Detail herausgreifen. In einem der Bekennerschreiben, dem 28-seitigen Brief an Rechtsanwalt Rudolf Mayer, werden in den Text englische Vokabel eingefügt. Es ist sicher nur ein kleines Detail, aber man muss eben den besonders kleinen Details oft größte Aufmerksamkeit schenken. Plötzlich wird hier in einem BBA-Schreiben mit englischen Vokabeln gespielt. Zitieren wir zunächst diese Passage:

„Für Personen, die mit den englischen Vokabeln soap, oak und foam etwas anzufangen wissen, verdeutlicht unser Fachmann das westgermanische ‚oa'."

Mir ist es beim Lesen dieser Textstelle so gegangen, als ob ich dabei herausspüren würde, dass hier jemand mit seinem Fremdsprachenwissen, der Kenntnis der englischen Sprache, prahlen will. Tatsache ist jedenfalls, dass bei Franz Fuchs kein besonderer Bezug zur englischen Sprache ableitbar war, auch ist in den vergangenen Jahrzehnten kein Auslandsaufenthalt in einem englischsprachigen Land dokumentiert. Was die englische Sprache betrifft, sagte er sogar einmal selbst ausdrücklich: „Bei der Matura habe ich Latein den Vorzug vor Englisch gegeben." Von einer regelmäßigen Anwendung der englischen Sprache ist nichts bekannt. Nicht einmal ein Englisch-Wörterbuch, aus dem er englische Vokabel entnehmen hätte können, wurde sichergestellt.

Womit wir uns auch gleich noch ein wenig den Inhalten der Bekennerschreiben zuwenden. Das BBA-Bekennerschreiben an den früheren niederösterreichischen FPÖ-Landesrat Schimanek lässt auf gute Kenntnisse im Strafrecht und in der Strafprozessordnung schließen. Auch hier sind es wieder die Details, die ins Auge stechen. Während im Volksmund immer schon von „Geschworenen" die Rede war, lautete die korrekte Schreibweise in der Strafprozessordnung bis zur Novelle 1993 „Geschworne".

Auch wenn Fuchs in den Vernehmungen wiederholt betonte, „in Jus eigentlich schwach zu sein", und wenn bei der Hausdurchsuchung auch kein Strafgesetzbuch und keine Strafprozessordnung sichergestellt wurden, änderte das nichts daran, dass ihn die Anklage und das darauf folgende Urteil für fähig hielten, die entsprechenden juristischen Passagen verfasst zu haben. Nicht zuletzt kam immer wieder der Hinweis, Fuchs habe ja schließlich 1984 eine Dienstaufsichtsbeschwerde gegen einen Richter eingebracht und schon damals juristische Kenntnisse bewiesen.

Im gegenständlichen Terrorfall erscheint mir eines besonders merkwürdig. Es ist dies der – nicht nur von mir – behauptete Umstand, dass wiederholt interne Kenntnisse aus dem Kreis der Ermittler, nicht publizierte Gutachten und nicht öffentlich gemachte Zitate in die Bekennerschreiben eingeflossen seien. Das deutsche Nachrichtenmagazin *Der Spiegel* schrieb dazu: „Die Täter scheinen das Ohr an der Polizei zu haben." Ebenso wurde mehrfach der Verdacht eines „Maulwurfes" im Kreis der Ermittler erhoben. So titelte die *Kronen-Zeitung* gar einmal: „Bombenfahnder suchen Verräter in eigenen Reihen." Dies die Schlagzeile vom 21. Oktober 1995.

Bomben-Fahnder suchen Verräter in eigenen Reihen

Bericht Seiten 10/11

Lit 3200,- / Dr 480,- / TL 100.000,- / Ft 220,- / KN 11,- / SIT 220,- Pts 260,- / Kanar. Inseln Pts 300,- / DM 3,- / sfr 2,80 / KC-SK 40,-

Samstag, 21. Oktober 1995 / Nr. 12.730, S 8,-

Neue Kronen Zeitung

UNABHÄNGIG

Wien 19, Muthgasse 2, Telefon 36 01-0

Neue Kronen-Zeitung **vom 21. Oktober 1995**

Würde man jetzt polemisch werden wollen, müsste man fragen, ob die von Franz Fuchs in den Vernehmungen geschilderte Angst vor Lauschangriffen schon deshalb unbegründet gewesen sein müsste, weil am Ende doch er selbst den „Lauschangriff gegen die Polizei" längst praktiziert hatte. Das eben Gesagte wird Sie vielleicht an diesem Punkt meiner Erörterungen noch ein wenig irritieren, später wird Ihnen dieser Kommentar jedoch völlig klar erscheinen. Und Sie werden möglicherweise genauso nachdenklich werden wie ich. Jedenfalls sind in den Bekennerschreiben der BBA vielfach Inhalte erkennbar, die mit dem Wissensstand eines Einsiedlers schwer in Einklang zu bringen sind. Und gerade diese Bekennerschreiben sind es, die meiner Ansicht nach beim Prozess gegen Franz Fuchs zu wenig bis gar keine Beachtung fanden.

Der Fuchs-Richter

Knapp vor Beginn des Grazer Fuchs-Prozesses porträtierten die *Salzburger Nachrichten* in einem Artikel vom 14. Jänner 1999 den vorsitzenden Richter im Fuchs-Prozess, Dr. Heinz Fuhrmann. Der Beitrag hatte den Titel: „So leicht schockt mich nichts." Die *Salzburger Nachrichten* weiter: „Nur keinen Stress aufkommen lassen und Ruhe bewahren – so lautet die goldene Regel, die sich der vorsitzende Richter verordnet hat ... Richter Heinz Fuhrmann konnte sich auch in spektakulären Prozessen auf gute Nerven verlassen. Bei Liebespaarmördern, Kindesmisshandlern, in größeren Wirtschaftsstrafsachen ... Der Vorsitzende des Geschwornengerichtes wird der entscheidende Steuermann im Fuchs-Prozess sein."

Nun eine Rückblende vom Jahr 1999 in den Dezember 1993. Es war knapp vor dem Heiligen Abend. Ich saß mit meinem Gesprächspartner, dem Richter Dr. Heinz Fuhrmann, mit dem ich damals freundschaftlich verbunden war, in einem Café in Graz. So wie viele Österreicher standen auch wir damals unter dem Eindruck der ersten Briefbombenserie und den ersten Verhaftungen von verdächtigen Neonazis. Dr. Fuhrmann und ich waren uns in der Beurteilung darin einig, dass die Wahrscheinlichkeit, dass es sich bei den Tätern tatsächlich um Rechtsextremisten handle, gering sei. Er traue der Szene diese Form der Gewaltbereitschaft eigentlich nicht zu, sagte Dr. Fuhrmann damals sinngemäß. Im Laufe der nächsten Monate und Jahre waren wir beide aufmerksame Beobachter des dramatischen Terrorgeschehens. Mit der Zeit sammelte ich immer mehr Anhaltspunkte und Indizien, vor allem über merkwürdige Informationsflüsse, wie sie sich aus dem Ermittlungsapparat über den oder die Verfasser der BBA-Bekennerschreiben herauslesen ließen. Als Journalist zeigt man sicher eine erhöhte Sensibilität und Aufmerksamkeit für derartige Geschehen. Dr. Fuhrmann und ich kamen zu dem Schluss, aus staatsbürgerlicher Pflicht auch Politiker – vor allem den Innenminister – auf bestimmte Wahrnehmungen hinzuweisen.

Anfang Mai 1995 informierten wir den steirischen SPÖ-Landeshauptmannstellvertreter Univ.-Prof. DDr. Peter Schachner-Blazizek von

bestimmten Verdachtsmomenten. Dr. Schachner kündigte daraufhin Gespräche seinerseits mit dem damaligen Bundeskanzler Vranitzky und Innenminister Einem an. Resultat dieser Gespräche war der Hinweis, dass ich mich beim Generaldirektor für die öffentliche Sicherheit, Sika, melden sollte. Zwei Gespräche mit Sika fanden dann im Juni 1995 statt, aus denen ich bis heute nicht wirklich schlau geworden bin. Abgesehen davon, hatte ich das Gefühl, mit meinen Thesen beim Generaldirektor nicht besonders willkommen zu sein. Nach den aus meiner Sicht eher unbefriedigenden Gesprächen mit Michael Sika führte Dr. Fuhrmann ein Gespräch mit Caspar Einem. Diese Unterhaltung mündete in eine Art „Vierergipfel" zwischen Einem, seinem damaligen Kabinettschef und heutigen Leiter der Staatspolizei, Dr. Peter Heindl, Dr. Fuhrmann und mir. Dabei hatte ich die Gelegenheit, Einem gewisse Auffälligkeiten zu schildern. In diesen Wochen gab der damalige Innenminister dann auch ein viel beachtetes *Profil*-Interview, in dem er den mehrfach geäußerten Verdacht bestätigte, die Attentäter könnten vertrauliche Informationen direkt aus dem Ermittlungsapparat beziehen. Einem damals wörtlich: „Es gibt Hinweise, dass die Täter Kenntnis von bestimmten Papieren haben, die es bei uns im Haus gibt." Innenminister Einem hatte sicherlich keinen leichten Stand. Allein schon, dass er sich der Mühe unterzog, sich damals gewisse Thesen eines Journalisten persönlich anzuhören, verlangt Respekt ab. Caspar Einem scheint sich sehr intensiv mit den Vorgängen um den Terror befasst zu haben. Und im Dezember 1996 musste er auch noch zur Kenntnis nehmen, dass selbst seine Familie in das Zielfernrohr der BBA geraten sollte. Die Stiefmutter des Ministers, Lotte Ingrisch, stand als Empfängerin auf einem Briefbombenkuvert. Allerdings trug dieses Kuvert eine bereits aufgelassene Meldeadresse. Die Briefbombe wurde an den fingierten Absender zurückgeschickt, wo sie entdeckt wurde und beim Versuch, sie zu entschärfen, detonierte.
Der 1. Oktober 1997 brachte bekanntlich die Fuchs-Verhaftung. Der heiß ersehnte Fahndungserfolg schien da zu sein. Trotzdem: Viele Rätsel blieben. Der Prozess gegen Franz Fuchs sollte in Graz stattfinden. Und im Jahr 1998 wurde Dr. Heinz Fuhrmann zum Fuchs-Verhandlungsrichter bestellt.

Der Prozess und die Parolen

Franz Fuchs wollte an seinem eigenen Prozess in Graz nicht teilnehmen. Und um seinen Ausschluss aus dem Gerichtssaal zu erzwingen, begann er – kurz nach seiner Vorführung in den Gerichtssaal – Parolen zu schreien. Die Auswahl der Parolen war breit gefächert. Hier einige Beispiele: „Es lebe die BBA! – Gottlose, nein danke! – Türkisches Museum, in dem die heilige Maria verunglimpft wird, nein danke! – Kardinal König, Romulus Augustulus des Christentums, nein danke!"

Das Spektrum reichte bis zur folgenden Feststellung: „Verspottung von Blondinen, nein danke!"

Der Richter mochte sich in jenen Momenten der Brüllerei spontan gedacht haben, die Antwort auf dieses Geschrei könne nur lauten: „Ein solcher Franz Fuchs im Gerichtssaal, nein danke!" Also ließ er Fuchs in seine Zelle bringen. Fuchs hatte erreicht, was er wollte.

Das Schauspiel wiederholte sich in dieser Art noch einige Male. Und Franz Fuchs blieb auf diese Weise dem Prozess fern. Es wurde in Abwesenheit des Beschuldigten verhandelt. Ein ungewöhnlicher Verlauf im Prozess um den größten Kriminalfall der Zweiten Republik.

Der Journalist Georg Hoffmann Ostenhof machte sich am 8. Februar 1999 in einem Kommentar im Nachrichtenmagazin *Profil* seine Gedanken über den Kurzauftritt von Franz Fuchs: „Offene Fragen mehren sich. Der Kontrast von Fuchsens Brüllerei zu den Bekennerbriefen der BBA ist auffällig. Die Hassbilder der Briefe sind selektiv."

Ich schließe mich diesem „Unwohlgefühl" von Georg Hoffmann Ostenhof an, denn auch ich leite daraus bis heute eine zu deutliche Divergenz zwischen den Bekennerschreiben auf der einen Seite und der Brüllerei von Fuchs auf der anderen Seite ab.

Der *Profil*-Autor ging in seinen Betrachtungen ebenso auf die weiteren Widersprüchlichkeiten in dem Fall ein: „Noch sonderbarer wird es, liest man in den Verhörprotokollen nach. Engagiert und präzise wird Fuchs dann, wenn es um technische Details geht. Auch wenn er phantasiert, wie er in den Monaten vor seiner Verhaftung observiert worden sei, ist er ganz bei der Sache. Wird aber über Politik gesprochen, zeigt er sich phrasenhaft und flach. Man bekommt bei der Lektüre den Eindruck, das sei zwar durchaus ein Mann mit ein paar ausländerfeindlichen und anderen rechten Ideen, aber tiefe Emotionen und intellektuelle Durchdringung fehlten dabei. Wo aber nahm der Mann aus der Südsteiermark dann die Motivation, die Stärke und Energie her, über Jahre hinweg dieses komplizierte Monsterunternehmen BBA-Terror durchzuziehen und damit ganz Österreich in den Bann zu schlagen?"

Und seine Bilanz leitete der Journalist Hoffmann Ostenhof mit dem Satz ein: „Was auf den ersten Blick possenhaft anmutet, lässt auf den zweiten ein unheimliches Gefühl aufkommen." Die Schlussfrage in seinem Kommentar lautete: „Aber nimmt nicht nach dem Auftritt von Fuchs in Graz die Ahnung Gestalt an, dass da ein Schauspiel auf doppeltem Boden aufgeführt wird?"

Widersprüchlichkeiten hin oder her. Einen Monat nach Erscheinen dieser Kolumne war Franz Fuchs vom Gericht als Einzeltäter abgeurteilt.

Gemischte Journalistengefühle

Einige Journalisten, die den Grazer Fuchs-Prozess eingehend verfolgten und darüber berichteten, äußerten sich mitunter kritisch zum Verlauf dieses Prozesses. So schrieb etwa die arrivierte Gerichtssaalreporterin der Grazer *Kleinen Zeitung*, Doris Piringer, am 26. Febuar 1999, dass sie manches an dem Verfahren als „unklug" bezeichne. Wörtlich schrieb Frau Piringer: „Abgewiesen. Abgewiesen. Sämtliche Anträge der Verteidigung wurden gestern vom Richtersenat mit einem Federstrich weggewischt. Anträgen des Anklägers wurde stattgegeben. Warum eigentlich? Warum weist man den Chef der Sonderkommission (Anmerkung: der Briefbomben-Sonderkommission) als Zeugen ab? Warum einen Augenarzt, der erklären könnte, ob Fuchs trotz seiner sechs Dioptrien die feinmechanische Arbeit durchführen könnte? ... Warum diese durchsichtige und einseitige Zeugenauswahl, gerade bei diesem Prozess? Jetzt ist schon klar, dass durch die unkluge Leitung des vorsitzenden Richters der nachträglichen Legendenbildung unsägliche Nahrung geboten wird. Und das gerade bei diesem Prozess! Bei einem Verfahren, das jetzt schon mehr als 500 Millionen Schilling gekostet hat."

Soweit Doris Piringer. Ebenfalls Zweifel über den Prozessverlauf und die Haltung des Gerichtes der Verteidigung gegenüber kamen dem Journalisten Thomas Vasek, einem aufmerksamen Beobachter des Briefbombenterrors und selbst Buchautor zu diesem Thema unter dem Titel „Ein Funke genügt", erschienen in der Edition Selene. Den Prozess verfolgte Vasek für das Nachrichtenmagazin *Profil,* und knapp vor dessen Ende schrieb er am 9. März 1999: „... Aus dem Blickwinkel der Öffentlichkeit kann das in Graz abgewickelte Verfahren nicht befriedigen. Zu viele Fragen sind offen geblieben, einige wurden gar nicht gestellt. Juristisch gesehen ist nicht wesentlich, ob Franz Fuchs nun ein Einzeltäter war oder bloß Beitragstäter innerhalb einer konspirativen Struktur. Für die Republik ist die Frage von entscheidender Bedeutung. Ein Verrückter ist nur ein Verrückter. Mehrere Verrückte sind möglicherweise Verschwörer. Ein Einzeltäter ist ein Fall für die Psychiatrie. Eine Bajuwarische Befreiungsarmee wäre wahrscheinlich einer für die Politik."

Und Vasek setzt sich auch mit der unmittelbaren Prozessführung kritisch auseinander: „Einen fatalen Eindruck hinterließ beispielsweise, dass der Grazer Schwurgerichtssenat Fritz Maringer, den Leiter der Sonderkommission Briefbomben, als Zeugen der Verteidigung ebenso ablehnte wie einen anderen Ermittler, der noch Monate nach der Verhaftung von Fuchs von einer anderen Spur überzeugt war. Zumindest zwiespältige Gefühle hinterließ, dass ein hoch angesehener Universitätsprofessor nicht darlegen durfte, warum die BBA seiner Meinung nach Kenntnis von einer geheimen Expertise zu den Bekennerschreiben hatte."

Die Bilanz des Fuchs-Verteidigers

Ein Interview mit Dr. Gerald Ruhri.

Autor: „Mehr als zweieinhalb Jahre nach dem Prozess – wie denken Sie heute über den Fall?"

Dr. Ruhri: „Für mich ein unbefriedigendes Ergebnis. Ich bin nach wie vor überzeugt, dass hinter dem Fall mehr steckt. Der Prozess an sich war ohne Zweifel eine große Herausforderung."

Autor: „War Franz Fuchs der BBA-Einzeltäter?"

Dr. Ruhri: „Definitiv nein."

Autor: „Warum nicht?"

Dr. Ruhri: „Für mich ist das nicht nur mein Standpunkt. Diese Ansicht ergibt sich für mich aus all dem, was sich aus dem Akt ersehen lässt."

Autor: „Das heißt, eigentlich ist viel offen geblieben?"

Dr. Ruhri: „Ja. Der Hauptpunkt: Für mich gibt es noch andere Täter. Es muss weitere Täter geben, die noch frei herumlaufen."

Autor: „Sie haben einmal den Ausspruch getan, Fuchs sei zum Einzeltäter aufgebaut worden. Was meinten Sie damit?"

Dr. Ruhri: „Es war vieles für mich eine Frage der Informationspolitik. Vom ersten Tag an nach der Fuchs-Verhaftung hatte ich den Eindruck der Manipulation. Ich verstehe dies nicht als Vorwurf an die Journalisten, sondern an die Informationserteiler. Mit Fuchs musste der Fall erledigt sein. Auch die Geschworenen waren Opfer der Informationspolitik. Was mir leider nicht gelungen ist, aufzuzeigen. In den USA wäre um die Geschworenen drei Jahre lang gestritten worden, um größtmögliche Unbefangenheit sicherzustellen."

Autor: „Welchen Gesamteindruck haben Sie von Franz Fuchs, so wie Sie ihn kennen gelernt haben?"

Dr. Ruhri: „Ein interessanter Gesprächspartner, aber schlau bin ich aus ihm nie wirklich geworden."

Autor: „War der Prozess durch den weitgehenden Ausschluss von Franz Fuchs, sein Fernbleiben nach dem Brüllen von Parolen, fair? Wurde der Prozess dem Rechtsstaat gerecht?"

Dr. Ruhri: „Am Ausschluss habe ich nichts zu kritisieren. Es wäre bedenklich gewesen, ihn in den Gerichtssaal hineinzuzwingen. Ob der Prozess fair war, hätte man über Rechtsmittel überprüfen lassen können. Das wollte Fuchs aber nicht."

Autor: „Wo sind für Sie die größten Fragen in dem Fall offen geblieben?"

Dr. Ruhri: „Die größten offenen Fragen für mich sind, wie Fuchs auf die Opferauswahl gekommen sein will. Alle Dinge, die mit der chemischen Herstellung der Sprengstoffe zu tun haben. Ein großes Rätsel sind die Bekennerschreiben. Ja, und wo war das Fuchs'sche Zeitungsarchiv?"

Kapitel 2

Warum Franz Fuchs kein Einzeltäter gewesen sein kann

Der unpolitische Fuchs und die fehlende Logik

Lassen Sie mich zur Person dieses Franz Fuchs drei Feststellungen treffen:

1. Fuchs war ein unpolitischer Mensch.
2. Fuchs war an Medien und Büchern kaum interessiert.
3. Fuchs hatte nie einen Bezug zu irgendwelchen rechten oder rechtsextremen politischen Gruppen oder Gruppierungen.

Diese drei Bemerkungen sind nicht irgendwelche Mutmaßungen zur Person, die ich anstelle. Das sind Tatsachenfeststellungen. Ein Bild, das die behördlichen Ermittlungen zur Person Fuchs ans Licht gebracht haben. Alle diese Feststellungen werfen vor allem eine zentrale Frage auf :

Konnte Franz Fuchs unter diesen drei genannten Gesichtspunkten zum Verfasser dutzender Seiten von Bekennerschreiben werden? Die Bekennerschreiben ließen politische Kenntnisse, einen politischen Überblick erkennen. Darüber hinaus lehnten sich Textpassagen an einen Jargon der rechten Szene an und zeigten einen geradezu spielerischen Umgang mit Personen, die in der rechtsextremen Szene in den 90er-Jahren in Österreich als Exponenten bekannt waren. Wie zum Beispiel ein Gottfried Küssel oder ein Hans Jörg Schimanek junior. Die Bekennerschreiben enthielten sehr viele gezielte Anspielungen – entweder auf die rechte Szene oder ganz allgemein auf das politische Geschehen hierzulande. Auch der spielerische Umgang mit Politikern wird in den Bekennerschreiben spürbar, viele Politiker werden namentlich erwähnt. So wie mit den Namen umgegangen wird, das zeigt ein Beherrschen der politischen Faktenlage in Österreich. Die Aufzählung von Spitzenpolitikern fällt offenbar spielend leicht. Sogar die namentliche Erwähnung von Volksgruppenvertretern in Kärnten scheint kein Problem darzustellen.

Setzt man sich nun aber detailliert mit den Ausgangsfeststellungen zu Franz Fuchs auseinander, kommen dem Betrachter viele Zweifel, ob dieser Franz Fuchs – aus dieser Perspektive gesehen – der Verfasser der BBA-Bekennerschreiben sein konnte.

Zu Punkt eins:

Vor seiner Verhaftung am 1. Oktober 1997 sind von dem Südsteirer keine politischen Aussagen bekannt. Auch wurde keine Teilnahme an irgendwelchen politischen Versammlungen ermittelt. Sein Umfeld nahm ihn als unpolitisch wahr. Beim Lesen der Vernehmungsprotokolle erhärtet sich der Eindruck, man habe es hier mit einem politisch eher desinteressierten Menschen zu tun. Zugegeben: Das ist natürlich mein subjektiver Eindruck aus der Kenntnis der Vernehmungsprotokolle. Aber diesem Eindruck werde ich gleich einige Beispiele folgen lassen, die mich allesamt sehr nachdenklich stimmen. Ich lese nämlich gravierende Widersprüche zwischen den Fuchs-Aussagen und den Inhalten der Bekennerschreiben heraus. Und dabei stellt sich die Frage: Wie soll der politisch desinteressierte Fuchs zum hochpolitischen Terroristen geworden sein?

Während die BBA-Bekennerschreiben einige politische Feinheiten, Spitzen enthalten, habe ich bei Franz Fuchs einen kargen und schlichten Zugang zur Politik festgestellt.

Wie wenig politischen Durchblick Fuchs in den Vernehmungen erkennen lässt, zeigt sich schon daran, dass er mehrfach das Rücktrittsdatum von SPÖ-Bundeskanzler Franz Vranitzky nicht korrekt angibt. Er spricht wiederholt vom Rücktritt des Kanzlers zu Weihnachten

1996, ein Grund, weshalb die „Bajuwarische Befreiungsarmee" angeblich den Bombenrückbau beschlossen haben will – laut Fuchs. Der behördlich als ach so penibel beschriebene „Alleskönner und Alleswisser" erweist sich bei der Zeitangabe des Vranitzky-Rücktrittsdatums als sehr unpräzise. Vranitzky trat nämlich erst am 18. Jänner 1997 zurück, und das selbst für sein engstes Umfeld sehr überraschend. Es gab keinerlei vorausgehendes Rücktrittsgeplänkel, sodass Vermutungen darüber auftauchen hätten können. Eigentlich hätte Franz Fuchs dieses Datum durchaus in Erinnerung behalten müssen, denn die Aussagen, die er zu Vranitzky machte, erfolgten ja bereits im Herbst 1997. Und da sollte man doch vielleicht sehr wohl noch wissen, dass der Bundeskanzler im Jänner desselben Jahres zurückgetreten ist und nicht bereits um die Weihnachtszeit des Vorjahres.
Ähnlich verhält es sich mit den Angaben zum Rücktritt des früheren ÖVP-Vizekanzlers und Parteiobmannes Erhard Busek. Diesen lässt Fuchs nämlich in den Vernehmungen im Herbst 1995 zurücktreten. Richtig ist aber, dass Busek bereits im April 1995 aus der ÖVP-Parteiobmannfunktion und aus dem Regierungsamt ausschied. Vielleicht wollen Sie nun einwenden, ich sei sehr kleinlich. Dann muss ich Ihnen Folgendes erwidern. Erstens war der BBA-Terror äußerst perfekt und perfid, exakt auch im politisch-taktischen Kalkül, etwa mit den immer wieder ganz gezielt vor Wahlen eingesetzten Briefbombenserien. Da war vieles abgestimmt auf Termine, schien Hand in Hand mit bestimmten, eben auch politischen Entwicklungen zu gehen. Zweitens war es gerade Franz Fuchs, der behauptete, das Führungstrio Vranitzky, Scholten und Busek wäre das Feindbild der BBA gewesen. Wenn dies nun zugetroffen hätte und Franz Fuchs der Einzeltäter wäre, dann hätte er sich nicht genau gemerkt, wann „seine Gegner" abgetreten waren? Schließlich war er es selbst, der behauptete, dass ein Anteil an diesen Rücktritten auf das Engagement der BBA zurückzuführen sei. Ein Einzeltäter würde sich doch wohl diese Rücktrittsdaten in sein Tagebuch oder in den Kalender eintragen. Jetzt verstehen Sie, warum ich diesen Fuchs-Aussagen so große Aufmerksamkeit geschenkt habe.

Nicht schlau wird man als Kenner der BBA-Bekennerschreiben und als Leser der Fuchs-Vernehmungsprotokolle aus anderen Aussagen zu politischen Repräsentanten. Beispielsweise aus jenen Aussagen zum früheren SPÖ-Innenminister Franz Löschnak. Während gegen Löschnak in den Bekennerschreiben wiederholt stark polemisiert wird und er etwa als „Tschuschenhäuptling" bezeichnet wird, kommt dann ausgerechnet von Franz Fuchs Lob für den Ex-Innenminister bei den Vernehmungen. Fuchs sagt in der Vernehmung am 26. Oktober 1997 zum Rücktritt des Ministers (im Jahr 1995): „Dass Löschnak gegangen ist, ist schade, da er ein vernünftig denkender Mensch war. Mit Träumern hat er nicht viel gemein. Dem Namen nach war er zwar kein Deutschösterreicher, aber er war kein slawischer Rassist."

In den Bekennerschreiben ist Löschnak also ein „Tschuschenhäuptling", in der Vernehmung wird er dann plötzlich gelobt, und es wird betont, dass er kein slawischer Rassist sei. Ich glaube, ich brauche diesen eklatanten Widerspruch nicht weiter zu kommentieren. Ich frage mich nur einmal mehr, wie soll das alles zusammenpassen – im Lichte der gerichtlichen Erkenntnis, bei Franz Fuchs habe es sich um den Einzeltäter gehandelt.

Ähnlich wie im Fall Löschnak verhält es sich übrigens mit dem Vranitzky-Nachfolger, dem SPÖ-Bundeskanzler Viktor Klima. Der beim Lokalaugenschein in Gralla von Fuchs als so volksnah gelobte Viktor Klima, angeblich indirekt durch seine Amtsübernahme dafür verantwortlich, dass die BBA ihr terroristisches Handeln eingestellt habe, dieser Viktor Klima darf sich auch über einen „Sinneswandel" von Fuchs erfreuen. Denn in den Augen des Verfassers der Bekennerschreiben war Klima ebenso ein „Tschuschenhäuptling" (siehe das so genannte Peterle-Schreiben, das Schreiben vom Oktober 1994 an den slowenischen Außenminister). Während der Bekennerbrief wenig freundliche Bemerkungen enthält, gibt es vom verhafteten Fuchs „Streicheleinheiten" für Löschnak und Klima.

Nochmals die Frage: Wie passt das alles zusammen? Dies alles mit der Irrationalität von Franz Fuchs zu erklären, ist mir ehrlich gesagt zu billig.

Widersprüche und Ungereimtheiten gibt es in Hülle und Fülle. Hier ein anderes Beispiel: Wird in dem 28-seitigen BBA-Bekennerschreiben an den Wiener Rechtsanwalt Dr. Mayer vom Juni 1995 der damalige Kärntner Diözesanbischof Egon Kapellari wegen einer zweisprachigen deutsch-slowenischen Messe kritisiert, so greift Fuchs Kapellari in den Vernehmungen zwar auch an, aber plötzlich auf andere Weise. Da die Slowenen ja mehrheitlich katholisch sind, geht es Fuchs in seiner Kritik an Kapellari plötzlich um dessen angebliches Engagement für Moslems. Fuchs in der Vernehmung am 27. Jänner 1998 wörtlich: „Die Bischöfe Weber und Kapellari sind die Dümmsten von allen. Das sieht man schon an den Kirchenbesuchen in der Steiermark und in Kärnten, die sollen einmal den Priestern ordentlich das Predigen beibringen und nicht nur immer mehr Moslems hereinlassen."

Nun zu Punkt zwei, zu Fuchs und seinem Medienkonsum.
Aus den BBA-Bekennerschreiben lässt sich bereits auf den ersten Blick ablesen, dass hier jemand am Werk war, der akribisch Medien auswertete. Tageszeitungen und Wochenmagazine genauso wie elektronische Medien. Jetzt muss man mit logischem Denken annehmen, Fuchs müsste über eine umfassende Mediendokumentation – fast ein Archiv – verfügt haben. Bei Franz Fuchs wurde aber ein solches Medienarchiv nicht sichergestellt, wie ich ja schon erläutert habe. Lassen wir einmal die Frage nach dem Medienarchiv außer Acht. Auf jeden Fall könnte man annehmen, dass Franz Fuchs zumindest eine Tageszeitung abonniert hatte. Irrtum.
Die polizeilichen Ermittlungen ergaben, dass er während des Zeitraums des Terrors 1993 bis 1996 keine Tageszeitung abonniert hatte. Die Polizei emittelte weiter, dass Fuchs lediglich einmal zwischen dem 28. Mai und dem 27. Oktober 1990 vorübergehend die Tageszeitung *Der Standard* abonniert hatte. Das einziges Abonnement, das er dauerhaft bezog, war das der Wochenzeitung *Börsenkurier*, eine Wirtschaftszeitung, geeignet für die intensive Beschäftigung mit den Aktienmärkten. Bei Befragungen der Trafikanten in der Umgebung des Fuchs-Wohnsitzes wurde ebenfalls nicht sichtbar, dass sich Franz

SOKO „BRIEFBOMBEN“ - 11.05.98 < STRAFANZEIGE FRANZ FUCHS >

*) Überprüfung österreichischer Printmedien betreffend Abonnement
Am 9.10.1997 wurden durch [redacted] und [redacted] fernmündlich die Abonnementabteilungen folgender Printmedien (Tageszeitungen, Wochen- und Monatsmagazine sowie Fachzeitschriften) bezüglich etwaiger Abos des Franz FUCHS junior befragt:

Positiv:

Börsen Kurier:	seit 16.5.1990
Der Standard:	vom 28.5.90 bis 27.10.1990
Gewinn:	vom 18.5.90 bis 06.06.1992

Negativ:

Tageszeitungen:

Die Presse, Kurier, Neue Kronen Zeitung, Täglich Alles, Wiener Zeitung, Neue Kärntner Tageszeitung, Kleine Zeitung Kärnten, Kärntner Krone, Neues Volksblatt OÖ, OÖ Krone, OÖ Nachrichten, Salzburger Nachrichten, Salzburger Krone, Salzburger Volkszeitung, Kleine Zeitung Steiermark, Steirer Krone, Neue Zeit Steiermark, Tiroler Tageszeitung, Neue Vorarlberger Tageszeitung, Vorarlberger Nachrichten, Wirtschaftsblatt,

Wochen- und Monatsmagazine, Fachliteratur:

Computerwelt, Computerhandel, Steirische Wochenpost, News, TV Media, Profil, Trend, Kärntner Monat, Das neue Klipp - Steiermarkmagazin, Neue Wirtschaft, Option, New Buisness, Top, Wiener, Bank & Börse, Bankarchiv, Finanz aktuell, Österreichische Chemie Zeitschrift, Ganze Woche, Der Ennstaler, Murtaler Zeitung, Weststeirische Rundschau, Weststeirische Volkszeitung, Oberösterreichische Nachrichten, Der Obersteirer, Obersteirische Zeitung.

Außerdem konnte in Erfahrung gebracht werden, daß die Mutter von Franz FUCHS seit 29.12.1987 das Sonntagsblatt für Steiermark abonniert hat. Herausgeber dieser Wochenzeitung ist das Bischöfliche Ordinariat Graz-Seckau Bischofplatz 4. (Schriftsatz der SOKO vom 31.3.98, Blg. 80).

*) Die nachstehend angeführten Medieninhaber u. Herausgeber Militärischer Zeitschriften geben die Auskunft, daß Franz FUCHS, whft. in 8430 Gralla (Obergralla) 149, in der Abonnentenliste nicht aufscheint:

- Österreichische Militärische Zeitschrift - ÖMZ;
- Der Soldat
- Truppendienst
- Miliz-Info

Auszug aus der Strafanzeige gegen Franz Fuchs

Fuchs täglich mit größeren Mengen an Zeitungen und Zeitschriften eingedeckt hätte. Dazu kommt noch folgender interessante Aspekt. Sehen wir uns eine Auflistung jener Medien an, die im BBA-Terrorfall eine Rolle spielten. Allein für die Auswahl der Opfer der Terroranschläge müsste Franz Fuchs nach Angaben des Staatsanwaltes in der Anklageschrift folgende Medien konsumiert haben:
ORF-TV-Sendungen: „Heimat, fremde Heimat", „Orientierung", „Kunststücke", „Help-TV", „ZIB 2"
ORF-Hörfunk: Österreich 1
weitere Fernsehsender: 3-SAT und PRO 7.
Der Staatsanwalt mutmaßte über weitere unbekannte TV-Anstalten als Inspirationsquellen für Fuchs; dies vor allem im Hinblick auf das Briefbombenattentat von Lübeck.
An Tageszeitungskonsum führte der Staatsanwalt die österreichischen Tageszeitungen *Kurier, Salzburger Nachrichten* und *Niederösterreichische Nachrichten* an. Dazu kommen die Wochenzeitung *Profil* und die Zeitschriften *Fundgrube* und *Bazar*. All diese angeführten Medien könnten laut Staatsanwalt die Inspirationsquellen für die Opferauswahl gewesen sein. Darüber hinaus schließt der Staatsanwalt in einem Fall nicht aus, dass möglicherweise ein Straßenplakat Franz Fuchs dazu animiert habe, eine Briefbombe zu versenden und zugleich dazu gedient habe, auf die entsprechende Adresse des UNO-Flüchtlingshilfswerkes UNHCR zu kommen.
Aus der Analyse der BBA-Bekennerschreiben und den dort ausdrücklich angeführten Medien ergibt sich noch eine weitergehende „Konsumation" von Medien. So kommen die Tageszeitungen *Kronen-Zeitung, Täglich Alles* und die Wochenzeitung *News* zu der bereits vom Staatsanwalt bei der Opferauswahl angeführten Medienliste hinzu. Übrigens auch noch sämtliche aktuellen ORF-Nachrichtensendungen.
Eine ordentliche Portion Medienkonsumation, und das über Jahre hinweg, wurde Franz Fuchs da „zugemutet". Offenbar gab es bei den Geschwornen nicht den geringsten Zweifel, dass Fuchs dies alles bewältigt haben kann. So viel Medienkonsum, vor allem im Printbereich, setzt natürlich eine gewisse Lesefreude voraus. Da bin ich

nun wieder wegen einer Bemerkung von Fuchs bei den Vernehmungen etwas stutzig geworden. Am 18. Februar 1998 sagte er nämlich: „Ich lese überhaupt viel weniger als manche glauben."
Und dann gibt es noch einen Hinweis, der mich nachdenklich macht, ob man es Franz Fuchs zutrauen kann, jemals so viele Medien konsumiert zu haben. Die Zeitung, die man Franz Fuchs erstmals nach zwei Monaten Untersuchungshaft am 3. Dezember 1997 auf seinen Wunsch aushändigte, war eine nur in Graz erschienene Tageszeitung, die *Neue Zeit*.
Auffallend dabei: also kein großes Verlangen nach den überregionalen österreichischen Tageszeitungen. Die *Neue Zeit* fehlte in der Aufzählung der medialen Inspirationsquellen des Staatsanwaltes jedenfalls.

Schließlich noch zu Punkt drei, den fehlenden Hinweisen von Kontakten zum deutschnationalen rechten Lager.
In der Anklageschrift wird der Staatsanwalt feststellen, dass „eben auch umfangreiche Nachforschungen in rechtsextremen Kreisen nicht zu Franz Fuchs führen konnten, da er zu diesen Gruppen nie Kontakt gehabt hatte und einen solchen auch nicht anstrebte". Soweit der Staatsanwalt. Fuchs besaß auch keinerlei schriftliches Material aus diesem Umfeld. Gerade die Bekennerschreiben zeigen aber eine intime Kenntnis des rechtsextremen Spektrums in Östereich. Was von vornherein nicht heißen soll, dass man als Verfasser dieser BBA-Bekennerschreiben einer rechten oder rechtsextremen Szene angehören muss. Das habe ich ja schon vorher angedeutet, siehe auch die Hinweise des früheren Sicherheitsgeneraldirektors Sika mit der Vermutung über die vorgetäuschte Deutschtümelei. Aber trotz aller Vortäuschung muss der Verfasser der Bekennerschreiben über entsprechendes einschlägiges Material und Wissen verfügt haben. In seinen Kenntnissen über die rechtsextreme Szene in Österreich zeigt Franz Fuchs in den Vernehmungen aber nur ein spärliches Wissen, und er macht weitgehend inhaltslose Angaben.
Am 17. November 1997 wird er zu Hans Jörg Schimanek junior befragt. Jenem Schimanek, der wegen NS-Wiederbetätigung zunächst

zu 15 Jahren Freiheitsentzug, dann in der Berufungsverhandlung zu acht Jahren Freiheitsstrafe verurteilt wurde. Über ihn sagt Fuchs: „Hans Jörg Schimanek junior kenne ich ebenfalls nicht. Ich kenne auch sonst niemanden, der ihn kennt. Diese Wiederbetätiger können sich leicht auslassen, mit denen habe ich nichts zu tun." Wenn Fuchs, wie er sagt, „mit denen nichts zu tun hat", warum soll sich dieser Mann dann die Arbeit angetan haben, seitenlang über Menschen wie Hans Jörg Schimanek junior zu schreiben und, wie der Brief an den Vater Schimanek zeigt, sich für diesen Mann in heuchlerischer Form einsetzen?

In der Vernehmung am 21. November 1997 meint Fuchs ganz allgemein über die rechtsextreme Szene: „Aber eigentlich, wenn die Rechtsradikalen ein bissl was draufkriegen, macht es eh nix, nur net zuviel. Ein bissl was schadet nix." Soweit Franz Fuchs im Originalton über die rechtsextreme Szene in Österreich und deren Strafverfolgung durch die Justiz. (Vergleichen Sie bitte selbst im Kapitel vier dieses Buches derartige Fuchs-Aussagen mit den Inhalten der BBA-Bekennerschreiben.)

Der Sprachschatz, der in den Bekennerschreiben auftaucht, scheint so gar nicht mit der Wortwahl von Fuchs in Einklang zu stehen. Hier sei nur ein weiteres Beispiel herausgegriffen: Wenn es da im 28-seitigen BBA-Schreiben vom Juni 1995 heißt: „... hätten unsere Urgroßväter die Ziegelböhmen und Knödelköchinnen bereits an der Grenze niedergeschossen, bliebe den Deutschösterreichern das heutige Desaster erspart, sich gegen die Schlagkraft einer Herrenkaste aus Tschuschen wehren zu müssen." Ich kann für einen solchen Satz weit und breit keinerlei ähnliche Formulierung bei Franz Fuchs entdecken. Warum soll der Südsteirer Franz Fuchs den Begriff „Ziegelböhmen" verwenden? Ein Begriff, zu dessen Erklärung ich die deutsche Wochenzeitung *Die Zeit* bemühen möchte. Hier heißt es in einem Artikel über Wiens Arbeiterbezirk Favoriten und dessen Vergangenheit in der Ausgabe am 10. Februar 2000: „In Favoriten war das Elend größer als überall sonst in Wien. Es gab keine Fabrik, die nicht hat so stinken können, schon stand sie in Favoriten. Die Lehmgruben des Laaerbergs aber bestimmten das Schicksal Favoritens. Hier brannte man Ziegel, die den Bedarf des aufstrebenden Wien deckten. Die Arbeiter kamen mehrheitlich aus Böhmen, darum nannte man sie die Ziegelböhmen. Sie waren die Ärmsten der Armen."

Der Ausdruck „Ziegelböhmen" ist also ein Wort, das in Wien im Prinzip seit langem bekannt ist. Einem „Auswärtigen", wie der Artikel der *Zeit* zeigt, muss man den Begriff erklären. Wie der Südsteirer darauf gekommen sein will, ist ein weiteres Rätsel. Auf das er in den Vernehmungen ebenfalls nicht angesprochen wurde ...

Der „Terror-Firmennamen" – Ein Fuchs'scher Geistesblitz?

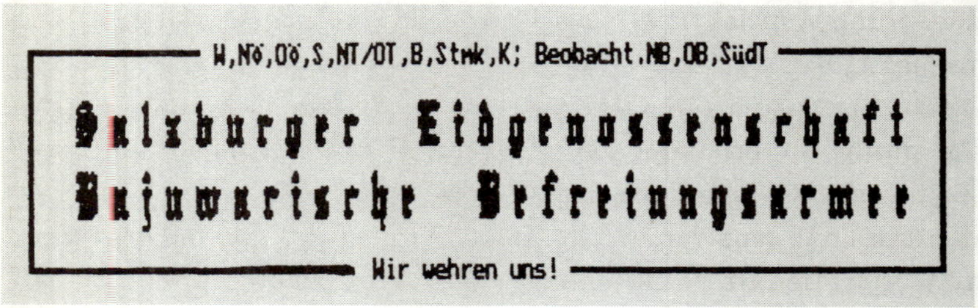

Briefkopf der BBA

Eines der ganz großen Rätsel in dem an Merkwürdigkeiten bis heute ohnehin reichen Fall ist jenes, wie Franz Fuchs auf den Namen für sein terroristisches Handeln gekommen sein soll.

Wo liegt die Inspirationsquelle für eine „Salzburger Eidgenossenschaft-Bajuwarische Befreiungsarmee"?

Die Vernehmungen von Franz Fuchs sollten hier keine Erhellung bringen. Nirgends in den Vernehmungsprotokollen findet sich eine schlüssige Erklärung. Die Angaben von Fuchs dazu sind entweder spärlich oder gleich gar nicht vorhanden. Franz Fuchs erklärt am 26. Oktober 1997 nur so viel: „Darüber, wie die BBA gegründet wurde, kann ich nichts sagen, da ich darüber nichts weiß. Möglicherweise haben sich in Salzburg nach dem Vorbild des Rütlischwurs die Gründungsmitglieder getroffen und einen Eid geleistet. Es ist unwahrscheinlich, dass bei diesem Schwur ein Schweizer Staatsbürger dabei war, da die Schweizer Alemannen sind. Möglicherweise ist der

Begriff Eidgenossenschaft auch ein Bluff und es hat in Salzburg gar keiner einen Eid geleistet."
So viel oder so wenig von Franz Fuchs zu diesem Thema.
Jetzt frage ich: Auch wenn man davon ausginge, Franz Fuchs wäre der große Bluffer und hätte diesen Namen eben nur erfunden – sind Sie dann nicht mit mir einer Meinung, dass es dazu trotzdem einer Inspiration bedurft hatte? Einer Inspirationsquelle zur Schaffung dieses „Terror-Decknamens" oder „Terror-Firmennamens"?
Irgendwelche Hinweise – etwa in Form von Literatur – haben sich bei Franz Fuchs in seinen Wohnräumen jedenfalls nicht gefunden.

Zeitsprung vom Jahr 1997, als Franz Fuchs verhaftet wurde, zurück ins Jahr 1994.
Da tauchte erstmals im Oktober 1994 ein Bekennerschreiben auf, das den ominösen Briefkopf der „Salzburger Eidgenossenschaft" samt „Bajuwarischer Befreiungsarmee" trug. Unmittelbar darauf gab es – allerdings nur ganz vereinzelt – in der *Kronen-Zeitung* in Form einer Andeutung und im Nachrichtenmagazin *Profil* dann etwas ausführlicher interessante Hinweise zum möglichen Hintergrund dieses Konstruktes BBA-"Salzburger Eidgenossenschaft-Bajuwarische Befreiungsarmee". *Profil* schreibt am 11. Oktober 1994, diese Namen seien ein Indiz dafür, dass die Briefbombenterroristen über intime Kenntnisse der Neonazi-Geschichte verfügen müssen, und wörtlich: „Die bajuwarische Befreiungsarmee, eine nach 1945 gegründete und bald wieder aufgelöste Gruppe, wollte alle ursprünglichen Siedlungsgebiete der Bajuwaren in einem Staat zusammenfassen. Österreich ohne Vorarlberg, aber mit Bayern und Südtirol."
Soweit *Profil* im Oktober 1994. Eine aus mehreren Gründen interessante Meldung. Unter anderem mit einer schlüssigen Erklärung, warum ausgerechnet das V für Vorarlberg im ominösen Briefkopf der BBA fehlt.

Aber wie gesagt, aus mehreren Gründen interessant. Die Kernfrage: Gab es da also etwas, was eine Inspirationsquelle erahnen lässt? Hat die österreichische Nachkriegsgeschichte etwas hervorgebracht,

was später einer Terrororganisation als „Namenspate" dienen sollte? Mit Franz Fuchs ist ein solches Wissen aber wieder einmal schwer bis gar nicht in Einklang zu bringen, schon aufgrund seines Desinteresses an der deutschnationalen Szene.
Interessant ist, dass praktisch niemand in Österreich von diesen knappen Meldungen Notiz nahm oder diese Informationen später in Zusammenhang mit dem BBA-Terror noch einmal aufgriff.
Vor einem Jahr habe ich einen Historiker gebeten, mir in diesem Punkt weiterzuhelfen. Ich wandte mich an Dr. Gustav Spann vom Zeitgeschichte-Institut der Universität Wien. Dr. Spann zeigte sich zunächst überrascht. Spontan war ihm kein „historischer Vorläufer" der Terrororganisation bekannt. Seine Recherchen führten ihn über das Dokumentationsarchiv des österreichischen Widerstandes ins Innenministerium. Offenbar ergibt sich nun aus den Archiven des Innenministeriums der Hinweis, dass es tatsächlich in den 60er-Jahren im Umkreis der Nationaldemokratischen Partei NDP, der Partei des Norbert Burger, eine Art „Bajuwarischer Armee" gegeben haben soll. Allerdings mehr am Papier. Nähere Einzelheiten wollte das Innenministerium dem Historiker nicht mitteilen. Besonders auskunftsfreudig zeigte sich das Innnministerium in dieser Frage nicht. So jedenfalls der Eindruck, den der Historiker gewann.

Franz Fuchs und sein angeblicher BBA-Deckname

Zweifel an den „ach so gepriesenen" historischen Kenntnissen des Südsteirers kommen mir bereits, wenn dieser berichtet, dass er als kleines BBA-Rädchen den Namen „Harand von Wildon" getragen hätte. Er sei das dritte Mitglied „im Kampftrupp Harand von Wildon" gewesen.
Fuchs sagte dazu in der Vernehmung am 8. Oktober 1997: „Mir ist bekannt, dass unter dem Namen Harand von Wildon in der Literaturgeschichte zwei verschiedene Persönlichkeiten benannt werden. Es gibt einen Minnesänger und einen anderen, der Landeshauptmann war. Gemeint ist, was ich von der BBA weiß, der Krieger beziehungsweise Landeshauptmann."

Zu diesen Fuchs-Äußerungen gilt es Folgendes festzuhalten: Der genannte Harand heißt eigentlich Herrand. Einen Harand (das Vernehmungsprotokoll schreibt ihn immer mit einem „r") gibt es also nicht. Damit nicht genug. Die von Fuchs geschilderten zwei Persönlichkeiten finden sich tatsächlich nur verschmolzen in ein- und derselben Person wieder. Herrand der Zweite war nämlich sowohl Minnesänger als auch Landeshauptmann. Dies scheint die erste große Wissenslücke im historischen Bereich beim als „ach so genial" geschilderten Franz Fuchs gewesen zu sein.
Äußerst bemerkenswert ist es wohl, wenn dann aus dem eingeführten falschen historischen Namen „Harand von Wildon" vom 8. Oktober 1997 zehn Tage später in der Vernehmung vom 18. Oktober der klarerweise ebenfalls falsche Name „Harold von Wildon" wird.
Historisch heißt er „Herrand", Fuchs macht aus ihm zunächst den „Harand" und schließlich den „Harold"... Warum keine der Fuchs vernehmenden Personen angesichts seiner Sprunghaftigkeit sichtbar im Protokoll Einspruch erhebt, bleibt eines der vielen Rätsel ...

Der „Historiker" Fuchs und seine Wissenslücken

Es war zweifellos eine interessante Anregung von Univ.-Prof. Dr. Herwig Wolfram vom Institut für österreichische Geschichtsforschung in Wien. Er schlug vor, dass ein Team von Historikern an den Vernehmungen von Franz Fuchs teilnehmen sollte. Mit diesem Vorschlag wollte der Historiker prüfen, ob Franz Fuchs tatsächlich das erforderliche historische Wissen gehabt habe, um als Verfasser der historischen Passagen in den BBA-Bekennerschreiben in Betracht zu kommen. Dieses Angebot wurde von der Justiz ausgeschlagen. Juristisch gesehen wird die Ablehnung eines solchen Vorschlages sicher in Ordnung gegangen sein. Auffallend an dem Fall ist aber bereits der Umstand, dass bei den Vernehmungen von Fuchs durch den Untersuchungsrichter ständig Polizeibeamte der Briefbomben-Sonderkommission anwesend und in die Vernehmungen aktiv eingebunden waren, wie die Protokolle zeigen. Was in dieser Form ungewöhnlich ist, wie mich ein Rechtsanwalt aufmerksam machte. Vielleicht hätte sich also auch eine gesetzliche Bestimmung finden können, die ein Beiziehen von Historikern bei der Fuchs-Vernehmung möglich gemacht hätte. Das Unterstützungsangebot der Historiker um Prof. Wolfram wurde jedenfalls ausgeschlagen, und das offenbar mit einer „rauen Begleitmusik". Der Untersuchungsrichter im Fuchs-Verfahren, Dr. Erik Nauta, soll sich in einem Brief an Prof. Wolfram jede Einmischung verbeten haben. So blieb es schließlich einem einzigen Historiker vorbehalten, über das historische Wissen oder Nichtwissen von Franz Fuchs zu urteilen. Der Untersuchungsrichter beauftragte Dr. Rudolf Jerabek, Historiker am österreichischen Staatsarchiv in Wien, mit einem Sachverständigengutachten. Dr. Jerabek beantwortete in seinem Gutachten die Frage, ob Franz Fuchs von seinen Kenntnissen, Fähigkeiten und Interessen in der Lage gewesen sei, die historischen Passagen der Bekennerschreiben zu verfassen, mit einem „Ja".

Weite Teile der Bekennerschreiben befassen sich mit der frühmittelalterlichen Geschichte Österreichs, wofür hierzulande vor allem der Salzburger Historiker Univ. Prof. Dr. Heinz Dopsch als Experte gilt. Prof. Dopsch wurde 1995 von der Briefbomben-Sonderkommission beziehungsweise der Einsatzgruppe zur Bekämpfung des Terrorismus als Gutachter herangezogen. Dieser Umstand ist ein Kapitel für sich, wie sie aus diversen Andeutungen in diesem Buch bereits entnommen haben und im folgenden Abschnitt „Franz Fuchs – Einsiedler und Insider?" eingehend erläutert bekommen werden. Bleiben wir zunächst aber bei der Frage und der Diskussion um das historische Wissen oder Nichtwissen von Franz Fuchs. Im Gegensatz zu Dr. Jerabek liest Prof. Dopsch große Unterschiede zwischen den BBA-Bekennerschreiben auf der einen Seite und den Fuchs-Aussagen in den Vernehmungen auf der anderen Seite heraus. Und Prof. Dopsch erklärte mir das folgendermaßen: „Bei Fuchs liegt zwar ein angelesenes und angelerntes Wissen vor, doch vieles verknüpft er dann in unzulässiger Weise. Wo Fuchs eigene Aussagen macht, eigene historische Anschauungen entwirft und zu vertreten beginnt, sind schwere Fehler enthalten." Dies steht aber nach Ansicht von Prof. Dopsch im krassen Gegensatz zu den historischen Ergüssen in den Bekennerschreiben. „Wenn Fehler in

den Bekennerschreiben gemacht wurden, sind sie bewusster gemacht, meistens um Ideologie zu vertreten", argumentiert der Historiker.
Unabhängig von dieser kompetenten Expertenmeinung hatte auch ich mit meinem laienhaften Zugang den Eindruck, dass Franz Fuchs in den Vernehmungen bei seinen historischen Ausführungen immer wieder schwere Fehler unterliefen. Es gibt meiner Ansicht nach ein gravierendes Beispiel, das dem historischen Gerichtsgutachter Jerabek offenbar nicht aufgefallen ist. Ich finde dazu jedenfalls in seinem Gutachten keinen Hinweis. Das Beispiel:
Eine zentrale ideologische Figur des unrühmlichen BBA-Kampfes ist Herzog Odilo oder – wie der BBA-Terror ihn schreibt und nennt – Herzog Oadilo.
In einem BBA-Bekennerschreiben ist die Regierungszeit des Bayernherzogs korrekt wiedergegeben. Und zwar mit 736 bis 748 nach Christus. Nach den historischen Erkenntnissen stirbt der Herzog im Jänner 748. In den „Abhandlungen der historischen Classe der königlich bayerischen Akademie der Wissenschaften", erschienen 1874 in München, stirbt Herzog Odilo am 18. Jänner 748. Papst Zacharias wird am 1. Mai 748 in einem Schreiben des Herzogs gedenken, vermerkt dieses Werk noch.
Jetzt hat mich im Fuchs-Vernehmungsprotokoll eine Passage doch einigermaßen überrascht. Fuchs erklärt nämlich am 17. Oktober 1997: „Im Jahr 762 bestand für Kärnten wiederum eine Bedrohung aus dem Osten durch das von Carnunthum bis Savaria reichende Awarenreich. Die Awaren haben Tributzahlungen verlangt oder ansonsten den Krieg angedroht. Aufgrund dieser Bedrohung ... haben die Kärntner den *Herzog Oadilo von Bayern* zu Hilfe gerufen."
Das wäre nun eine Umschreibung der Geschichte durch Franz Fuchs. Denn er übersieht, dass der Herzog bereits 14 Jahre zuvor verstorben ist.
Wir halten dazu Folgendes fest: In einem BBA-Schreiben wird die Regierungszeit des Bajuwarenherzogs Odilo korrekt wiedergegeben. Fuchs stört dies offenbar wenig, denn er lässt den Bajuwarenherzog über seinen Tod hinaus geschichtlich eine Rolle spielen.
Merkwürdig?

Zwischen den Bekennerschreiben und den Fuchs-Aussagen gibt es zahllose weitere Widersprüche. So stellt ein Bekennerschreiben den Historikern angeblich genussvoll eine Falle. Die so genannte Moson-Falle. Der Verfasser der Bekennerschreiben lässt dabei Friedrich den Streitbaren fälschlich bei Moson – zu Deutsch Wieselburg – sterben. Franz Fuchs, der – folgt man dem Gerichtsurteil vom Einzeltäter – dies geschrieben haben soll, macht im Zusammenhang mit Moson in den Vernehmungen einen nicht sicheren Eindruck. Man sollte doch annehmen, dass ein „Fallensteller" den Ort mit der gestellten Falle geografisch richtig zuordnen kann. In diesem Fall nach Westungarn. Aber Fuchs überrascht auch hier wieder. Bei der Vernehmung am 27. Jänner 1998 wird er feststellen: „Moson liegt im heutigen Niederösterreich." Der gravierende Schönheitsfehler: Fuchs meint das falsche Wieselburg. Eine Fuchs-Äußerung vom 17. Oktober 1997 – in Verbindung mit Friedrich dem Streitbaren – stößt dem Historiker Prof. Dopsch besonders auf. Fuchs behauptet, neben der Schlacht an der Leitha führte Herzog Friedrich noch zahlreiche Schlachten gegen die Ungarn, in denen er ihnen Teile des östlichen Niederösterreichs, des Burgenlandes und der Oststeiermark abrang. Diese Darstellung ist laut Prof. Dopsch ein völliger Unsinn.

Es gibt also auch im historischen Bereich sehr wohl große Ungereimtheiten. Ein anderes Beispiel: Fuchs lässt in der Vernehmung am 15. Oktober 1997 die Ungarn im Jahr 896 – wie er sagt – erstmalig in Mitteleuropa erscheinen. Prof. Dopsch macht darauf aufmerksam, dass Fuchs die Ungarn viel zu spät auftreten lässt. Dies sei nämlich bereits 862 der Fall gewesen.

Ein anderes Beispiel für Fuchs'sche historische Interpretation. Da geht es um das Geschlecht der Eppensteiner. „Vom Geschlecht der Eppensteiner kenne ich mehrere Mitglieder, einer davon war Landeshauptmann von Kärnten ...", verkündete Franz Fuchs am 8. Oktober 1997 stolz in der Vernehmung. Prof. Dopsch stellt nun richtig, dass die Eppensteiner das erste bedeutende Herzogsgeschlecht in Kärnten gewesen seien. Erst 150 Jahre nach dem Aussterben der Herzöge gab es das Amt eines Kärntner Landeshauptmannes.

Franz Fuchs – Einsiedler und Insider?

Den folgenden Abschnitt möchte ich als ein weiteres Schlüsselkapitel meines Buches betrachten und damit auch des ganzen Falles. Franz Fuchs müsste schon das bajuwarische Superhirn gewesen sein, wie es das Nachrichtenmagazin *Profil* einmal so schön in einer Schlagzeile formulierte und im Untertitel des betreffenden Artikels dann anmerkte, dass die genaue Analyse der BBA-Schreiben Zweifel wecke, ob der Mann aus Gralla der alleinige Verfasser sein könne. Dieser Frage und den darin geäußerten Bedenken kann ich mich nur anschließen. Hier zeigt sich nämlich an vielen Beispielen ein seltsamer Wissensstand, der sich zu Franz Fuchs nach Gralla einfach nicht logisch nachvollziehen lässt. Hier drückt sich ein Wissen aus, das der einsame Mann, ganz auf sich allein gestellt, aus meiner Sicht jedenfalls nie und nimmer gehabt haben kann. Dieses seltsame Wissen scheint schon bei der gerichtlichen Voruntersuchung nicht die Aufmerksamkeit erhalten zu haben, die es eigentlich verdienen würde. Besonders ins Auge sticht dabei das Wissen über Vorgänge im Ermittlungsapparat der Polizei und im Speziellen im Innenministerium. Schon im Jahr 1995 tauchten immer wieder Meldungen auf, wonach die Täter über intime Kenntnisse aus dem Ermittlungsapparat verfügen könnten. Dies wurde stets mit den Inhalten der Bekennerschreiben begründet. Selbst der damalige Innenminister Einem hat solche Informationsflüsse zu den Tätern im Oktober 1995 für möglich gehalten. Die *Kronen-Zeitung* suchte damals einmal auf der Titelseite einen Verräter in den Reihen der Ermittler. Die Zeitung *Täglich Alles* stellte im Juni 1995 an die Leser gar die Frage: „Wer ist der Judas in der STAPO?" Und die Tageszeitung *Der Standard* vom 6. Juli 1995 meinte ebenfalls, „etliche Details könnten nicht einfach aus den Medien entnommen worden sein. Auch wenn sich die Absender viel Mühe geben würden, ihr Wissen über den Ermittlungsstand mit Zitaten aus diversen Medien zu unterlegen. Möglicherweise soll damit nur der Informationsfluss aus einem Amt oder sogar dem Innenministerium selbst zu den Attentätern kachiert werden."

Und das Bemerkenswerte: Die Fragen nach dem detaillierten Wissen, das sich in den Bekennerschreiben zeigt, diese Fragen wollten auch nach der Fuchs-Verhaftung nicht verstummen. Dieses Nachfragen erscheint mehr als nur berechtigt, wie ich meine. Denn diese Fragen haben auch heute noch brennende Aktualität, sind sie doch vermutlich der Schlüssel zum Beweis dafür, dass dieser Franz Fuchs eben nicht allein gehandelt haben kann.

Lassen Sie mich einen kurzen, fast philosophischen Ausflug unternehmen. Sie werden aber gleich sehen, wir werden uns nicht von der angesprochenen Thematik entfernen. Der deutsche Altbundeskanzler Konrad Adenauer soll einst den Ausspruch getan haben: „Was kümmert mich heute mein Geschwätz von gestern?" Auf den vorliegenden Fall umgelegt, bin ich versucht, diesen Satz in die Aussage abzuwandeln: „Was kümmert gewisse Kreise in der Euphorie über einen einsamen Einzeltäter die Tatsache, dass es noch gestern massive Bedenken und Hinweise über seltsame Insiderkenntnisse gegeben hat?"

Auch nach der Fuchs-Verhaftung geäußerte Zweifel wurden stereotyp zurückgewiesen, mitunter sogar von höchster Stelle. So erschien am 27. Oktober 1997 im Nachrichtenmagazin *Profil* die Wiedergabe einer Diskussion zwischen dem damaligen Generaldirektor für die öffentliche Sicherheit, Mag. Michael Sika, und dem Schriftsteller Josef Haslinger. Und auch Haslinger äußerte Bedenken. Er meinte unter anderem, logisch betrachtet gäbe es eine Reihe von Dingen, die es sehr unwahrscheinlich erscheinen ließen, dass Franz Fuchs allein gewesen sein könne. Und Haslinger wird in dem Gespräch dann konkreter und fragt, woher Fuchs zum Beispiel die Informationen aus dem Sicherheitsapparat gehabt haben soll?

Sikas Antwort, damals im Oktober 1997: „Wir sind darauf gekommen, dass es da eigentlich gar nichts gibt, was nicht auch in den Zeitungen gestanden ist ... Aber wenn man das Leben dieses Mannes rekonstruiert, kommt man darauf, dass er ein Mensch war, der immer einsamer geworden ist, der sich immer mehr zurückgezogen und auch keine neuen Freunde gefunden hat. Er war tagsüber zu Hause und nachts unterwegs, aber auch nicht jede Nacht. Da bleibt nicht

sehr viel Spielraum." Soweit Michael Sika. Im Folgenden will ich nun Punkt für Punkt jene Dinge aufgreifen, die außer den Schriftsteller Josef Haslinger schon so manchen Menschen stutzig gemacht haben. Und bis heute nachdenklich machen sollten.
Meiner Ansicht nach zeigt schon die erste Briefbombenserie auf „pikante" Weise genaue und intime Kenntnisse des Sicherheitsapparates. Gleich mehrmals wurde bei den fingierten Absenderadressen die Ziffernkombination 11/II gewählt. Beispielsweise bei der Briefbombe an die TV-Moderatorin Silvana Meixner. Der fingierte Absender lautete: Mehmet Antic, Neubaugürtel 11/II, Wien.
Diese Ziffernkombination ist eine genaue Verdrehung jener Zahl, die im Innenministerium der Kriminaltechnischen Zentralstelle KTZ als Abteilungsziffer zugeordnet ist. Die Abteilung trägt nämlich die Kombination II/11. Sie ist der Sektion II im Innenministerium abteilungsmäßig unterstellt. Und gerade diese Kriminaltechnische Zentralstelle muss sich aufgrund ihrer Aufgabenstellung zwangsläufig mit Briefbomben und dergleichen auseinandersetzen. Glauben Sie an einen reinen Zufall oder hat sich hier jemand kraft seines Wissens ein übles Spielchen erlaubt? Franz Fuchs wird zu diesem Punkt gar nicht befragt, jedenfalls findet sich darüber kein Hinweis in den Vernehmungsprotokollen. Die Frage hätte aber durchaus kommen können. Denn im ersten Briefbombenprozess gegen Franz Radl und Peter Binder hatte diese Ziffernkombination eine Rolle gespielt. Gegen Radl wurde der Vorwurf erhoben, eine solche Anspielung könnte seinem Charakter entsprechen. Also wurde aus der Ziffernkombination ein Indiz.

Das nächste Beispiel:
Im neunseitigen BBA-Bekennerschreiben vom Februar 1995 an die Rechtsanwälte Graff, Schaller und Mayer findet sich folgender Satz: „Löschnak, Sika, Kessler und der Zeitungsinformant Gerhard Koller sind bereits ab dem 7. Oktober 1994 (*Krone* vom 8. Oktober 1994) mehrfach in eine Falle getappt, als sie sich zum Thema Bauparallelen zwischen den Bomben völlig falsch oder zumindest tendenziös geäußert haben."

Also: Genannt werden hier der damalige Innenminister Löschnak, der damalige Generaldirektor für die öffentliche Sicherheit, Sika, der damalige Leiter der Staatspolizei, Kessler, und der Gruppeninspektor Gerhard Koller von der Einsatzgruppe zur Bekämpfung des Terrorismus EBT. Letzterer wird als Zeitungsinformant bezeichnet, und dazu erfolgt in der entsprechenden Passage der Hinweis auf die *Kronen-Zeitung* vom 8. Oktober 1994. Schlägt man in dieser Ausgabe der Zeitung nach, stößt man aber überraschenderweise keineswegs auf den als Zeitungsinformanten bezeichneten Polizeibeamten Gerhard Koller. In der Zeitung wird Gerhard Koller namentlich nicht erwähnt. Der Autor hat in seinem Artikel vom 8. Oktober 1994 über den Terror die Formulierung verwendet: „Ein Fahnder zur Krone". War dieser Fahnder der dann im BBA-Schreiben namentlich genannte Gruppeninspektor Gerhard Koller?

Ohne den Polizeibeamten Koller in seiner Bedeutung schmälern zu wollen, aber einer breiten Öffentlichkeit war dieser Polizist damals sicher kein Begriff. Wie kommt es nun zur Erwähnung seines Namens in dem Bekennerschreiben? Franz Fuchs wird in der Vernehmung gefragt, wen von den Polizisten der Briefbomben-Sonderkommission er eigentlich immer gekannt habe? Und Fuchs nennt dabei ausdrücklich die folgenden Namen: „Maringer, Berenda und Sturm." Dazu noch sein Hinweis, diese seien schließlich ständig im Fernsehen gewesen. Also keine Namensnennung von Gruppeninspektor Gerhard Koller durch Fuchs.

Die nächsten Beispiele für ein bemerkenswertes Insiderwissen entnehme ich dem Nachrichtenmagazin *Profil* vom 20. Oktober 1997, also bereits nach der Fuchs-Verhaftung.

Da wird von *Profil* unter anderem wieder auf das BBA-Bekennerschreiben an die drei Rechtsanwälte vom Februar 1995 hingewiesen, in dem der Satz enthalten war, „dass ein Gutachter den Unsinn der Delaborierungstheorie angeblich bereits entlarvt habe". *Profil* schreibt nun: „Die Passage bezieht sich auf die irrige Annahme der Ermittler, der damalige Briefbombenverdächtige Peter Binder habe Sprengstoff aus Patronen herausgekratzt. Tatsächlich lag zu dieser Zeit bereits ein gegenteiliges Gutachten vor, es war damals aber noch nichts

publiziert." Auffallend ist daran, dass sich der Verfasser in diesem Fall zwar nicht auf eine Medienquelle beruft, sondern sein Wissen hinter dem Wort „angeblich" versteckt. Ich frage Sie: Wie soll Franz Fuchs von diesem nicht publizierten Gutachten gewusst haben?
Ein weiteres Indiz laut diesem *Profil*-Bericht: „Im Bekennerschreiben von Juni 1995 erwähnt die BBA, dass der bei der ersten Briefbombenserie eingesetzte Warnzünder später im Experiment festgestellt worden sei. Tatsächlich wurde dies von der Kriminaltechnischen Zentralstelle im Innenministerium überprüft. Darüber gab es damals noch keine Zeitungsmeldung." In dieser Tonart geht es in dem *Profil*-Artikel weiter.
Völlig rätselhaft bleibt, wie die BBA ein Lob für den Sprengstoff-Sachverständigen Ingo Wieser parat haben konnte. Im verschlüsselten, im September 1996 aufgetauchten BBA-Schreiben hieß es: „... Wieser mit seinem Team oder ein Gleichwertiger möge die Angaben überprüfen! Er weiß nicht nur, wie man kostengünstig zu Ergebnissen kommt, sondern auch wie man Gefahren umgeht." *Profil* weist nun am 20. Oktober 1997 darauf hin, dass es tatsächlich eine Besprechung im Innenministerium gegeben habe, bei der festgestellt wurde, dass Wiesers Gutachten wesentlich billiger ausgefallen wäre als andere Expertisen. Das Faktum wurde aber niemals in Zeitungen publiziert, ergänzt *Profil*. Fast bin ich an dieser Stelle versucht, in Zynismus abzugleiten, mit der Feststellung, Franz Fuchs müsste hier schon als Geist getarnt an einer Besprechung im Innenministerium teilgenommen haben.
Als seltsam muss natürlich gewertet werden, wenn in dem 28-seitigen BBA-Bekennerschreiben an Rechtsanwalt Mayer eine Anspielung darauf erfolgt, dass zahlreiche Postkästen von Personen in Zivil überwacht worden wären. Eine Maßnahme, die es einige Zeit lang nach der ersten Briefbombenserie tatsächlich gegeben haben soll.

Nächstes Beispiel:
Am 31. Jänner 1995 hatte der Staatsanwalt im Radl/Binder-Prozess, Dr. Sepp Dieter Fasching, seine Anklageschrift für den ab September 1995 laufenden Prozess gegen die beiden damaligen Briefbombenver-

dächtigen Franz Radl und Peter Binder fertig. Klarerweise wurde diese Anklageschrift nirgends vollständig publiziert. Ich kann mich des Eindrucks nicht erwehren, dass derjenige, der das 28-seitige BBA-Bekennerschreiben an Rechtsanwalt Mayer im Juni 1995 verfasst hat, damals im Besitz der vollständigen Anklageschrift war. Ich gebe zu, eine gewagte Feststellung, und ich habe für diese Vermutung auch nur ein ganz kleines Indiz, aber es macht mich gehörig stutzig. Wer die Anklageschrift von Staatsanwalt Fasching zur Gänze liest, was ich in der Zwischenzeit getan habe, dem fällt auf, dass der Staatsanwalt öfters in Verbindung mit Exponenten der rechten Szene oder in Verbindung mit Zeugen für das Verfahren deren Spitznamen anführt. Und lustigerweise findet sich nun auch in dem BBA-Schreiben an Rechtsanwalt Mayer in der Polemik um die Auswahl von Adressen für die erste Briefbombenserie die Formulierung „Spitzname für Nazi". Wird hier also ganz kurz auf subtile Weise gegen die Anklageschrift von Staatsanwalt Fasching polemisiert?

Stichwort Staatsanwalt Fasching. Im selben BBA-Bekennerschreiben wird der Staatsanwalt wüst attackiert. Wörtlich heißt es: „Herr Dr. Sepp Dieter Fasching, der führerscheinlose Staatsanwalt mit dem Tunnelblick ..." Eine äußerst merkwürdige Passage! Stellen Sie sich wieder kurz einen Autor Franz Fuchs vor: Wie und warum sollte Franz Fuchs auf eine solche Bemerkung, den Wiener Staatsanwalt betreffend, kommen? Aber es kommt noch dicker. Staatsanwalt Fasching wird gegenüber dem vom Innenministerium zur Täterjagd 1996 initiierten Buch „Der Briefbomber ist unter uns" nämlich Folgendes erklären: „Ich besitze einen Führerschein, hatte aber zu der Zeit, als der Attentäter das schrieb, kein Auto und benutzte deshalb öffentliche Verkehrsmittel." Wurde der Staatsanwalt also beim Benutzen öffentlicher Verkehrsmittel in Wien beobachtet? Und wurde daraus mit der Anspielung auf die Führerscheinlosigkeit ein falscher Schluss gezogen? Nun, es gibt wirklich keinen einzigen Anhaltspunkt dafür, dass ein gewisser Franz Fuchs aus Gralla in der Südsteiermark den Staatsanwalt beim Straßenbahn- oder U-Bahnfahren beobachtete.

Das nächste Beispiel ist besonders gravierend und zeigt auf, wie der Historiker Prof. Dopsch zu dem Schluss kam, dass hier einiges nicht

in Ordnung sein kann. Es geht um die Vermutung, dass der Verfasser des 28-seitigen BBA-Bekennerschreibens von einer Expertise Kenntnis hatte, die der Historiker für die Polizei erstellt hatte. Sie wurde zum damaligen Zeitpunkt nirgends veröffentlicht.
Dafür muss man etwas weiter ausholen.

Nach dem Auftauchen des ersten BBA-Bekennerschreibens im Oktober 1994 und dem Entdecken eines BBA-Bekennerschreibens im Februar 1995 im burgenländischen Ollersdorf wird der Salzburger Historiker Prof. Dopsch von der Einsatzgruppe zur Bekämpfung des Terrorismus EBT ersucht, ein Gutachten zu den in den Bekennerschreiben enthaltenen historischen Passagen zu erstellen. Prof. Dopsch wird in seinem Gutachten auf einige Besonderheiten hinweisen. In dem Bekennerschreiben wird der so genannte Kampftrupp Oadilo erwähnt. In Anspielung auf den Bayernherzog im 8. Jahrhundert, der die Voraussetzung für die bayrische und „deutsche" Besiedlung Karantaniens/Kärntens schuf. Bemerkenswert ist, dass der Verfasser des Bekennerschreibens den Bayernherzog „Oadilo" nennt. Das „Oa" und ein weiches „d" stechen ins Auge. Eine ungewöhnliche Schreibweise, wie Prof. Dopsch in seinem Gutachten festhalten wird. Hier der wörtliche Auszug aus dem Gutachten:

Zum Schreiben an den slowenischen Außenminister Dr. Peterle vom 8. 9. 1994.

Dieses umfangreiche Schreiben enthält eine einseitige, extrem deutsch-national gefärbte Darstellung der Geschichte Karantaniens und der Karantaner, die in manchen Details sehr aufschlußreich ist. Es beginnt bereits mit der Bezeichnung Kampfgruppe "Herzog **Oadilo** von Bayern". In den wenigen zeitgenössischen Quellen aus Bayern wird nämlich der Name fast durchwegs mit **Odilo** geschrieben. Erst seit den Forschungen von Erich Zöllner vor wenigen Jahrzehnten ist bekanntgeworden, daß dieser Bayernherzog nicht aus der bayerischen Linie des Herzogshauses der Agilolfinger stammte, sondern aus dem schwäbischen Zweig. In Schwaben aber wird er als **Oatilo** bezeichnet. Wie die Gruppe auf die aus den beiden Formen vermischte Schreibung **Oadilo** kommt, ist unsicher. Aus der einschlägigen Fachliteratur ist mir jedenfalls diese Schreibweise nicht geläufig. Sie zeigt aber, daß der Verfasser offenbar nicht einfach aus einem Geschichtsbuch abgeschrieben hat, sondern über eine relativ genauere Kenntnis dieser frühen Zeit verfügt.

Auszug aus dem Gutachten für die EBT vom Salzburger Historiker Univ.-Prof. Dr. Heinz Dopsch

Prof. Dopsch erwähnt also insgesamt drei Schreibweisen des Namens des Bayernherzogs: Oadilo/Odilo/Oatilo. Der Professor bringt erstmals die Schreibweise Oatilo ins Gespräch, was in der Folge von entscheidender Bedeutung sein wird.
Dopsch fallen auch noch weitere Besonderheiten auf. So stößt er sich an der Erwähnung von „türkischstämmigen Anten" in dem BBA-Schreiben vom Oktober 1994, das ihm zur Analyse übergeben wurde. Er wird zu diesem Passus in seinem Gutachten vermerken:

> Die beiden folgenden Absätze sind rein tendenziös und deshalb auch historisch nicht haltbar. Aber auch dort fällt die Erwähnung der "**türkischstämmigen Anten**" auf. Tatsächlich werden die Anten gewissermaßen als Vorläufer der Slawen angesehen, freilich nicht der hier genannten südslawischen Völker wie der Kroaten, Bosnier und Serben, sondern eher der westslawischen Völkergruppe. Der Ausdruck "türkischstämmig" entspricht in dieser Form zwar nicht der Fachterminologie - man würde von "turkstämmig" bzw. von "Turkvölkern" sprechen, ist aber trotzdem Zeichen einer gewissen historischen Bildung des Verfassers. Während im Volksmund und in den populären Darstellungen immer die Osmanen einfach als Türken bezeichnet werden, bilden die "Turkvölker" seit Jahrtausenden eine große Völkerfamilie, zu der unter anderen schon die Awaren und die Petschenegen gehörten.

Auszug aus dem Gutachten für die EBT vom Salzburger Historiker Univ.-Prof. Dr. Heinz Dopsch

Darüber hinaus befasst sich Prof. Dopsch auch noch mit bestimmten Jahreszahlen, die im BBA-Bekennerschreiben vom Oktober 1994 angeführt waren. Und er macht unter anderem seine Bemerkungen über die erwähnte Jahreszahl 595 nach Christus.
Sein Gutachten übergibt der Professor am 3. März 1995 der Einsatzgruppe zur Bekämpfung des Terrorismus. Dann passiert in der Folge Merkwürdiges. Das 28-seitige BBA-Bekennerschreiben an Rechtsanwalt Mayer vom Juni 1995 setzt sich plötzlich sehr intensiv mit dem Namen Oadilo auseinander. Unter anderem heißt es darin: „Natürlich sind bei den Namen mehrere Versionen möglich: Oadilo, Oatilo, Odilo."
Das Bekennerschreiben erwähnt nun plötzlich alle drei Schreibweisen, die auch der Professor in seinem Gutachten festgehalten hat.
Den Verfasser reizt es, sich mit der Schreibweise des Namens zu spielen und mit dem Hinweis auf das Nachrichtenmagazin *News* vom

10. November 1994 meint er, dass so genannte Historikerexperten und Sprachforscher Wochen benötigten, um die Vokabel „Oadilo" in einem historischen Dokument zu finden. In dem Bekennerschreiben wird also ausdrücklich auf eine Ausgabe des Nachrichtenmagazins *News* verwiesen. Was hat nun das angesprochene Magazin in der erwähnten Ausgabe geschrieben?

News: „Auch bei der sprachtechnischen Analyse des Bekennerbriefes sind die Fahnder ein entscheidendes Stück weitergekommen. Es geht dabei um jenes ominöse ‚a', das in den Namen des zitierten Bajuwarenherzogs ‚Odilo' gerutscht ist. Bislang gingen die Fahnder von einem Tippfehler des Briefschreibers aus. Jetzt steht es fest: In einem einzigen historischen Dokument aus dem Jahr 743 n. Chr. ist die Schreibweise ident mit der aus dem Bekennerbrief: Oadilo."

News erwähnt also im November 1994 nur zwei Schreibweisen des Namens des Bayernherzogs. Und zwar Oadilo und Odilo.

Somit scheidet die Möglichkeit aus, dass die Schreibweise „Oatilo" vielleicht aus *News* entnommen wurde.

Zurück zum 28-seitigen BBA-Bekennerschreiben vom Juni 1995. Da findet sich unter anderem folgender Satz: „Friedrich dem Streitbaren gelang es, von den turksprachigen Ungarn einen Teil der antiken Provinz Pannonien im Bereich des heutigen Burgenlandes zurückzugewinnen." Plötzlich ist also von turksprachigen Ungarn die Rede.

Und dem Verfasser des BBA-Schreibens ist auch die Auseinandersetzung mit Jahreszahlen noch einmal ein besonderes Anliegen: „... Was die Jahreszahlen betrifft, kann man am ehesten über die Jahreszahl 595 streiten ..." Diese letzte erwähnte Passage mutet fast so an, als ob der Verfasser mit dem Salzburger Professor an dieser Stelle in ein Streitgepräch einsteigen wollte.

Den Salzburger Historiker lassen diese ganzen Erörterungen auch wirklich nicht kalt. Er kommt zum Schluss, dass der Verfasser des 28-seitigen BBA-Schreibens „im Besitz" seines nie publizierten Gutachtens gewesen sein muss. Und der Professor meldet sich zu Wort.

Am 27. November 1995 schreibt die Austria-Presse-Agentur: „Professor Dopsch ist überzeugt, dass es im Innenministerium in Sachen Briefbombenermittlungen eine undichte Stelle gibt ..."

Der Professor beruft sich in seiner Argumentation auf die seltsamen Änderungen, die der Verfasser des 28-seitigen Schreibens vom Juni 1995 gegenüber dem Schreiben von Oktober 1994 vorgenommen hat. Ganz seinem nie publizierten Gutachten entsprechend.
Prof. Dopsch ist hartnäckig. Auch nach der Verhaftung von Franz Fuchs wird er – diesmal in einer ORF-Fernsehdiskussion – seine Ansicht bekräftigen. In der Sendung „Zur Sache" vom 12. Oktober 1997 weist er nämlich neuerlich darauf hin, dass der Verfasser der Bekennerschreiben direkten Zugang zu Informationen aus dem Innenministerium gehabt haben könnte. Der bei dieser Sendung anwesende damalige Innenminister Karl Schlögl wird Prof. Dopsch nach der Sendung ersuchen, sich bei ihm noch einmal zu melden. Er hätte an den Äußerungen des Professors schon noch weitergehendes Interesse, sagt Schlögl am Abend der Fernsehdiskussion. Prof. Dopsch will diesem Ersuchen auch nachkommen und strebt einen Termin beim Minister an. Doch über die Sekretärin soll der Professor nicht mehr hinauskommen und gibt schließlich auf. Einen Rückruf aus dem Ministerbüro erhält er nicht. Das Einzige, was Prof. Dopsch aus dem Innenministerium noch hört, ist eine Anmerkung des Sprechers der Briefbomben-Sonderkommission, Robert Sturm, der ihm zwei Tage nach der TV-Sendung via *Kronen-Zeitung* ausrichtet, man solle doch bitte mit absurden Verschwörungstheorien aufhören. Der Verteidiger von Franz Fuchs, Dr. Gerald Ruhri, wird dann beim Fuchs-Prozess in Graz versuchen, Prof. Dopsch als Zeugen zu laden. Der Staatsanwalt spricht sich blitzartig gegen den Antrag aus, wie Dr. Ruhri später anmerkt, und das Gericht – an der Spitze Richter Fuhrmann – schließt sich der ablehnenden Haltung des Staatsanwaltes an. Prof. Dopsch wird im Grazer Fuchs-Prozess nicht gehört.

Glauben Sie an Geister? Der Autor dieses Buches auch nicht. Seltsam ist jedoch, dass Franz Fuchs geradezu solche Geisterqualitäten gehabt haben muss. Dies trifft nicht nur auf die bereits erwähnte Besprechung im Innenministerium zu, der Fuchs ja mehr oder minder als Geist beigewohnt haben müsste, um deren Inhalt aufnehmen zu können. Wie hätte er wohl sonst von dem kostengünstigen Gutachten

erfahren können? Auch ein Zitat eines Historikers, das dieser nicht öffentlich gemacht hat, gibt mir zu denken.
Der Sachverhalt: Am 27. September 1996 wird in Weißkirchen im Bezirk Judenburg in der Steiermark ein BBA-Bekennerschreiben an das Nachrichtenmagazin *Profil* aufgegeben. Zehn Seiten davon sind verschlüsselt. Schon in früheren Bekennerschreiben war gegen den Leiter des Entschärfungsdienstes im Innenministerium, Willibald Berenda, polemisiert worden. Immer wieder war ihm eine Fehlerrate von 76,9 Prozent bei der Sprengstoffuntersuchung vorgeworfen worden. Das BBA-Bekennerschreiben vom September 1996 enthielt dann plötzlich folgende Stelle:
„Für eine Fehlerrate von 76,9 Prozent sind erst einmal 10 Fehldiagnosen bei 13 möglichen Fällen erforderlich, was jeder mühelos ausrechnen kann und wovon man vor Oberwart und Stinatz noch weit entfernt war. Ausgerechnet dem Historiker Botz ist diesbezüglich etwas aufgefallen (während er sich zur Falle Moson nicht äußerte)."
Der Historiker Univ.-Prof. Dr. Gerhard Botz, heute Professor am Institut für Zeitgeschichte an der Universität Wien, war damals noch an der Universität Salzburg tätig. Er hatte sich schon unmittelbar nach dem Auftauchen dieser Passage sehr gewundert. Tatsächlich hat Prof. Botz nämlich 1995 diese statistische Überlegung angestellt – für sich privat. Wie er im Jahr 2000 in einem Gespräch mit dem Autor bekräftigte, wurde seine Äußerung vor dem Erscheinen des Bekennerschreibens nie publiziert. Er erinnerte sich, diese Statistikinterpretation im Prinzip nur zweimal öffentlich angesprochen zu haben. Einmal im Kollegenkreis, damals noch an der Uni in Salzburg, und das zweite Mal im Juni 1995 in einem langen Telefongespräch mit dem Journalisten Hans Henning Scharsach für ein *News*-Interview. In diesem Interview analysierte der Professor das 28-seitige Bekennerschreiben an Rechtsanwalt Mayer. Und genau in diesem Telefonat will er auch über die Statistik spekuliert und von den zehn Fehldiagnosen bei 13 Fällen gesprochen haben. Hans Henning Scharsach publiziert in *News* 26/1995 konkret die folgende Aussage von Professor Botz: „Die Errechnung der Fehlerrate ist verräterisch. Der Briefschreiber setzt sich dabei über alle Regeln hinweg, an die sich Statis-

tiker oder Mathematiker üblicherweise halten. Entweder geschieht das, um die Ermittler auf eine falsche Spur zu führen und die Polizeiexperten bloßzustellen, oder das technische Wissen des Briefschreibers ist geringer, als die detailreichen Schilderungen vermuten lassen."

Prof. Botz wird also – wie Sie sehen – in dem Artikel nicht mit seiner statistischen Rechnung zitiert. Der Ordnung halber sei noch festgehalten, dass ich mir auch noch eine ORF-Fernsehdiskussion zum BBA-Terror, an der Prof. Botz im Juni 1995 teilgenommen hat, angesehen habe. Botz meinte nämlich, na ja, möglicherweise habe er halt doch in dieser Sendung diese Statistik erwähnt – und das natürlich dann vor hunderttausenden Fernsehzusehern.

Hier kann ich ihm und Ihnen die Klärung präsentieren. Prof. Botz hat diese Statistik in der Fernsehsendung nicht erwähnt.

Nun stellt sich für mich natürlich die Frage: Wie soll Franz Fuchs von den statistischen Überlegungen des Historikers erfahren haben? Franz Fuchs zählte mit hundertprozentiger Sicherheit nicht zum Bekannten- oder Freundeskreis des Professors. Weder zur Universität Salzburg noch zum Journalisten Hans Henning Scharsach hatte Fuchs jemals Kontakt gehabt. Wie soll der als Einzelgänger und Einsiedler beschriebene Fuchs an diese Information gekommen sein? Einmal mehr drängt sich an diesem Beispiel der Verdacht auf, dass ein anderer Personenkreis die Autorenschaft für die BBA-Bekennerschreiben gehabt haben könnte, ja genau genommen haben müsste. Denkt man logisch und konsequent, müsste es eine Person oder ein Personenkreis sein, die oder der Zugang zu jenen Menschen hatte, die eben die statistischen Überlegungen des Professors kannten und möglicherweise weitererzählten.

Auch beim nächsten Beispiel fragt man sich als aufmerksamer Beobachter des Geschehens: Wie soll Franz Fuchs das gewusst haben? Lassen Sie mich einmal mehr aus dem 28-seitigen BBA-Bekennerschreiben zitieren. Die folgende Passage bezieht sich auf eine Episode, die sich zwischen dem Leiter des Dokumentationsarchivs des österreichischen Widerstandes, Dr. Wolfgang Neugebauer, und dem

vorübergehenden Briefbombenverdächtigen Franz Radl zugetragen haben soll.
Das BBA-Schreiben: „Den Hass Neugebauers hat sich Radl gerüchteweise durch persönliche Briefe an Neugebauer eingehandelt. Radl hat Leute wie Neugebauer in seiner Kartei gehabt und sich nicht gescheut, diesen ins Gewissen zu reden (nicht verboten, wenn auf dem Kuvert der Vermerk ‚PERSÖNLICH' angebracht ist). Neugebauer hat in einem Interview zugegeben, Radl sogar einmal persönlich aus seinem Dokumentationsarchiv gejagt zu haben. Diesmal hat Herr Dr. Wolfgang Neugebauer es seinem persönlichen Feind Radl ordentlich heimgezahlt und vorgeführt, wie er mit ihm fertig wird!"
Schon auf den ersten Blick fällt auf, dass hier das Wort „gerüchteweise" vorgeschoben wird, um offenbar konkretes Wissen über einen Vorgang wieder einmal zu verschleiern. Siehe: „Den Hass Neugebauers hat sich Radl gerüchteweise ..." Denken Sie bitte zurück an ein vorhin genanntes Beispiel, wo offenbar konkreteres Wissen mit dem Wort „angeblich" verschleiert wurde. Mit dem BBA-Zitat zu Neugebauer und Radl hat sich die Wiener Stadtzeitung *Falter* eingehender befasst und auch diesem Beispiel die Frage vorangestellt, wie Franz Fuchs Einsiedler und Insider zugleich gewesen sein soll. *Falter* schreibt in der Ausgabe 50/1997 zur Episode Neugebauer/Radl:
„Die Textstelle bezieht sich augenscheinlich auf eine Anzeige, die Wolfgang Neugebauer bei der Staatspolizei eingebracht hatte, nachdem er in Briefen mit dem Vermerk ‚PERSÖNLICH' bedroht worden war. Die Sicherheitsbehörden, die damals auch Radl als Briefeschreiber im Visier hatten, forschten später einen steirischen Altnazi als Verfasser aus. Doch: Wie gelangt die Anzeige von den Behörden zur BBA, die in ihrem Schreiben offensichtlich darauf Bezug nimmt? Und warum wissen die Verfasser vom Rauswurf Radls aus dem Dokumentationsarchiv? Neugebauer selbst beteuert nämlich, diesen Vorfall niemals in einem Interview erwähnt zu haben."

Das ist aber nicht das Ende der Merkwürdigkeiten. Das nächste Beispiel: Diesmal befassen wir uns mit dem zunächst verschlüsselten

BBA-Schreiben vom September 1996. Darin heißt es in Bezug auf ein Sprachprojekt zur Erforschung der Sprache der Roma in Verbindung mit den Menschen in der Roma-Siedlung in Oberwart:
„Initiiert von einer Jugendlichen aus dieser Siedlung und aufgehetzt von Leuten wie der Halbzigeunerin Grandits und der kroatischen Chauvinistin Stoisits sowie von zwei geschäftstüchtigen Sprachwissenschaftern, hatten die in der Siedlung lebenden Roma und jene Personen, die keine Inder sind, die aber die Zigeunerlebensweise vorziehen, beschlossen, sich über die gewöhnlichen Österreicher zu erheben, die alte indische Sprache wieder zu erlernen und die Vorteile einer gehätschelten Minderheit zu genießen."
Das hier angesprochene Sprachprojekt ist offenbar jenes, das der Grazer Sprachwissenschafter Univ.-Doz. Dr. Dieter Halwachs durchführt. Wissen muss man, dass dieses Projekt ziemlich im Stillen über die Bühne geht und bis heute keine große Öffentlichkeitsarbeit betrieben wurde. Schon daraus ergibt sich die Frage, wieso Franz Fuchs davon gewusst haben konnte, besonders von den Details, wie jenem, dass dieses Projekt von einer Jugendlichen aus der Siedlung initiiert worden sei. Dozent Halwachs hat mir gegenüber die Namen der am Projekt beteiligten Personen genannt, auch jenen, den er hinter der Anspielung vom zweiten geschäftstüchtigen Sprachwissenschafter vermutet. Tatsächlich gibt es einen zweiten Sprachwissenschafter bei seinem Projekt. Und jetzt wird es wieder sehr interessant. Dozent Halwachs ist nur sein eigenes Projekt zur Erforschung der Roma-Sprache bekannt. Im Gegensatz dazu stehen die Polizei-Ermittlungen. Denn offenbar ist die Polizei auf ein weiteres Projekt gestoßen und erwähnt in der Anzeige zum Fall Fuchs einen weiteren Sprachwissenschafter mit dem Namen Dr. Gerhard Neweklowski. Dr. Halwachs sagt, ein Dr. Neweklowski sei ihm kein Begriff. Es ist schon bemerkenswert, wenn man den Polizei-Recherchen folgt, wie Franz Fuchs gar von zwei verschiedenen Sprachprojekten gewusst haben soll. Abgesehen davon, dass ich beim Lesen der Fuchs-Vernehmungsprotokolle wiederum Zweifel über das Fuchs-Wissen bekommen sollte. Fuchs wird auf die Passage mit den zwei Sprachwissenschaftern sogar angesprochen. Und das klingt dann am 29. Jänner 1998 in der

Vernehmung wörtlich so: „Ich weiß auch die Namen der beiden, aber sie sind es nicht wert, dass sie hier genannt werden, weil beide die Einheit Österreichs unterminieren. Ich könnte höchstens einen halben Namen nennen. Über Befragen, ob es sich dabei um den Wissenschafter *Halbwachs* handeln könne: Ich kenne keinen vernünftigen Wissenschafter mit diesem Namen."
Aus Dozent Halwachs wurde bei der Vernehmung also allen Ernstes plötzlich, weil es in den Dialog zu passen schien, ein Dozent Halbwachs.

Das nächste Beispiel von Insiderwissen in den Bekennerschreiben: Wir zitieren wieder aus dem 28-seitigen BBA-Schreiben vom Juni 1995. Darin findet sich ein wörtliches Zitat aus einer Sachverhaltsdarstellung vom 30. April 1995, die der Herausgeber der damals in Wien erscheinenden Intellektuellen-Zeitung *Forum*, Gerhard Oberschlick, an die Staatsanwaltschaft geschickt hatte. Es ging darin um Vorgänge rund um den Sprengstoffanschlag von Ebergassing im April 1995, bei dem sich die zwei Attentäter nach den Ermittlungen der Polizei selbst in die Luft gesprengt hatten. Nach dem Auffinden der Leichen wurde die Suche nach Mittätern begonnen. Mindestens ein dritter Mann müsste bei dem Anschlag dabei gewesen sein, hieß es. Bei der Suche nach „dem dritten Mann" wandte sich die Polizei offenbar an den Wiener Rechtsanwalt Dr. Thomas Prader um Unterstützung. Was wiederum den *Forum*-Herausgeber Gerhard Oberschlick empörte. Völlig überraschend findet sich nun dessen Sachverhaltsdarstellung, die nirgends publiziert wurde, in dem 28-seitigen Bekennerschreiben wieder:
„Ein neues Indiz zur Entlastung Binders und Radls: Wenn das Innenministerium zur Beruhigung der Journalisten einen Fahndungserfolg benötigt, so wird der Täter gefunden, oder es wird jemand zum Täter gemacht. Dass Binder und Radl wider besseres Wissen zu Tätern gemacht wurden, haben wir bereits am 1. Februar 1995 behauptet und ausführlich begründet. Wie in einem Parallelfall vorgegangen wurde, zeigt der nachfolgende von uns inhaltlich nicht überprüfte Text eines entrüsteten Journalisten (Oberschlick, 30. April 1995):

Dr. Prader hat in diesen Telefonaten glaublich behauptet, der Generaldirektor für die öffentliche Sicherheit, Michael Sika, hätte ihn ersucht, in der Szene eine bestimmte Person, welche der gesuchte dritte Mann von den Tätern in Ebergassing wäre, dazu zu bewegen, sich zu stellen. Auf den Einwand, diese Person sei nachweislich nicht der gesuchte Dritte, hat Dr. Prader gesagt, es wäre denen gleichgültig. Sie wären zufrieden, wenn sie irgendeinen bekämen. Einen solchen Fahndungserfolg benötige der Minister, der von Sikas Vorstoß bei Dr. Prader informiert wäre."

Jetzt frage ich, welches Interesse soll ein Franz Fuchs an der geschilderten Auseinandersetzung um den „dritten Mann von Ebergassing" gehabt haben? Und noch schwer wiegender ist dann die Frage: Wie soll Fuchs von dieser Sachverhaltsdarstellung erfahren haben? Fragen, die Fuchs bei der Vernehmung offenbar nicht gestellt wurden. Jedenfalls findet sich dafür kein Hinweis in den Vernehmungsprotokollen.

Und noch etwas: Äußerst rätselhaft ist auch der Zeitpunkt der Erwähnung des Kriminalpsychologen Thomas Müller in einem BBA-Bekennerschreiben. In dem im Juni 1995 beim Nachrichtenmagazin *Profil* eingelangten zweiseitigen Bekennerschreiben findet sich folgender Absatz:

„Wir erinnern daran, dass vor nicht allzu langer Zeit mehrere Iren aus mehrjähriger Haft freigelassen werden mussten, die durch ein falsches Sprengstoff-Gutachten in Verdacht geraten waren, einen Sprengstoff-Anschlag verübt zu haben: Der Gutachter hatte das Gleitmittel von Spielkarten als Sprengstoffspur gedeutet. Damals schrieb die IRA fleißig Bekennerbriefe, um die zu Unrecht Verurteilten aus dem Gefängnis herauszubekommen. Die IRA hatte damit keinen Erfolg. Auf uns will ebenfalls keiner hören. (Herr Magister Thomas Müller, das waren KURZE Sätze!)"

Plötzlich wird hier der Kriminalpsychologe Mag. Thomas Müller erwähnt. Zuvor geht es um den Terror in Nordirland, und auch hier ist das Wissen um ein solches Ereignis bemerkenswert. Wie in einem Seminar wird einem da das Schicksal zu Unrecht Verurteilter erläutert. Und genau bei dieser Episode wird der Kriminalpsychologe ins Spiel gebracht – mit dem Vermerk über kurze Sätze, so als ob kurze Sätze dem Kriminalpsychologen irgendwann ein besonderes Anliegen gewesen wären. Das ruft Erstaunen hervor, aber noch verwunderter ist man, wenn man den Zeitpunkt dieser Müller-Erwähnung in Betracht zieht. Weder mit seinem Einzeltäterprofil unmittelbar nach der ersten Briefbombenserie im Dezember 1993 noch mit dem zweiten Täterprofil mit dem Schwenk zu einer vermuteten Tätergruppe vom März 1995 wird der Kriminalpsychologe öffentlich genannt. Sein Name wurde nie in Verbindung mit seinen Erkenntnissen zum BBA-Terror publiziert. Dies habe ich mir genau quer durch die österreichische Medienlandschaft angesehen. Ja, Mag. Müller bestätigt mich sogar. Denn im Buch „Der Briefbomber ist unter uns" wird er 1996 sagen: „Ich habe bewusst mit keiner mir namentlich bekannten Person, die außerhalb der Sonderkommission steht, darüber kommuniziert." Müller weist darauf hin, dass er nur nach innen kommuniziert habe. Tatsächlich tritt er erstmals im Oktober 1995 öffentlich zur Bombencausa auf, und zwar beim ersten Briefbombenprozess als Zeuge. Also erst Monate nach der Erwähnung seines Namens in einem BBA-Schreiben. Zahlreichen Medien fällt die Nennung Müllers als eigenartig auf. So schreibt etwa das Nachrichtenmagazin *Profil* am 12. Juni 1995 nach dem Auftauchen der Müller-Namensnennung von einem bemerkenswerten Insiderwissen. In diesem Zusammenhang fällt dem aufmerksamen Leser dieses Buches natürlich zwangsläufig nochmals jene seltsame Episode ein, von der Ex-Sicherheitsgeneraldirektor Sika zu berichten wusste. Da ging es um Videoaufnahmen, die heimlich von Müller gemacht wurden, während der Präsentation seines allerersten Täterprofils vor Vertretern der Staatspolizei.

Die seltsame Häufung von Zufällen

Noch lange sind wir bei unserer Reise durch die Merkwürdigkeiten in diesem Fall nicht am Ende. Lassen Sie mich jetzt einige seltsame Zufälle erwähnen, auf die ich bei meinen Recherchen für dieses Buch gestoßen bin.

Kirchdorf – ein Zufall? In Kirchdorf in Tirol an der Loferer Bundesstraße werden zwischen 30. September und 3. Oktober 1994 ein BBA-Bekennerschreiben (das so genannte Peterle-Schreiben) und die Briefbombenserie zwei aufgegeben. Die Briefbomben enthielten leere Batterien, dadurch war eine Detonation nicht möglich. War wegen der Gefährlichkeit des Transports von Briefbomben mit dem Auto durch Österreich vielleicht von vornherein geplant, diese Bomben gar nicht scharf zu machen? Interessant ist ferner der Aufgabeort Kirchdorf in Tirol. Sollte dieses Kirchdorf in Tirol gar eine versteckte Anspielung enthalten? Wie komme ich zu dieser Feststellung? Ich bin in einem Buch des Staatspolizisten Erwin Kemper mit dem Titel „Verrat an Österreich", erschienen 1996, auf eine Liste gestoßen, die sämtliche Anschläge in Österreich im Zeitraum von 1985 bis 1993 auflistet. Und siehe da, es findet sich folgende Eintragung:
„1. Februar 1992: Sprengstoffanschlag auf eine Telefonzelle in Kirchdorf in Tirol mittels Rohrbombe. Tatverdächtiger ausgeforscht."
Ist es nur ein Zufall oder wurde der Aufgabeort Kirchdorf von der BBA ganz bewusst gewählt? Dies mit dem Ziel, im Sicherheitsapparat für zusätzliche Verwirrung zu sorgen? Auf eine skurrile Art und aus der Lust am Spiel heraus.
Was fällt Franz Fuchs zum Aufgabeort Kirchdorf in Tirol ein? Nicht viel. Er verweist lediglich darauf, dass es einmal doch seltsamerweise die Bayern gewesen seien, die Kirchdorf dem Erdboden gleich gemacht hätten (Anmerkung: während der Napoleonischen Kriege). „Ansonsten müssen sie den Historiker der BBA fragen", rät Fuchs den vernehmenden Beamten. Kirchdorf spielt für ihn also offenbar keine große Rolle. Das fällt auf.

Der nächste Zufall steht unter dem Motto „das Buch und die Bombe". Am 29. November 1996 wurde in einem Café in der Wiener Innenstadt in einer Pressekonferenz das Buch „Der Briefbomber ist unter uns" präsentiert. Das Erscheinen des Buches wird – wie bereits erwähnt – durch enge Kooperation der Autoren mit dem Innenministerium, im Speziellen mit Ex-Generaldirektor Sika und dem Psychologen Müller, ermöglicht. Das Buch befasst sich chronologisch mit dem BBA-Terror und macht in der Öffentlichkeit das vom Kriminalpsychologen erarbeitete Täterprofil Nummer drei bekannt. Die Pressekonferenz erfährt keine gesonderte Vorankündigung, wollen doch die Autoren und die eingeweihten Innenministeriums-Dienststellen mit dem Buch einen gewissen Knalleffekt erzeugen. Doch siehe da, dieser 29. November 1996 wird – zunächst noch unbemerkt – ein weiteres Ereignis, den BBA-Terrorfall betreffend, bringen. Just an diesem Tag, an dem in Wien das Buch vorgestellt wird, kommt es in Deutschfeistritz in der Steiermark zur Aufgabe einer weiteren Briefbombe, jener Briefbombe, die an die Stiefmutter des damaligen Innenministers Einem, Lotte Ingrisch, gerichtet ist. Fast ein ganzes Jahr lang wird keine Briefbombe aufgegeben, und dann erwischt die BBA gerade jenen Tag, an dem das vom Innenministerium zur Ausforschung des per Täterprofil gesuchten Einzeltäters gedachte Buch präsentiert wird. Das ist wohl ein seltsamer Zufall! Was soll einen Franz Fuchs geritten haben, genau am 29. November 1996 eine Briefbombe aufzugeben? In den Vernehmungen von Fuchs finden sich keine Fragen oder Antworten, die diesen Aspekt ausgeleuchtet hätten. Genau dieser Umstand aber, dass für die Aufgabe der Briefbombe an Lotte Ingrisch genau der Tag der Buchpräsentation gewählt wurde, lässt mich ahnen, dass hier jemand bewusst Regie geführt hat. Eben jemand, der über beträchtliches Insiderwissen rund um das Innenministerium und die Terrorfahndung verfügte.

Gibt es noch weitere seltsame Zufälle in dem Fall? Ja, es gibt sie. Der BBA-Terror kennt noch weitere mysteriöse Zufälle.

Nach der Verhaftung von Franz Fuchs wird der Nachfolger von Caspar Einem als Innenminister, Karl Schlögl, in einer Parlamentsrede am 13. Mai 1998 zur Causa Fuchs Folgendes bekannt geben. Er berichtete von neuen Wegen in der Ermittlungsarbeit. Und er führte als Beispiel unter anderem die „Aktion Briefkästen" an. Unter Geheimhaltung und nur einem kleinen Kreis von Personen bekannt, hätte man Anfang 1996 die Entwicklung eines Gerätes in Auftrag gegeben, das sich die Ausstattung von Briefbomben mit Funksensoren zunutze machen sollte. Ein Gerät, das durch die Abgabe eines Impulses den

Funksensor der Briefbomben betätigen und die Sprengladung zur Umsetzung bringen sollte. Der Minister erzählte, dass ab 1. Juni 1996 Beamte des Gendarmerie-Einsatzkommandos, die in Postuniformen und mit Postautos unterwegs waren, 2000 Postkästen in Niederösterreich und der Steiermark mit diesen Geräten ausgestattet hätten. Im Falle des Einwurfes wäre eine Briefbombe im Briefkasten zur Explosion gebracht worden. Tatsächlich sei dann, wie der Minister hinzufügte, im Bundesland Steiermark in Weißkirchen am 27. September 1996 ein BBA-Brief in einen solchen präparierten Briefkasten eingeworfen worden. Allerdings sei dies nur ein Bekennerschreiben ohne Sprengladung gewesen, wie der Minister in seiner Parlamentsrede im Mai 1998 betonte. Soweit die Schilderung des damaligen Innenministers Schlögl. Das heißt nun Folgendes: Franz Fuchs soll am 27. September 1996 genau jenen Briefkasten in Weißkirchen erwischt haben, in dem ein Brief mit Sprengladung explodiert wäre. Da dort aber nur ein Bekennerschreiben ohne Sprengladung eingeworfen wurde, konnte natürlich auch nichts passieren. Umgekehrt soll dieser Franz Fuchs nun am 29. November 1996 bei der Aufgabe der Briefbombe an Lotte Ingrisch diesmal ausgerechnet einen Briefkasten erwischen, der eben keine solche Einrichtung zur Sprengung allfälliger Briefbomben enthielt. Zufall, Zufall.

Wenn Sie jetzt kaum noch eine Steigerung in der Auflistung der bereits ohnehin zahlreichen Merkwürdigkeiten in dem Fall für möglich halten, dann gibt es aus meiner Sicht aber doch noch einen weiteren eigenartigen Höhepunkt. Ich nenne diesen Abschnitt:

Das Rätsel um den Mercedes

Seltsam in Verbindung mit dem BBA-Terror ist nämlich das wiederholte Auftauchen eines Wagens der Automarke Mercedes. An den verschiedensten Terrorschauplätzen wird von Zeugen offenbar ein Wagen der Marke Mercedes beobachtet. Der Reihe nach:

1. Nach dem Rohrbombenanschlag in Stinatz vermerkt das Innenministerium in einer von neun Fahndungsfragen an die Bevölkerung

Folgendes: „Am 5. Feber 1995, vormittags, wurde bei den Müllcontainern in 7552 Stinatz, auf Höhe des Hauses Hauptstraße 194, ein weiß lackierter Pkw der Marke Mercedes, neueres Baujahr, gesehen. Der Lenker dieses Fahrzeuges soll sich auffallend verdächtig verhalten und die Container beobachtet haben ... wer kann sachdienliche Hinweise ... geben?"

o Am 5. Feber 1995, vormittags, wurde bei den Müllcontainern in 7552 Stinatz, auf Höhe des Hauses Hauptstraße 194, ein weiß lackierter Pkw der Marke Mercedes, neueres Baujahr, gesehen. Der Lenker dieses Fahrzeuges soll sich auffallend verdächtig verhalten und die Container beobachtet haben. Wer kann diese Wahrnehmung bestätigen bzw. wer kann sachdienliche Hinweise, wie Kennzeichen, Kennzeichenfragmente, Personsbeschreibung des Lenkers, etc. geben?

Auszug aus den Fahndungsfragen des Innenministeriums nach den Anschlägen von Oberwart und Stinatz

Dies damals die offizielle Frage des Innenministeriums.

2. Auch im Fall des Anschlages auf die vier Roma in Oberwart will ein Zeuge einen Mercedes wahrgenommen haben. Das Nachrichtenmagazin *News* wird in der Ausgabe 41/1997, bereits nach der Verhaftung von Franz Fuchs, Folgendes feststellen: „Und schließlich gibt es eine entscheidende Zeugenaussage, die auf mehrere Täter hinweist: Ronald S., ein Angehöriger der ermordeten Roma, bestätigt in dieser Woche gegenüber *News* die Aussage, die er schon gegenüber Fahndern getätigt hat: Er hätte eine halbe Stunde vor der Detonation der tödlichen Roma-Bombe in Oberwart drei Autos in direkter Nähe des Tatortes gesehen ... Ronald S. präzisiert: Es waren ein Golf, ein Mercedes und ein langes weißes Auto, dessen Marke ich nicht kenne, das ich aber genau gesehen habe." Soweit der *News*-Bericht mit der Zeugenschilderung.

3. Im Dezember 1995, nach der Grazer Briefbombenserie, tauchen ebenfalls wieder Meldungen über einen hellen Mercedes auf. Die *Kronen-Zeitung* schreibt dazu am 14. Dezember 1995: „Zu den Ereignissen in Graz: Nach den Montag-Explosionen der Briefbombenserie 5 meldeten sich zunächst enttäuschend wenig Zeugen. Doch es scheint,

als ob unter den 25 Hinweisen ein entscheidender dabei sein könnte. Eine Person will nämlich am Wochenende einen hellen Mercedes des Typs ‚190' mit einem Kennzeichen aus dem niederösterreichischen Bezirk Mödling gesehen haben. Der Wagen habe vor dem Postamt gehalten, ein Mann sei am Steuer geblieben, der andere zu dem Briefkasten gegangen."

Bringt eine Zeugenaussage nach den Briefbomben in Graz endlich Erfolg? Jedenfalls hat es den Anschein, als ob sich den Fahndern eine neue Chance eröffnet: In der steirischen Landeshauptstadt wurden zwei Verdächtige in einem hellen Mercedes mit Mödlinger Kennzeichen (NÖ) gesehen. Was zu einer brandneuen Spur passen würde . . .

Zu den Ereignissen in Graz: Nach den Montag-Explosionen der Briefbomben-Serie 5 meldeten sich zunächst enttäuschend wenig

VON GERHARD WALTER, ROLAND KOPT, CHRISTOPH BUDIN, REINHARD KAUFMANN, ANDI SCHIEL UND ALEXANDRA WEHNER

Zeugen. Doch es scheint, als ob unter den 25 Hinweisen ein entscheidender dabei sein könnte. Eine Person will nämlich am Wochenende einen hellen Mercedes des Typs „190" mit einem Kennzeichen aus dem niederösterreichischen Bezirk Mödling gesehen haben. Der Wagen habe vor dem Postamt gehalten, ein Mann sei am Steuer geblieben, der andere zu dem Briefkasten gegangen.

***Neue Kronen-Zeitung* vom 14. Dezember 1995**

Diese Beobachtung bekommt nicht nur wegen des Mercedes Bedeutung, sondern auch aus dem Umstand heraus, dass die Polizei später in ihren Erkenntnissen bekanntlich den Aufgabezeitpunkt der Bomben von Samstagvormittag bis Montagfrüh eingrenzen wird – aufgrund der Temperaturverhältnisse.

4. Von einem Wagen der Automarke Mercedes ist dann überraschenderweise auch in einem Vernehmungsprotokoll mit einer der beiden Frauen die Rede, die am Abend des 1. Oktober 1997, weil sie sich verfolgt fühlen, Franz Fuchs quasi der Gendarmerie ausliefern.
Sabine K. am Schluss ihrer Einvernahme: „Ich fürchte auch, dass der silberne Mercedes, der plötzlich verschwunden war, mit dieser Sache etwas zu tun gehabt hat. Mehr kann ich dazu nicht sagen." Also auch in Gralla will eine der beiden Frauen, die sich von Fuchs verfolgt gefühlt hatten, einen Mercedes mitten im Geschehen beobachtet haben.
In all diesen geschilderten Fällen sprechen Zeugen also von einem Auto der Marke Mercedes. Kann dies noch Zufall sein? Oder hat das

Auftauchen eines Wagens der Marke Mercedes gar schon „erschreckendes" System?
Ich brauche wohl nicht eigens zu betonen, dass ich das seltsame Auftreten dieses Wagens oder sogar mehrerer Wagen der Automarke Mercedes in dem Terrorfall für besonders aufklärungsbedürftig halte.

Die Welt der BBA-Schreibgeräte

Bei Franz Fuchs wurden nach seiner Verhaftung eine mechanische Typenhebelschreibmaschine, ein Personal-Computer und dazu ein Nadeldrucker beschlagnahmt. Ein Faktum: Auf diesen Geräten wurden die BBA-Bekennerschreiben nicht verfasst. Zur Abfassung der Bekennerschreiben und für die Beschriftung der Briefbombenkuverts wurden elektrische Typenradschreibmaschinen und ein Tintenstrahldrucker verwendet. Vielleicht wundern Sie sich jetzt, warum ich von mehreren Typenradschreibmaschinen spreche?
Dies werde ich Ihnen im Folgenden erläutern, und es spielt meiner Ansicht nach im gegenständlichen Terrorfall sogar eine entscheidende, bis heute unterbewertete Rolle.
Zunächst bitte ich Sie, mit mir den Polizeiakt anzuschauen. Es ist dies jener Akt, den die Polizei zur Anzeige gegen Franz Fuchs bei der Staatsanwaltschaft Graz ablieferte, und der alle Ermittlungsergebnisse rund um den Fall zusammenfasst. Und hier gibt es nun einige bemerkenswerte Feststellungen zu den Schreibgeräten der BBA. Auf Seite 39 dieses Aktes heißt es in Verbindung mit dem Schriftbild auf dem Bekennerschreiben, das im Buswartehäuschen in Ollersdorf im Burgenland Anfang Febuar 1995 gefunden wurde:
„Das Bekennerschreiben ... wurde mit einer Typenradschreibmaschine, Marke ‚OLYMPIA', und einem Typenrad der Schriftart ‚Micro Modern 15 Zoll' verfasst. Die Schrift weist individuelle Merkmale auf, die sowohl von der verwendeten Schreibmaschine als auch vom Typenrad stammen."
Soweit diese Feststellung der Polizei. Nun auf Seite 124 desselben Aktes. Dort geht es um die Darstellung der Beschriftung der Briefbombenkuverts der ersten Briefbombenserie. Und da heißt es:

„Beschriftet wurden die Kuverts beziehungsweise das Briefpapier mit einer Typenrad-Schreibmaschine in der Schriftform ‚CUBIC, 12' aus dem Erzeugerprogramm ‚SHARP' ..., ‚CANON' oder ‚FALIT' (es könnte aber auch eine Typenrad-Schreibmaschine der Marke ‚Ericsson', ‚BSI (=REMINGTON)', ‚REMTRONIC', ‚REMSTAR' ‚UTAX (=CANON)' in Frage kommen)."

Hier ist also offenbar von einer zweiten beim Bombenterror verwendeten elektrischen Typenradschreibmaschine die Rede. Man muss dies aufgrund dieser Textstellen annehmen.

SOKO „BRIEFBOMBEN" - 11.05.98 < STRAFANZEIGE FRANZ FUCHS >

3. Maschinschriften, Druckerschriften und individuelle Merkmale

Das Bekennerschreiben „Ollersdorf" wurde mit einer Typenrad-schreibmaschine, Marke „OLYMPIA", und einem Typenrad der Schriftart „Micro Modern 15 Zoll" verfaßt. Die Schrift weist individuelle Merkmale auf, die sowohl von der verwendeten Schreibmaschine, als auch vom Typenrad stammen. Sie reichen bei Vergleichen zur Beweisführung aus, siehe Beilage 73.

Beschriftet wurden die Kuverts beziehungsweise das Briefpapier mit einer Typenrad - Schreibmaschine in der Schriftform "CUBIC, 12" aus dem Erzeugerprogramm "SHARP" (Serie PA-3000), "CANON" oder "FALIT" (es könnte aber auch eine Typenrad - Schreibmaschine der Marke "ERICSSON", "BSI (=REMINGTON)", "REMTRONIC", "REMSTAR" "UTAX (=CANON)" in Frage kommen).

Auszüge aus der Strafanzeige gegen Franz Fuchs

Werfen wir jetzt einen Blick in die Anklageschrift des Staatsanwaltes im Grazer Fuchs-Prozess. Staatsanwalt Johannes Winklhofer spricht auf Seite 44 im Zusammenhang mit der Briefbombenserie nun davon, dass Franz Fuchs die Kuverts mit einer Typenradschreibmaschine, höchstwahrscheinlich der Marken Sharp, Canon oder Falit beschriftete. Auf Seite 101 bezieht sich der Staatsanwalt auf das Ollersdorfer BBA-Schreiben und schreibt: „Diesen mit einer Typenradschreibmaschine der Marke AEG-Olympia auf einem DIN A4-Blatt geschriebenen Text wollte er in einem ..."

Sie sehen, der Staatsanwalt folgt zunächst den Ermittlungsergebnissen der Polizei und erwähnt eindeutig zwei Typenradschreibmaschinen.
Auf Seite 152 der Anklageschrift schreibt Staatsanwalt Winklhofer dann plötzlich: „Den zum Ausdruck seiner Bekennerschreiben verwendeten Tintenstrahldrucker der Marke Canon entsorgte der Beschuldigte ebenso wie die zur Beschriftung einiger Kuverts seiner Briefbomben verwendete Typenradschreibmaschine."
Im Prinzip ging es ja genau genommen um zwei elektrische Typenradschreibmaschinen, die plötzlich zu einer einzigen elektrischen Typenradschreibmaschine zu verschmelzen scheinen.

> Fuchs vorerst die Gummierung der Umschläge. Anschließend beschriftete er die Kuverts mit einer Typenradschreibmaschine, höchstwahrscheinlich der Marke Sharp, Canon oder Falit, mit den Namen und Adressen seiner in der Zwischenzeit bereits von ihm ausgewählten 10 Opfer sowie den Namen und Adressen der von ihm erfundenen Absender.

> Diesen mit einer Typenradschreibmaschine der Marke AEG -Olympia auf einem DIN A 4-Blatt geschriebenen Text wollte er in einem von ihm ausgekundschafteten Buswartehäuschen in Ollersdorf, einem Ort in der Nähe von Stinatz und Oberwart, hinterlegen. Franz Fuchs rechnete damit, bei der Auffindung des Schreibens bereits einen oder mehrere Menschen durch seine Sprengfallen in Oberwart und Stinatz getötet zu haben. Die kroatische Bevölkerung dieser Region sollte dann das Schreiben als Drohung mit weiteren Angriffen auf Leben, Gesundheit und körperliche Unversehrtheit erkennen und in Furcht und Unruhe versetzt werden.

> Grundstoffe. Den zum Ausdruck seiner Bekennerschreiben verwendeten Tintenstrahldrucker der Marke Canon entsorgte der Beschuldigte ebenso wie die zur Beschriftung einiger Kuverts seiner Briefbomben verwendete Typenradschreibmaschine. Auch weitere Teile seiner EDV-Anlage, nämlich eine

Auszüge aus der Anklageschrift des Staatsanwaltes im Fall Fuchs

All das, was sich aus den polizeilichen Darstellungen ergibt, hieße im Falle der Schreibgeräte der BBA: Es geht um zwei elektrische Typenradschreibmaschinen und einen Tintenstrahldrucker. Bei Franz Fuchs wurden solche Geräte nicht gefunden. Der Staatsanwalt mutmaßte, Fuchs habe zahlreiches Material, das ihn belastet hätte, bereits vor seiner Verhaftung vernichtet. Im Falle der Schreibgeräte hieße das auch, Franz Fuchs hätte zwei elektrische Typenradschreibmaschinen und einen Tintenstrahldrucker beseitigt und sich dann noch eine mechanische Typenhebelschreibmaschine, einen PC und einen Nadeldrucker behalten. Er hätte in seiner kleinen Wohnung im Haus Gralla 149 also vermutlich zur selben Zeit drei Schreibmaschinen, einen PC und zwei Drucker, nämlich einen Tintenstrahl- und einen Nadeldrucker, besessen. Der Mann, finanziell nicht besonders vermögend, hätte – folgt man der Logik des Einzeltäters – also ziemlich viele Schreibgeräte in seinem Besitz gehabt!

Hat Jörg Haider ungewollt die BBA inspiriert?

Wenn wir schon von den Schreibgeräten sprechen, wenden wir uns doch gleich noch einmal den Inhalten der Bekennerschreiben zu. Gerade die Bekennerschreiben der BBA zeigen mitunter ein sehr intensives politisches Wissen über Vorgänge in Österreich. Sie lassen erkennen, dass der Verfasser (oder eben vielleicht doch die Verfasser?) politische Zusammenhänge herstellen kann (bzw. können) und vieles sehr gut einzuordnen und einzuschätzen weiß (bzw. wissen). Dabei wird ein Wissen sichtbar, wie es bei Franz Fuchs nicht spürbar ist, wie ich ja vorhin schon mehrfach aufgezeigt habe. Es werden zahlreiche Widersprüche zwischen seinem Leben, seinen Interessen und seinen späteren Aussagen in den Vernehmungen und den mit einiger Verspieltheit konstruierten Bekennerschreiben sichtbar. Nicht und nicht logisch ist daher, warum der unpolitische Fuchs plötzlich zum „politischen Kopf" mutieren sollte.

Aus Frustration über sein angeblich verpatztes Leben soll der nie bei einer politischen Versammlung gesichtete Fuchs plötzlich ab dem Jahr 1993, „quasi von 0 auf 100 springend", eine besondere Zunei-

gung und ein besonderes Interesse für Politik entwickelt haben? Die Bekennerschreiben mögen zwar Deutschtümelei vortäuschen, sie waren aber in den dargestellten politischen Zusammenhängen jedenfalls nicht irrational. Ganz im Gegenteil: Der ganze Terror zeigt unglaublich viel taktisches Kalkül – oft bis in kleinste Details gehend. Denken Sie etwa nur daran, dass bei den Februarereignissen 1995 offenbar ganz gezielt als Aufgabeort von drei Bekennerschreiben ein Briefkasten in der Gemeinde Maria Lanzendorf gewählt wurde. Maria Lanzendorf wiederum ist die Partnergemeinde von Stinatz im Burgenland, wo dann eine BBA-Rohrbombe detonierte und einen Arbeiter schwer verletzte.
Allein das zeigt ein Wissen, das Recherchearbeit voraussetzt, taktisches Kalkül. Wenn Sie Antworten auf solche Hintergründe des Terrors durch Franz Fuchs erwarten, dann werden Sie in den Vernehmungsprotokollen doppelt enttäuscht. Nicht nur, dass vielfach die Antworten fehlen, es scheint eben auch kaum Fragen gegeben zu haben, die solche und ähnliche Details hinterfragt hätten.
Nun zu jenem Bekennerschreiben, das aus verschiedenen Gründen besondere Aufmerksamkeit verdient. Das BBA-Schreiben an den damaligen niederösterreichischen FPÖ-Landesrat Hans Jörg Schimanek, dessen Sohn ja wegen NS-Wiederbetätigung verurteilt wurde.
Das Schreiben an den Politiker enthält unter anderem eine Anspielung auf die guten Beziehungen, die dem Politiker nachgesagt wurden. Ob dieser angeblich guten Kontakte wird Schimanek vom Verfasser des BBA-Schreibens auf subtile Weise geradezu verhöhnt. Im BBA-Schreiben findet sich die wörtliche Formulierung: „Auf die bisherigen Freunde (Woratsch) zu setzen, wird wahrscheinlich wiederum nach hinten losgehen." Mit dem Namen Woratsch ist der Präsident des Wiener Landesgerichtes, Dr. Günther Woratsch, gemeint. Es gab in dem Zeitraum, als der Brief auftauchte, eine in die Öffentlichkeit gelangte Diskussion um eine angebliche Intervention durch den Gerichtspräsidenten zugunsten von Hans Jörg Schimanek junior. Jedenfalls frage ich mich bis heute, welche Motivation soll ein Franz Fuchs gehabt haben, solche geradezu als Gehässigkeiten und Sticheleien anmutende Dinge in ein BBA-Schreiben zu verpacken? Wer da-

rauf hofft, in den Vernehmungsprotokollen irgendwelche Antworten zu finden, wird enttäuscht.
Das BBA-Schreiben, aufgegeben am 31. Mai 1995, befasst sich jedenfalls eingehend mit dem Schicksal des Sohnes des Politikers Schimanek und rät ihm zu juristischen Gegenmaßnahmen.
Das BBA-Schreiben hat aber auch eine Art politischer Dimension. Wie meine ich das? So wie es schon das Nachrichtenmagazin *Profil* am 26. Juni 1995 vermutete, so bin auch ich bis heute davon überzeugt, dass die BBA sich in dem Schreiben an Schimanek – aber genauso auch in den im Juni 1995 aufgetauchten 28-seitigen BBA-Schreiben – auffallend an eine Rede angelehnt hat, die Jörg Haider zum damaligen 50-Jahr-Jubiläum der Gründung der Zweiten Republik im April 1995 gehalten hatte. Holte sich die BBA aus der Rede Haiders Anregungen? Ließ sich die BBA zu weiterem Handeln inspirieren?
Jörg Haider sagte damals im April 1995 unter anderem: „Wenn es um die Schaffung von Feindbildern geht, dürfen wir uns noch viel ärgere Fragen stellen. Nämlich ob durch manche Ereignisse nicht eine Radikalisierung eher gefördert als verhindert wird. Etwa wenn der Sohn unseres freiheitlichen Landesrates Schimanek, der im sozialdemokratischen Milieu aufgewachsen ist, wegen der Verbreitung neonationalsozialistischen Gedankenguts – niemand ist wohl davon ärger betroffen als der Vater – zu 15 Jahren unbedingter Haft verurteilt wurde. Die neonazistischen Brandleger der Synagoge von Lübeck, die den Flammentod von vier Menschen riskiert haben, wurden zu zwei bis vier Jahren verurteilt. Der Neonazi-Chef Deckert erhielt soeben zwei Jahre. ÖVP-Justizsprecher Graff meinte zum Schimanek-Urteil: So schafft man Märtyrer."
Jörg Haider stellte also im April 1995 öffentlich einen Zusammenhang zwischen dem Schimanek-Urteil und einem Urteil gegen die Synagogen-Attentäter von Lübeck in Deutschland her. Da diese konkrete Textpassage aus der langen Rede Haiders medial nicht wirklich einem größeren Publikum dargelegt wurde, fragt man sich natürlich, ob die BBA den Text der Haider-Rede zur Gänze gekannt haben könnte. Der gesamte Redetext Haiders wurde über das zweite Netz der Aus-

tria-Presse-Agentur APA ausgesandt, übernommen vom freiheitlichen Pressedienst. Nun steht wohl zweifelsfrei fest, dass Franz Fuchs über keinen APA-Anschluss verfügt hat.
Direkt und indirekt spielt Lübeck dann plötzlich für die BBA eine Rolle. Zum einen wird in heuchlerischer Form und angeblich wohlmeinend das Ausmaß des damals ausgesprochenen Urteils gegen den Sohn des FPÖ-Politikers kritisiert, zum anderen kommt es zu einem Gewaltakt. Im Zuge der dritten Briefbombenserie im Juni 1995 wird ausgerechnet an einen sozialdemokratischen Politiker in Lübeck eine Briefbombe versandt. Dieser SPD-Politiker hatte zuvor öffentlich das milde Urteil gegen jene Rechtsradikale kritisiert, die die Synagoge in Lübeck in Brand gesteckt hatten. Dieser ganze Bogen – das Wissen um die Haider-Aussage zu Schimanek, das Wissen um die Aussage des Lübecker SPD-Politikers –, all das setzt politisches Feeling, Aufmerksamkeit, Interesse und nicht zuletzt Kombinationsgabe voraus. Woran ich im Falle Fuchs aber zweifle.

Und ich werde gleich ein weiteres Beispiel für die BBA-Feinheiten liefern, die meiner Ansicht nach in deutlichem Widerspruch zum Fuchs-Wissen stehen. Der Schimanek-Brief enthält Vorlagen für Anzeigen an die Justiz. Diese Vorlagen tragen eine Ortsbezeichnung, nämlich: „Freistadt, den 15. Mai 1995."
Freistadt ist eine Bezirksstadt in Oberösterreich, der 15. Mai war jener Tag, an dem 1955 der österreichische Staatsvertrag unterzeichnet wurde. (Von Jörg Haider übrigens in seiner Jubiläumsrede im April 1995 ausdrücklich hervorgehoben als der Tag, an dem Österreich im Gegensatz zu 1945 wirklich befreit worden sei.)
Franz Fuchs wird in der Venehmung sogar zu dieser Ortsangabe „Freistadt" befragt. Und Fuchs antwortet in der Vernehmung am 26. Oktober 1997: „Dazu fällt mir nichts ein. Ich weiß aber, dass Freistadt eine große Stadt in Oberösterreich ist, ich war selbst vor 15 Jahren dort, anlässlich einer Fahrt auf der Donauuferstraße von einem Kraftwerk zum anderen im Zuge von Kraftwerksbesichtigungen. Es handelt sich um eine alte Stadt mit einer riesigen Säule am Hauptplatz." Gedanken von Franz Fuchs zu Freistadt. Warum Fuchs Frei-

stadt anlässlich einer Fahrt entlang der Donau besichtigt haben will, bleibt ein Rätsel, weil Freistadt schließlich nicht an der Donau liegt. Abgesehen von dieser geografischen Anmerkung ist das Detail um Freistadt für mich einmal mehr ein Hinweis, dass dieser Mann eben nicht der Verfasser der Bekennerschreiben gewesen sein kann. Denn es scheint auch hinter der Bezeichnung „Freistadt" eine politische Anspielung versteckt zu sein. Und diese Komponente würde mehr politisches Wissen und Verständnis voraussetzen, als ich es bei Fuchs auch nur im Ansatz erkannt hätte. In Diskussionen um eine Demokratiereform in Österreich war es Jörg Haider, der folgenden Ausdruck verwendete: Er sprach von der „Freistadt-Staat-Idee". Der Schluss liegt wohl nicht allzu fern, wenn ich behaupte, dass es tiefes politisches Wissen und Verständnis braucht, um gerade Freistadt – offenbar mit politischem Hintergrund – im Brief an einen FPÖ-Politiker zu erwähnen. Wie soll Franz Fuchs auf all diese Dinge gekommen sein?

Wie gut sich die BBA mit der Freiheitlichen Partei auskennt, zeigt sich auch an einem weiteren Beispiel. Da ist im 28-seitigen BBA-Schreiben an Rechtsanwalt Mayer folgende Passage zu finden: „Es gab einen mittlerweile abgesägten FPÖ-Politiker mit Schmiss, der den Mut besaß, von Umvolkung zu sprechen."
Ich hätte gerne gewusst, wie Franz Fuchs auf diese detailreiche Formulierung in Zusammenhang mit Andreas Mölzer gekommen sein will. Einem Mann, der heute Publizist und zudem Berater von Jörg Haider ist. Kurzzeitig war Andreas Mölzer im Bundesrat für die FPÖ tätig, wurde dort aber abgezogen. Was die BBA zur Bemerkung vom abgesägten Politiker verleitete. Angesichts dieser detailverliebten Darstellung von politischen Geschehnissen in den BBA-Schreiben sollte man annehmen, man hätte von Franz Fuchs bei den Vernehmungen geradezu politisches Insiderwissen erwarten können. Aber wie schon gesagt, in den Vernehmungen kommt dazu so gut wie nichts. Oder mitunter bestenfalls Ungenaues. Aber warum sollte ich mir mehr erhoffen können? Fuchs sagte ja ohnehin stets, er habe die Bekennerschreiben nicht verfasst. Und wenn ihm dies das Gericht schon nicht glauben wollte, ich glaube ihm das sofort.

Die BBA-Opfer- und Adressenrätsel

Die Auswahl der Briefbombenopfer und die Konstruktion der fingierten Absenderadressen lassen viele Fragen aufkommen. Wie soll Franz Fuchs auf viele der Opfer gekommen sein, wie ist die Konstruktion der fingierten Absender wiederum in Einklang zu bringen mit dem Wissen des Einsiedlers in Gralla in der Südsteiermark? Einmal mehr zeigen sich hier viele Merkwürdigkeiten und Rätsel, die ich Punkt für Punkt erörtern möchte:

Briefbombenserie Nummer eins:

Die zehn Briefe und ihre fingierten Absenderadressen:

Briefbombe Janisch:

An den Leiter der Caritas
Flüchtlingsberatungsstelle
beim kath. Pfarramt Hartberg
Hauptplatz 11
8230 Hartberg

Absender:

Magister Karel Vutuc
Barawitzkagasse 11
1190 Wien

Briefbombe Gombocz:

An den slowenischen Kulturverein
„Artikel 7"
Herrn Obmann Gombotz persönlich
8490 Bad Radkersburg

Absender:

Magister Sivetz Franz
Soboth 53 a
8554 Soboth

Briefbombe Meixner:

An ORF 2, Wien
Frau Sylvana MEIXNER persönlich
Moderatorin in der Sendung „Heimat fremde Heimat"
Wien

Absender:

Mehmet Antic
Neubaugürtel 11/II
1070 Wien

Briefbombe Petrovic:

S. g. Frau
Dr. Madeleine Petrovic (persönlich)
Abgeordnete und Klubobfrau der Grünen
Barawitzkagasse 11
Wien XIX

Absender:

Mehmet Antic
Neubaugürtel 11/II
1070 Wien

Briefbombe Stoisits:

An die
Flüchtlingsbeauftragte
Terezia Stoisits (persönlich) im
Grünen Klub im Parlament
Wien I

Absender:

Karola Antic
Neubaugürtel 11/II
1070 Wien

Briefbombe Islamischer Ausländerhilfsverein:

An den
Islamischen Ausländerhilfsverein
Wendlgasse 5
Wien XVI

Absender:

Mehmet Antic
Neubaugürtel
1070 Wien

Briefbombe Schüller:

Herrn Monsignore
Dr. Helmut Schüller (PERSÖNLICH)
Präsident der Caritas Österreich
Wien

Absender:

Ing. Wolfram Deutschmann
Schönburggasse 11/II
1060 Wien

Briefbombe ARGE f. Ausländerbeschäftigung:

An die
Arbeitsgemeinschaft für
Ausländerbeschäftigung bei der
Bundeskammer der gewerblichen Wirtschaft
Schaumburgergasse 20
Wien IV

Absender:

Ing. Deutschmann Wolfram
Schönburggasse 11
1060 Wien

Briefbombe Zilk:

S. g. Herrn
Bürgermeister Dr. Helmut Zilk
(PERSÖNLICH)
Rathaus Wien
1010 Wien

Absender:

Ing. Norbert Urban
Barawitzkagasse 11
1190 Wien

Briefbombe Dohnal:

An die
Frau Bundesminister für Frauenangelegenheiten
Johanna Dohnal
Ballhausplatz 1
Wien I

Absender:

Silvia Urban
Pottendorferstraße 4/II
1120 Wien

Zu dieser ersten Serie, den Opfern und den fingierten Absenderadressen gilt es, zahlreiche kommentierende Feststellungen zu machen. Zunächst fällt auf, dass die Palette der ausgewählten Opfer sehr breit ist, vom Wiener Bürgermeister Zilk bis zu einem islamischen Ausländerhilfsverein in Wien, der sich damals im Stadium eines Konkursverfahrens befand. Während man noch einigermaßen logisch nachvollziehen kann, dass ein Franz Fuchs als Zielpersonen Politiker aufgrund ihrer Medienpräsenz und ihres Wirkens in der Öffentlichkeit auswählt, wird die Frage nach den anderen Briefbombenempfängern schon viel brisanter. Wie soll ein Franz Fuchs in Gralla auf eine

Arbeitsgemeinschaft für Ausländerbeschäftigung oder einen Islamischen Ausländerhilfsverein gestoßen sein? Schon etwas merkwürdig. Wenn Sie ins amtliche Telefonbuch des Jahres 1993 blicken, dann sehen Sie in der Auflistung aller Stellen der Bundeswirtschaftskammer unzählige Eintragungen, darunter eben auch jene der Arbeitsgemeinschaft für Ausländerbeschäftigung. Allerdings wirklich nicht einfach zu finden. Wie Franz Fuchs auf diese Stelle bei der Wirtschaftskammer und auf den Islamischen Ausländerhilfsverein gekommen sein will, bleibt bei den Vernehmungen im Dunkeln. Auch der Staatsanwalt kann in seiner Anklageschrift nicht erklären, ob Franz Fuchs von dieser Arbeitsgemeinschaft und vom Islamischen Ausländerhilfsverein durch Medienberichte oder eigene Nachforschungen Kenntnis erlangt hat.

Grundsätzlich hat Fuchs in den Vernehmungen wiederholt die Beteiligung an den Briefbombenserien geleugnet. Insbesondere an der ersten Serie, denn da will er, wie er sagte, noch gar kein Mitglied der BBA gewesen sein. Wie ich ja schon in Kapitel eins des Buches erläutert habe, sind die Begründungen von Franz Fuchs zur Motivlage der BBA zu den Briefbombenopfern äußerst spärlich und manchmal gar nicht vorhanden. So gibt es von Franz Fuchs etwa zur Briefbombe an die frühere Frauenministerin Johanna Dohnal überhaupt keine verwertbare Aussage, wie die Polizei anmerkt. Das Motiv für eine Briefbombe der BBA an die Ausländerberatungsstelle war laut Fuchs: „... die schleppen die Gastarbeiter ein. Wenn die Gewerkschaften mehr Geld für Österreicher fordern, sagen dann die Unternehmer, wir haben die Ausländer, die arbeiten auch um weniger Geld."

Und befragt zur Briefbombe an den Islamischen Ausländerhilfsverein, erklärte er: „Auch dieser Verein habe Ausländern geholfen, nach Österreich zu kommen. Außerdem habe dieser Verein auch profane Ziele verfolgt." Was immer er unter den „profanen Zielen" verstand, es gibt keine weiteren Angaben dazu.

Sehr interessant und zugleich äußerst merkwürdig wird es, wenn man die fingierten Absender auf den Briefbombenkuverts näher beleuchtet. Bemerkenswert für den Leser der Fuchs-Vernehmungsprotokolle ist, dass tiefer gehende Fragen zu den fingierten Absenderadressen quer über alle Briefbombenserien praktisch bis auf ganz wenige Ausnahmen unterbleiben.

Beginnen wir bei der ersten Briefbombenserie beim Absender der Briefbombe an den damaligen Wiener Bürgermeister Zilk. Da war also die Rede von „Ing. Norbert Urban, Barawitzkagasse 11, 1190 Wien". Meine Journalistenkollegen Kurt Tozzer und Günther Zelsacher werden in ihrem 1995 erschienen Buch „Bombenspuren" eine durchaus plausible Antwort zum fingierten Absendernamen „Urban" geben. Sie schreiben nämlich, dass der ehemalige Intendant des ORF-Landesstudios Wien, Othmar Urban, an Helmut Zilk immer wieder Tonbandkassetten geschickt haben soll. So hätte es ja auch diesmal sein können: Helmut Zilk beachtet beim Öffnen des etwas dickeren Briefes nur den Namen Urban und denkt an die Übermittlung einer Tonbandkassette. Hat sich hier jemand in Kenntnis der persönlichen Beziehungen von Helmut Zilk zu Othmar Urban eine Anspielung erlaubt?

Greifen wir als nächstes Beispiel die fingierte Absenderadresse bei der Briefbombe an Pfarrer Janisch heraus. Da lautete der Absender: „Mag. Karel Vutuc, Barawitzkagasse 11, 1190 Wien". Diese fingierte Adresse ist besonders interessant. Der Name Vutuc wird nämlich mit der damaligen Wohnadresse der grünen Abgeordneten Madeleine Petrovic verbunden. Und in diesem Punkt sollte ich später, erst Ende Jänner 1998, besonders hellhörig werden, und zwar beim Lesen einer Meldung der Tageszeitung *Kurier*. Der *Kurier* schrieb nämlich: „Frau Petrovic hatte im Jänner 1993, kaum elf Monate vor der ersten Briefbombenserie, eine parlamentarische Anfrage gestellt. Den grünen Zorn weckte der Beitrag eines Professor Vutuc in einer Ärztezeitschrift über eine drohende Hepatitis-Epidemie mit dem Untertitel ‚Ausländer schleppen das Virus ein – Nur Impfen nützt'." Soweit der *Kurier* Ende Jänner 1998. Es scheint also nahe liegend, dass der Schöpfer der fingierten Absenderadresse „Vutuc, Barawitzkagasse" offenbar über sehr eingehende Informationen verfügt haben dürfte und Kenntnis über eine solche parlamentarische Anfrage hatte. Denn ein solcher Zufall ist wohl äußerst merkwürdig – im Lichte der Zusammensetzung dieser fingierten Absenderadresse betrachtet. Trifft meine Schlussfolgerung nun tatsächlich zu, dann frage ich: Wie wäre das mit dem Wissen oder auch der möglichen Fantasie des Einsiedlers Franz Fuchs in Einklang zu bringen?

Eine weitere Absenderadresse dieser ersten Briefbombenserie macht mich ebenfalls sehr nachdenklich. Es ist jene an den slowenischen Kulturverein „Artikel 7" in Bad Radkersburg in der Steiermark, persönlich an den Pressesprecher des Vereines, Dr. Wolfgang Gombocz, adressiert (auf dem Briefbombenkuvert falsch mit „tz" geschrieben). Der fingierte Absender lautet: „Mag. Sivetz Franz, Soboth 53 a, 8554 Soboth". Auch dazu haben Kollegen der Tageszeitung *Kurier* recherchiert. Ihre Nachforschungen sollten sogar eine parlamentarische Anfrage des damaligen FPÖ-Nationalratsabgeordneten Ewald Stadler an den Ex-Innenminister Karl Schlögl zur Folge haben.

Liest man die *Kurier*-Meldungen und die parlamentarische Anfrage, wird eines klar ersichtlich: Die fingierte Absenderadresse hat in jedem Fall einen tieferen Hintergrund, enthält Anspielungen, die einen viel sagenden Zusammenhang erahnen lassen.

So soll unter der Anschrift Soboth 53 a bis zu seinem Tod ein gewisser Roman Vravnik gelebt haben, von dem in Gerüchten behauptet wurde, er hätte während des Zweiten Weltkrieges in der Waffen SS gedient. Dieser Vravnik sei im Volksmund später ob seiner grauen Haare als „der Graue" bezeichnet worden. Und im Slowenischen heißt „der Graue" wiederum „Sivec". Umgekehrt gab es Meldungen, wonach der Pressesprecher des slowenischen Kulturvereines, Gombocz, sich einmal sogar gemeinsam mit der grünen Nationalratsabgeordneten Stoisits in Soboth aufgehalten hätte. Dabei sei es angeblich um die Pflege von Partisanengräbern bei Soboth gegangen. Der damalige FPÖ-Nationalratsabgeordnete und nunmehrige Volksanwalt Stadler zog daraufhin in seiner parlamentarischen Anfrage folgenden Schluss: „Für den fingierten Absender der Briefbombe lässt sich weitere Hypothese aufstellen: Ein ehemaliger ‚Angehöriger der Waffen SS', ‚der Graue', slowenisch ‚sivec' genannt, ‚missbilligt' die Pflege der Partisanengräber und ‚rächt' sich, indem er Dr. Gombocz mit einer Briefbombe bedenkt. Folgerichtig lautet die Absenderangabe: Mag. Sivetz Franz – Soboth 53 a. Nicht lösen lässt sich jedoch das Rätsel, wie der Einzelgänger Franz Fuchs aus Gralla eine derartige Absenderangabe verfassen konnte ..."

Es scheint hier zwischen dem Opfer und der fingierten Absenderadresse also irgendeine bedeutsame Anspielung vorhanden zu sein. Genauso wie Stadler komme auch ich zu dem Schluss, wie hätte der Einzelgänger Franz Fuchs eine derartige Absenderangabe „aus heiterem Himmel" konstruieren können?
Bei der Wahl der Briefbombenopfer der ersten Serie bleibt im Ganzen gesehen ein Rätsel offen. Warum soll sich Franz Fuchs Persönlichkeiten und Institutionen gesucht haben, mit denen sich auch der Briefbombenverdächtige Franz Radl so intensiv auseinandergesetzt hat? Franz Radl wurde im ersten Briefbombenprozess vorgeworfen, dass sich ausgerechnet auf einer Computerdatei Namen späterer Briefbombenopfer gefunden hätten. Diese Computerdatei war aber schon vor Beginn der ersten Briefbombenserie bei Radl beschlagnahmt worden, und zwar bei einer Hausdurchsuchung am 19. August 1993. Unter anderem soll sich auf dieser Datei auch der Name Gombocz, mit „tz" geschrieben, befunden haben. Von vornherein scheint es dem Betrachter unwahrscheinlich, dass ein Franz Radl, wenn er um die Beschlagnahme seiner Computerdatei weiß, just einige Monate später bestimmte Opfer in Anlehnung an seine Aufzeichnungen auswählen sollte.
Nachdem ausgeschlossen werden kann, dass es eine Verbindung zwischen Franz Radl und Franz Fuchs gegeben hat, gäbe es zwei Möglichkeiten: Franz Fuchs wäre zufällig auf die Opfer der ersten Serie gestoßen oder eben jemand anderer hätte sich an Radls Aufzeichnungen angelehnt.

Briefbombenserie Nummer zwei:

Briefbombe Verlag Lojze Wieser:

An den Verlag
Lojze Wieser
9020 Klagenfurt

Absender:

Dr. Manfred Herzog
Salierigasse 13
5020 Salzburg

Briefbombe Hallein Papier:

An die Fabrik
HALLEIN PAPIER
Personalbüro
5400 Hallein

Absender:

Branko Ivanovic
Bahnhofstraße 7/II
6900 Bregenz

Briefbombe Ausländerberatungsstelle Dornbirn:

An die
Ausländerberatungsstelle Dornbirn
Herrn Paul Nikoltsch
Dr. Beiblstraße(?) 4a
6850 Dornbirn

Absender:

Karoly Czucz
Bahnhofstraße 7/II
6900 Bregenz

Briefbombe Stift Wilten:

An das
Innsbrucker Stift Wilden
Gästehaus der Chorherren
Herrn Abt Schreier
6020 Innsbruck

Absender:

Mag. Silvana Brodnik
Salierigasse 13
5020 Salzburg

Der Staatsanwalt im Fuchs-Prozess, Winklhofer, mutmaßt in seiner Anklage, dass Franz Fuchs Paul Nikolic (auf der Briefbombe falsch geschrieben als Nikoltsch) im Frühjahr 1994 in einem Beitrag zum Thema Rückkehrhilfe für Gastarbeiter in der Sendung „Heimat, fremde Heimat" gesehen haben muss. Zur Briefbombe an das Stift Wilten in Innsbruck (auf der Briefbombe als Stift Wilden bezeichnet) glaubt der Staatsanwalt in ORF-Sendungen der Reihe „Orientierung" beziehungsweise in der „ZIB 2" mögliche Inspirationsquellen für Franz Fuchs entdeckt zu haben. Fuchs selbst gibt einmal zu Protokoll, dass er bei Sendungen wie „Heimat, fremde Heimat" und „Orientierung" schon nach fünf Minuten den Fernsehapparat abgeschaltet hätte. Begründungen für die Briefbomben an das Personalbüro der Papierfabrik Hallein und den Lojze Wieser-Verlag in Klagenfurt lieferte Fuchs in den Vernehmungen nicht. Die Polizei wird in der Anzeige gegen Franz Fuchs festhalten: „Befragt zu den einzelnen Adressaten dieser Briefbombenserie, konnten analog der Motivlage zur Briefbombe an die frühere Frauenministerin Johanna Dohnal keine verwertbaren Aussagen gewonnen werden."

Eine Besonderheit dieser zweiten Serie: Der Briefbombe an die Papierfabrik Hallein war ein mit dem ominösen BBA-Briefkopf versehenes Schreiben beigelegt – mit vier Forderungen:

„Wir fordern:

1.) Verringerung des Arbeitstempos und des Stundenlohns um 20 Prozent und Einstellung anderer einheimischer Arbeitskräfte;
2.) Heimbeförderung aller nicht deutscher Ausländer, die sich länger als fünf Jahre in Deutschösterreich aufhalten, auf Kosten jener Firma, die den Ausländern den ersten österreichischen Arbeitsplatz zur Verfügung gestellt hat;
3.) Heimbeförderung aller nichtdeutschen Ausländerkinder, die älter sind als zwei Jahre, ebenfalls auf Kosten des Arbeitgebers;
4.) Auflösung der Moschee Hallein."

Gerade den letzten Punkt, die Forderung nach der „Auflösung der Moschee Hallein", finde ich einigermaßen bemerkenswert. Dies scheint mir wiederum schwer mit dem Wissen eines Franz Fuchs in

Einklang zu stehen. Genau genommen gibt es in Hallein sogar zwei Moscheen. Dass dieser Umstand gerade dem Vermessungstechniker Franz Fuchs in der Südsteiermark bekannt gewesen sein soll, wage ich zu bezweifeln.
Noch eine Merkwürdigkeit. Ein Fahnder soll diese vier Forderungen mit den Worten „Klingt ja fast sozialdemokratisch" kommentiert haben. Seltsamerweise wird genau dieser Ausspruch in einem späteren BBA-Bekennerschreiben – als Zitat ausgeschildert – erwähnt. Seltsam, seltsam ...
Sehen wir uns als nächstes wieder die fingierten Absenderadressen an. Hier möchte ich einen Punkt herausgreifen, der – wie mir scheint – eine versteckte Botschaft beziehungsweise eine subtile Anspielung enthält. Zweimal wird die Salierigasse – in Verbindung mit Salzburg – angeführt. Zunächst ist ein Aspekt schnell beantwortet: In Salzburg gibt es keine Salierigasse, eine Salierigasse gibt es nur in Wien. Aber das ist nicht das eigentlich Bedeutsame. Der Schöpfer dieser fingierten Absenderadresse scheint etwas anderes im Sinn gehabt zu haben.

Gerade zum Zeitpunkt der zweiten Briefbombenserie befand sich ein gewisser Franz Radl in Untersuchungshaft. Dieser Franz Radl wurde wegen seiner Begabung am Klavier von Freunden „der kleine Mozart" genannt. Und jetzt fällt dem Musikliebhaber oder dem Kinofreak vielleicht auch der berühmte Miloŝ Forman-Film „Amadeus" ein. In diesem Film wird das Leben Mozarts aus der Sicht des Hofkapellmeisters am Wiener Hof, Salieri, geschildert. Zugleich wird Salieris Eifersucht auf Mozart beschrieben. Ist die erwähnte Salierigasse bei der zweiten Briefbombenserie gar eine Anspielung auf das Klavierwunderkind Franz Radl gewesen? Sollte dies tatsächlich der Fall sein, so fragt man sich, wie Franz Fuchs so eine Anspielung gemacht haben soll. Der Name Salieri muss dann jemanden im Innenministerium inspiriert haben: Jedenfalls nannte sich die Briefbomben-Sonderkommission nach der zweiten Serie vorübergehend „Soko-Salieri". Welche Gründe gab es, gerade damals den Namen Salieri als Ermittlungsdecknamen zu wählen?

Briefbombenserie Nummer drei:

Briefbombe Kiesbauer:

An
Arabella Kiesbauer (PERSOENLICH)
Postfach 1310
D-85 767 Unterfoehring

Absender:

Fans of Arabella
Awarenallee 79/1
A 3392 Gerolding

Briefbombe Intercontact Partnervermittlung:

Intercontact Partnervermittlung
Ederstr. 6
4020 Linz

Absender:

Rex Marbod
Markomannenplatz 9
4240 Freistadt

Briefbombe Lübeck/Szameit:

Herrn Obgm.
Dietrich SZAMET (persönlich)
Rathaus Luebeck
D 23500 Luebeck

Absender:

ARGE Primas
Iuvavumring 1
Postfach 530
A 5020 Salzburg

Zunächst zu den Angaben von Franz Fuchs bezüglich der angeblichen BBA-Motive, zusammengefasst von der Polizei. Zur Briefbombe an Arabella Kiesbauer äußerte sich Fuchs dahingehend, dass Kiesbauer an der Spitze der „Kerzerlmarschierer" gestanden sei und sich im Fernsehen öffentlich für die Belange von Ausländern eingesetzt habe. Und weiter: „Befragt über das Motiv, eine Briefbombe an das Partnervermittlungsbüro Intercontact zu senden, erklärte der Verdächtige, dass Kulmer davon lebe, Ausländerinnen ins Land zu schleppen und sich zu rühmen, schon mehr als 60.000 Ehen gestiftet zu haben. Auch seine Ehefrau sei aus Ungarn gekommen ... Zur Briefbombe an den Vizebürgermeister der Stadt Lübeck, Dietrich Szameit befragt, erklärte Fuchs, dieser habe öffentlich erklärt, dass einige Leute zu wenig lang eingesperrt waren, das Strafausmaß sei nicht ausreichend gewesen." So kommentierte der Südsteirer Fuchs in der Vernehmung die Kritik des deutschen Kommunalpolitikers an dem Urteil gegen die Urheber des Synagogenbrandanschlages in Lübeck.

Zur Opferauswahl wird der Staatsanwalt später mutmaßen, Fuchs habe von der Intercontact Partnervermittlung möglicherweise aufgrund von Zeitungsinseraten, einer ORF- bzw. 3-SAT-Fernsehsendung oder durch einen Beitrag im Hörfunkprogramm Ö 1 Kenntnis erlangt. Vom stellvertretenden Lübecker Bürgermeister (auf der Briefbombe falsch als Szamet statt Szameit angegeben) soll Franz Fuchs laut Staatsanwalt entweder aus einem Artikel der *Salzburger Nachrichten* oder einem Beitrag einer TV-Anstalt erfahren haben. Die wenigsten Probleme hatte Staatsanwalt Winklhofer im Fall von Arabella Kiesbauer. Da ging der Staatsanwalt automatisch vom Bekanntheitsgrad der TV-Moderatorin aus.

Bei dieser dritten Serie möchte ich den Brief an Arabella Kiesbauer herausgreifen, und zwar wegen eines der Briefbombe beigelegten Zettels. Darauf fanden sich, wie schon erwähnt, unter anderem die Worte „Ammissah, Ghana". Dies offenbar in Anspielung auf den aus Ghana stammenden Vater von Arabella Kiesbauer, der Sammy Ammisah heißt. Der in den USA lebende Vater von Arabella Kiesbauer ist mit seiner Tochter in den Medien nie gemeinsam aufgetreten. Ich frage daher, wie soll Franz Fuchs eine solche Anspielung zustande bringen, ohne geradezu die Geburtsurkunde von Frau Kiesbauer in Händen zu haben?

Briefbombenserie Nummer vier:

Briefbombe Abou-Roumie:

Familie Dr. Mahmoud ABOU-ROUMIE und
Dr. Dorit ABOU-ROUMIE
2153 Stronsdorf 115

Absender:

Dkfm. Walter OCHENSBERGER
Anlageberatung f. Ärzte
Albrechtsgasse 6 b
3430 Tulln

Briefbombe Loley:

Frau Maria LOLEY
„Poysdorfe ...
Brunngasse 47
2170 Poysdorf

Absender:

Reinhold Elstner
Liga fuer Menschenrechte
Hermanngasse 9
1070 Wien

Briefbombe Chang-Sik Chung:

Familie Dr. Chang-Sik Chung u.
Dr. Hye-Shuk Chung
Zayagasse 9
2130 Mistelbach a. d. Zaya

Absender:

Ärztefunkdienst des ASBÖ
3100 Herzogenburgerstr. 33

Wieder ist grundsätzlich festzustellen, dass Franz Fuchs kaum Angaben zur Motivlage für die Opferauswahl machte. Die Polizei schreibt: „Befragt über die Versendung einer Briefbombe an Dr. Abou-Roumie erklärte Fuchs, dass er eine Mischehe mit einer Österreicherin führe, der jedoch lieber Kranke in Syrien behandeln solle, als im Inland Ärzte zu vertreiben ... Zur Briefbombe an Dr. Hye-Shuk Chung gibt Fuchs keine motivbegründeten Erklärungen ab, sondern verweist in der Niederschrift vom 9. Februar 1998 darauf, dass die Briefbombenserie vier in St. Pölten zur postalischen Aufgabe gebracht wurde. In der Niederschrift vom 9. Oktober verweist er in einem Nebensatz, dass die Briefbombe an Dr. Chung frühzeitig entdeckt und deshalb entschärft wurde. Hinsichtlich der Briefbombe an Maria Loley beschreibt Fuchs lediglich die Funktionsweise des Sprengsatzes, motivbegründende Aussagen tätigte er nicht." Soweit die Polizei in ihrer Darstellung zu den Fuchs-Angaben über die BBA-Motive bei der Opferauswahl der vierten Briefbombenserie. In dieser Auflistung fehlt der bemerkenswerte Satz, den Fuchs einmal in Verbindung mit der Briefbombe an Dr. Abou-Roumie machte, als er meinte, dieser werde schon selber wissen, warum er eine Briefbombe bekommen habe.

Angaben von Fuchs zu angeblichen Motiven in Bezug auf die vierte Briefbombenserie sind also praktisch nicht vorhanden. Das ist ein Faktum. Gerade bei dieser Briefbombenserie frage ich mich bis heute, wie der Südsteirer Franz Fuchs auf die durchwegs im niederösterreichischen Weinviertel beheimateten Opfer gekommen sein soll? Und dieser Punkt war auch ein großes Problem für den Staatsanwalt. Es ist bemerkenswert, welche Überlegungen er zu der Frage anstellt, wie Franz Fuchs seiner Ansicht nach die Opfer ausgewählt haben soll. Der Staatsanwalt in der Anklageschrift zum Opfer Dr. Abou-Roumie:

„Der Beschuldigte erlangte von Dr. Mahmoud Abou-Roumie wahrscheinlich durch einen Medienbericht über den Absturz eines Heißluftballons am 21. Mai 1993 Kenntnis. Bei diesem Unglücksfall hatte der Arzt erste Hilfe geleistet. Denkbar ist auch, dass der Beschuldigte von seinem Opfer erstmalig aus dem Serviceteil der Zeitung *Niederösterreichische Nachrichten* erfuhr, wo Dr. Mahmoud Abou-Roumie öfters als diensthabender Arzt angeführt wurde."

Bei Maria Loley wird der Staatsanwalt spekulieren, dass Franz Fuchs vermutlich spätestens Ende September 1995 von ihr Kenntnis erhielt, als Frau Loley den Menschenrechtspreis der Bruno Kreisky-Stiftung erhielt.

Beim Ärzte-Ehepaar Dr. Chang-Sik Chung und Dr. Hye-Shuk Chung stellte der Staatsanwalt folgende Überlegung an:

„Dr. Chang-Sik Chung und Dr. Hye-Shuk Chung setzten sich seit Mitte der 80er-Jahre in einer in Mistelbach tätigen Gruppe für vietnamesische und koreanische Flüchtlinge ein. Es ist jedoch nicht anzunehmen, dass Franz Fuchs dies bekannt war. Vielmehr dürfte er auf die Familie Chung als mögliche Opfer eines Briefbombenanschlages durch einen Artikel in der Zeitung *KURIER* vom 25. September 1995 gestoßen sein. Darin wurde Hye-Shuk Chung als hilfeleistende Ärztin für ein bei einem zehn Meter tiefen Absturz schwer verletzten Kindes erwähnt. Denkbar ist auch, dass Franz Fuchs, gleich wie von der Familie Abou-Roumie, durch den Serviceteil der *Niederösterreichischen Nachrichten* Kenntnis erlangt hatte. Darin wurde Dr. Hye-Shuk Chung am 12. Oktober 1995 letztmalig gemeinsam mit Dr. Mahmoud Abou-Roumie als diensthabende Wochenärztin angeführt."

Soweit der Staatsanwalt in der Klärung der Frage, wie Franz Fuchs die Opfer der vierten Briefbombenserie ausgewählt habe. Jetzt zu den bei dieser Serie auch äußerst bemerkenswerten fingierten Absendern. Bei der Briefbombe an Dr. Abou-Roumie wird der Name Dkfm. Walter Ochensberger in Verbindung mit einer Anlageberatung für Ärzte angeführt. Der Name Walter Ochensberger war aus der politisch rechten Szene in Österreich bekannt. In einem Prozess im Jahr 1991 in Feldkirch in Vorarlberg wurde Ochensberger zunächst wegen eines Verbotsgesetz-Deliktes zu einer dreijährigen Haftstrafe verurteilt, die später durch den Obersten Gerichtshof auf zwei Jahre reduziert wurde. Wie Franz Fuchs auf den Namen Ochensberger gekommen sein soll, bleibt ebenso ein großes Rätsel wie der Umstand, warum Franz Fuchs von der Tätigkeit Ochensbergers als Vermögensberater gewusst haben soll. In der Vernehmung vor dem Untersuchungsrichter zeigt Franz Fuchs jedenfalls wenig Kenntnisse über Ochensberger. Da heißt es am 8. November 1997 lediglich: „Den Namen Ochensberger habe ich schon einmal wo gehört. Ich kann diesen Namen nicht zuordnen."

Auch die fingierte Absenderadresse für die Briefbombe an Maria Loley ist interessant. Die lautet nämlich „Reinhold Elstner, Liga fuer Menschenrechte, Hermanngasse 9, 1070 Wien". Der Name Reinhold Elstner tauchte schon einmal kurz auf, und zwar als Unterschrift auf jenem Zettel, der der Briefbombe an Arabella Kiesbauer beigelegt war. Reinhold Elstner wurde 1920 in der Tschechoslowakei geboren, lebte bis zu seinem Tod in München. Dort nahm er sich am 25. April 1995 vermutlich aus Protest gegen eine Ausstellung über die Verbrechen der Deutschen Wehrmacht während des Zweiten Weltkrieges das Leben. Er übergoss sich vor der Feldherrenhalle mit Benzin, zündete sich an und starb an den Folgen der schweren Brandverletzungen. Aus dem Schriftverkehr von Elstner wurden übrigens auch Kontakte zu österreichischen Rechtsextremisten festgestellt, wie die Polizei ermittelte. Bei der fingierten Absenderadresse wurde sein Name nun mit der Liga für Menschenrechte, Hermanngasse 9, 1070 Wien verknüpft. Diese Liga für Menschenrechte gibt es tatsächlich, sie ist an der genannten Adresse etabliert. Der angeführte Verein hat in Österreich etwa 700 Mitglieder, und als Präsident fungierte 1995 der damalige ÖVP-Politiker Josef Höchtl.

Völlig rätselhaft bleibt, wie Franz Fuchs auf diese Liga für Menschenrechte gekommen sein soll. Er wird auch das in den Vernehmungen offenbar nicht gefragt, wie sich aus dem Gesamtbild der Vernehmungsprotokolle ergibt. Obwohl diese Frage sehr interessant gewesen wäre. Unter der Bezeichnung „Liga für Menschenrechte" war der Verein im amtlichen Telefonbuch übrigens nicht eingetragen. Wie soll der Mann aus Gralla also auf diese Liga gestoßen sein? Dieser Aspekt wird uns auch später noch einmal kurz beschäftigen (vgl. dazu Kapitel drei, Abschnitt „Vom Sendemasten zum Strommasten").

Auch der Absender des Briefes an das Ärzte-Ehepaar Dr. Chung ist zum Südsteirer Franz Fuchs eigentlich nicht logisch nachvollziehbar. Dort war als Absenderadresse ein Ärztefunkdienst des ASBÖ mit Sitz in der Herzogenburgerstraße in St. Pölten genannt. Die Abkürzung ASBÖ steht für den Arbeitersamariterbund Österreich, eine Rettungs- und Hilfsorganisation, die im Osten Österreichs im Einsatz ist. Nicht aber in der Südsteiermark. Der Arbeitersamariterbund ist demnach der Bevölkerung in Wien und in Niederösterreich ein Begriff. Es wäre wohl auch hier interessant gewesen, von Franz Fuchs zu erfahren, warum er den ASBÖ als fingierten Absender gewählt haben soll. Aber leider: Auch das erfahren wir aus den Vernehmungsprotokollen nicht.

Briefbombenserie Nummer fünf:

Briefbombe UNHCR:

UNHCR, Öffentlichkeitsarbeit
Postfach 550
Wien

Absender:
Thietmar Erzbisch ....
Pressburgerplatz 90/7
5020 Salzburg

Briefbombe Partnerbüro Luksch/Postfach 16:

Postfach 16
9731 Köszeg

Absender:

Luitpold Baykara
Pressburgerplatz 90/7
D-955 Augsburg

Briefbombe Resetarits:

Frau Angela RESETARITS
Rehgasse 1
1210 Wien

Absender:

Mag. Martin ZSIVKOVITS
Dir. des zweisprachigen
Gymnasiums Oberwart
Brunnenstraße 3
7552 Stinatz

Briefbombe Palathunkal:

Familie Palathunkal
Rauchfangkehrergasse 27/6
1150 Wien

Absender:

Edwin Neuwirth-Nachtmann
Help-Redaktion des ORF
1130 Wien

Zunächst wieder die Fuchs-Aussagen zur angeblichen BBA-Motivlage: Befragt zur Briefbombe an Angela Resetarits gab Fuchs an, dass diese mit ihrem Sohn, dem Ostbahn-Kurti, am Wiener Heldenplatz ein kroatisches Lied gesungen habe. Im Rahmen dieser Veranstaltung sei die Niederlage Österreichs mit 100.000 Toten, Plünderungen und Hungersnot gefeiert worden, meinte Fuchs. (Die Veranstaltung, die hier angesprochen wird, war eine zum 50-jährigen Bestehen der Zweiten Republik.) Keine Frage und keine Antwort gab es in den Vernehmungen zum Umstand, wie Fuchs vom Verwandtschaftsverhältnis zwischen Angela Resetarits und ihrem Neffen, Martin Zsivkovits, erfahren haben soll. Zsivkovits wurde als fingierter Absender verwendet. Darüber habe ich ja schon kurz an anderer Stelle berichtet. An dieser Stelle sei diese Merkwürdigkeit der Kenntnis der „Blutsbande" noch einmal besonders hervorgehoben.
Weiter in den angeblichen Motivlagen zur fünften Serie: Zur Briefbombe an die Familie Palathunkal erklärte Fuchs, dass die Methodik dieser Familie, sich in Österreich als Ausländer durchzusetzen, Vorbildwirkung zeige. Man bediene sich des ORF und „die machen das

schon". Der Auftritt in „Help-TV" hätte Vorbildwirkung für andere Ausländer gehabt. (Anmerkung: „Help-TV" berichtete über nachbarschaftliche Probleme, die die Familie gehabt hat.)
Bezüglich der Briefbombe an das Postfach 16, ein Postfach eines Partnervermittlungsbüros in Köszeg in Ungarn, hörte man von Fuchs, dass es sich bei dieser Adresse um eine Vermittlungsagentur von Mädchen aus dem Osten in den Westen handle und dies ein einträgliches Geschäft wäre. Wenn dabei Ungarinnen an Ungarn vermittelt würden, wäre dagegen nichts zu sagen, meinte Fuchs zur angeblichen BBA-Motivlage in der Vernehmung. Keine verwertbaren Aussagen kamen schließlich zur Briefbombe an das UNHCR, das UNO-Flüchtlingshilfswerk.
Der Staatsanwalt hatte es auch bei dieser fünften Serie in seiner Anklageschrift nicht immer einfach zu begründen, woher Franz Fuchs die Opfer kannte. Während man bei Angela Resetarits und der Familie Palathunkal den ORF als mögliche Inspirationsquelle heranziehen kann, ist dies beim Postfach 16 und dem UNHCR schon schwerer nachzuvollziehen. Der Staatsanwalt mutmaßte, dass Franz Fuchs die Adresse des Partnervermittlungsinstitutes einem der zahlreichen Inserate in den Zeitschriften *Bazar* oder *Fundgrube* entnommen haben könnte. Und beim UNHCR könnte, so der Staatsanwalt, ein Straßenplakat als Initialzündung gedient haben. Auf den Werbeplakaten, die um Verständnis für die Not von Flüchtlingen warben, sei jedenfalls auch die Wiener Adresse dieser Organisation angeführt gewesen. Keine weiteren Angaben gibt es dazu, wann und wo Franz Fuchs ein solches Plakat aufgefallen sein soll.
Gleich aus mehreren Gründen besonders bemerkenswert scheint mir die Briefbombe an die in Wien lebende indische Familie Palathunkal zu sein. Wie gesagt, die ORF-Sendung „Help-TV" widmete der Familie am 2. August 1995 einen Bericht, der ihre Schwierigkeiten mit den Nachbarn zum Inhalt hatte. Die Anschrift auf der Briefbombe lautete „Familie Palathunkal, Rauchfangkehrergasse 27/6, 1150 Wien". Die Polizei wird in der Vollanzeige zum Fall Fuchs bei der Staatsanwaltschaft Folgendes festhalten: „Im amtlichen Telefonbuch scheint folgende Eintragung auf: Palathunkal Lissey, 15, Rauchfangkehrergasse 27, Tel ..."

Die Polizei weiter: „Da hier die Nummer 6 (Anmerkung: für die Stiegennummer) nicht angegeben ist, muss davon ausgegangen werden, dass die Opferauswahl auch hier wieder auf einer gewissenhaften Medienauswertung basiert. In der Sendung HELP-TV vom 2. 8. 95 wurde ein Beitrag über die Familie PALATHUNKAL gesendet, in welchem der Hauseingang mit der Hausnummer 27 und der Stiegennummer 6 nur einmal, ca. drei Sekunden lang, zu sehen war."
Soweit die Polizei mit bemerkenswerten Feststellungen. Franz Fuchs müsste demnach einmal mehr das „Superhirn" gewesen sein, das imstande war, die Stiegennummer 6, die nur drei Sekunden lang im Bild war, sofort zu speichern. Natürlich können Sie jetzt einwenden, na ja, wird Fuchs diese Sendung halt per Videorecorder aufgezeichnet haben. Fehlanzeige – Franz Fuchs besaß keinen Videorecorder.
Genauso rätselhaft wie die exakten Angaben zur Empfängeradresse der Briefbombe ist in diesem Fall aber auch der gewählte fingierte Absender. Da heißt es: „Edwin Neuwirth-Nachtmann, Help-Redaktion des ORF, 1130 Wien."
Bleiben wir zunächst beim Letztgenannten, der Postleitzahl 1130 Wien. Der ORF ist im 13. Wiener Gemeindebezirk beheimatet, die gewohnte Postleitzahl für den 13. Bezirk ist die auf der Briefbombe angeführte Postleitzahl 1130 Wien. Der ORF hat als Postleitzahl aber eine eigene, nämlich 1136 Wien. Beim fallweisen Einblenden der Adresse der Help-Redaktion in den jeweiligen Sendungen, so ergaben die Polizei-Ermittlungen, scheint als Postleitzahl stets 1136 Wien auf.
Was will ich mit diesem Detail aufzeigen, was will ich damit sagen? Ein Südsteirer, der aufgrund einer Fernsehsendung eine solche Adresse schreibt, verwendet mit allerhöchster Wahrscheinlichkeit die vom ORF angegebene Postleitzahl 1136 Wien. Jemand, der aber in Wien oder im Wiener Raum ansässig ist und weiß, dass das ORF-Zentrum auf dem Küniglberg im 13. Bezirk beheimatet ist, der begeht vielleicht einen Flüchtigkeitsfehler bei der Postleitzahl und gibt eben 1130 Wien an.
Kommen wir jetzt auf die verwendeten fingierten Absendernamen zu sprechen. Übrigens: Fuchs wird zwar zum Namen „Nachtmann"

befragt, nicht aber zum Namen „Neuwirth". Es handelt sich hier ja nicht um eine Person mit einem Doppelnamen, sondern um zwei physische Personen. Beide hatten sich zuvor wegen Verstößen gegen das NS-Verbotsgesetz vor Gericht zu verantworten. Für die Konstruktion dieser fingierten Absenderadresse ist also einmal mehr Wissen über Vorgänge im politisch rechten Lager erforderlich. Ein Wissen, das Fuchs meiner Ansicht nach nicht einmal ansatzweise erkennen ließ.

VIII.3.4. Briefbombe PALATHUNKAL

Anschrift::

Familie PALATHUNKAL
Rauchfangkehrergasse 27/6
1150 Wien

Die tatsächliche existierende Familie PALATHUNKAL stammt aus Indien und ist unter der angeführten Adresse wohnhaft. Im Telefonbuch scheint folgende Eintragung auf:

PALATHUNKAL Lissey
15, Rauchfangkehrergasse 27
Tel.: 8127250 (8927250)

Da hier die Nummer 6 nicht angegeben ist, muß davon ausgegangen werden, daß die Opferauswahl auch hier wieder auf einer gewissenhaften Medienauswertung basiert. In der Sendung HELP-TV vom 2.8.95 wurde ein Beitrag über die Familie PALATHUNKAL gesendet, in welchem der Hauseingang mit der Hausnummer 27 und der Stiegennummer 6 nur einmal, ca. drei Sekunden lang, zu sehen war. Der Beitrag handelt über nachbarschaftliche Schwierigkeiten.

Absender:

Edwin Neuwirth-Nachtmann
Help-Redaktion des ORF
1130 Wien

Erhebungen bei der HELP-Redaktion des ORF ergaben, daß dort keine Person dieses Namens beschäftigt ist. Beim fallweisen Einblenden der Adresse in den jeweiligen Sendungen scheint als Postleitzahl immer 1136 auf.

Auszug aus der Strafanzeige gegen Franz Fuchs

Briefbombenserie Nummer 6:

Wie gesagt: eigentlich keine Serie, weil nur eine Briefbombe zur Versendung gelangte, die Polizei spricht trotzdem von einer Serie.

Briefbombe Ingrisch:

S. g. Frau Lotte Ingrisch
Rindlberg 98
3972 Bad Großpertholz

Absender:

Astroline
Institut f. Astrologie
Kaiserstr. 24/3
1100 Wien

Dazu ist Folgendes festzuhalten: Lotte Ingrisch ist die Stiefmutter des damaligen Innenministers Caspar Einem. Ihr Haus in Bad Großpertholz im Waldviertel in Niederösterreich hatte sie schon im Dezember 1995 verkauft. Die Versendung der Briefbombe erfolgte am 29. November 1996. Rein theoretisch müsste Franz Fuchs also die Adresse von Frau Ingrisch im Waldviertel schon seit geraumer Zeit gekannt haben, dem amtlichen Telefonbuch 1996/1997 war die Rindlberger Adresse nämlich nicht mehr zu entnehmen, weil das Haus nicht mehr im Besitz von Lotte Ingrisch war und sie damit auch über keinen Telefonanschluss mehr verfügte.
Bei der fingierten Absenderadresse ist dem Verfasser ein Flüchtigkeitsfehler passiert, der wiederum eher jemandem unterläuft, der in Wien zu Hause ist, beziehungsweise sich in Wien gut auskennt. Das Institut für Astrologie von Albine Pauline Schneider befindet sich im 10. Wiener Gemeindebezirk, und zwar in der Kaistraße. Der fingierte Absender trug aber den Straßennamen Kaiserstraße. Diese ist wiederum im 7. Wiener Gemeindebezirk zu finden. Ein Irrtum, der wahrscheinlich jemandem passiert, der öfters durch die Kaiserstraße im 7. Bezirk fährt oder diesen Straßennamen eben besser kennt.

Kein Zufall bei der Briefbombe an Lotte Ingrisch war sicher, dass als Absender ein Astrologie-Institut gewählt wurde. Das war eine Anspielung auf das Interesse von Lotte Ingrisch an Grenzwissenschaften und Jenseitsforschung. Zu diesem Hintergrund kommt von Fuchs in den Vernehmungen praktisch nichts. Zur angeblichen BBA-Motivlage sagt Fuchs lediglich, dass Frau Ingrisch ein gotteslästerndes Werk (Libretto zu „Jesu Hochzeit" von Gottfried von Einem) geschrieben hätte, religiöse Symbole herabgewürdigt und in diesem Zusammenhang vom Obersten Gerichtshof Recht bekommen habe. Ob das alles das tatsächliche Motiv der BBA-Briefbombe an Lotte Ingrisch war, darf wohl bezweifelt werden ...

Interessante Zeugen zu Oberwart

Am Abend des 4. Februar 1995 wird nahe der Roma-Siedlung die Bombe von Oberwart hinterlegt. Beim Gendarmerieposten in Oberwart wird sich einige Tage später eine Frau melden, die Interessantes zu berichten weiß. Ihre Aussage ließe nämlich den Schluss zu, dass der Anschlag von Oberwart eine exakte Vorbereitung erfahren hätte. Die Zeugin gibt an, sie habe in der Nacht vom 2. auf den 3. Februar 1995 einen Mann in einer Telefonzelle in Oberwart wahrgenommen und dabei einen äußerst merkwürdigen Satz gehört, der später für sie aufgrund des Terrorgeschehens besondere Bedeutung erhalten sollte. Dieser Mann soll nach Angaben der Frau gesagt haben: „Ich habe das Krankenhaus gefunden, aber nicht die Siedlung."
Hat hier jemand den Aufstellungsort für die Bombe in Oberwart erkundet? Und diesen dann nicht gleich gefunden? Sie werden mir Recht geben, wenn ich behaupte, dass sich Franz Fuchs kaum selbst aus einer Telefonzelle in Oberwart anrufen wird. Wie aus den polizeilichen Aufzeichnungen zu entnehmen ist, wurde die Zeugenaussage durchaus ernst genommen, die Zeugin wurde beim Grazer Fuchs-Prozess allerdings nicht gehört.

Eine andere Zeugenaussage befasst sich mit den Ereignissen am Abend des 4. Februar 1995. Hier teilt ein Zeuge mit, dass ihm ein Freund aus der Siedlung erzählt habe, dass er mit drei späteren Anschlagsopfern unterwegs gewesen sei. Dabei hätten die Männer zwei Autos beobachtet, die in der Nähe der Unterführung angehalten hätten, und dass Männer mit weißer Kleidung etwas auf die Straße gestellt hätten. In dieser Darstellung ist also ausdrücklich von mehreren Männern in weißer Kleidung die Rede, ohne allerdings eine genaue Zahl zu nennen. In der Anklageschrift gegen Franz Fuchs scheint der Staatsanwalt sich zwar auf diese Zeugenaussage zu berufen, seine Darstellung sieht dann aber nicht mehr die Mehrzahl in der Angabe von möglichen Hinterlegern der Bombe von Oberwart vor, sondern die Einzahl. Beim Staatsanwalt im Fuchs-Prozess klingt das auf Seite 103 wörtlich so: „Karl Horvath und Erwin Horvath sahen bei einer zwischen 23 Uhr und 23.15 Uhr gemeinsam mit Josef Simon durchgeführten Nachschau einen hell gekleideten Mann im Bereich der Unterführung, ohne diese Wahrnehmung genauer zu kontrollieren ..."

Zu Ronald H o r v a t h nun folgendes:
Dieser hat mir persönlich erzählt, daß er am Anschlagabend zusammen mit Josef S i m o n, mit Erwin und Karl HORVATH unterwegs war.
Damals konnten sie dann 2 Pkw's beoachten, wie diese in der Nähe der Unterführung anhielten und Männer mit weißer Kleidung stellten etwas auf die Straße. Wieviele Männer es waren, sagte er mir nicht.

Zeugenaussage eines Bewohners der Roma-Siedlung von Oberwart zum Anschlagsabend

der Siedlung auf. Karl Horvath und Erwin Horvath sahen bei einer zwischen 23 Uhr und 23.15 Uhr gemeinsam mit Josef Simon durchgeführten Nachschau einen hell gekleideten Mann im Bereich der Unterführung, ohne diese Wahrnehmung genauer zu kontrollieren. Um ca.23.30 Uhr kehrte Eveline Horvath mit

Auszug aus der Anklageschrift des Staatsanwaltes im Fall Fuchs

Die fehlende Laboreinrichtung und die Ostblock-Bauteile

Franz Fuchs gab in den Vernehmungen zur Sprengstoff-Chemie wenig zum Besten. Am 21. Oktober 1997 meinte er vor dem Untersuchungsrichter und den Polizeibeamten: „Ich besitze erstens zu geringe verfahrenstechnische Kentnisse, um Sprengstoffe gefahrlos herstellen zu können und besitze insbesondere keine Laboreinrichtung zur Herstellung beliebiger Stoffe. Ein solches Labor ist unbedingt erforderlich, wenn man so etwas machen würde. Wenn man ausschauen will wie der Niki Lauda, kann man sich auch mit Kaffeehäferln behelfen."

Das Nachrichtenmagazin *Profil* veröffentlichte in der Ausgabe vom 18. Jänner 1999, also wenige Tage vor Beginn des Fuchs-Prozesses, Auszüge aus dem Gerichtsgutachten der Kriminaltechnischen Zentralstelle im Innenministerium in Bezug auf die Chemie beziehungsweise die Sprengstoffe der BBA. Bei Franz Fuchs wurden bei der Hausdurchsuchung kleine Mengen an Sprengstoffen gefunden, die laut Gutachten eine hohe Übereinstimmung mit den Brief- und Rohrbomben-Sprengstoffen aufwiesen. Fuchs sagte stets, er habe Material von der BBA bekommen. Und die Gutachter konnten den Fuchs-Angaben, er hätte das Material von der BBA bekommen, auch nicht wirklich widersprechen. Sie fanden nämlich keine Hinweise, dass die Sprengstoffe in der Wohnung von Fuchs hergestellt worden wären. *Profil* schrieb dazu, aus dem Gutachten zitierend: „Zum Thema Nitroglycerin: Bei Franz Fuchs wurden aber weder die für die Nitroglycerinsynthese erforderlichen Chemikalien, Glasgefäße und Laborhilfsmittel gefunden, noch wurden Spuren (Säureflecken, Korrosionsspuren etc.) entdeckt, die auf Syntheseversuche hindeuten. Zum Thema Quecksilberfulminat: Zur erfolgreichen Ausführung ist aber zusätzlich experimentelles Know-how erforderlich, das sich vermutlich nur durch intensive Versuche erlangen lässt. Bei der Hausdurchsuchung wurden weder Hinweise auf Experimente (z. B. Säurereste, Flecken von Quecksilberverbindungen) gefunden, noch konnten die erforderlichen Rohstoffe wie Salpetersäure, Quecksilber und Salzsäure sichergestellt werden."

Auch beim Silberfulminat merkte die KTZ in ihrem Gutachten gewisse Zweifel an und wies auf dessen Gefährlichkeit hin, weil Silberfulminat schon bei der geringsten Reibung zur Explosion neige. Auch seien die wesentlichen Chemikalien zur Herstellung von Silberfulminat bei Fuchs nicht gefunden worden, ergänzte die KTZ. Wie gefährlich Silberfulminat sein kann, erfuhren Bundesheer-Experten bei ihren Untersuchungen im Terrorfall. Den Experten detonierte das Silberfulminat zweimal unter den Händen. Beim Fuchs-Prozess kam dann bei der Erörterung der Bombenchemie auch das Thema Dämpfe und Gerüche auf. Ein Chemiker räumte vor Gericht ein, dass es in der Fuchs-Wohnung, sollten die Sprengstoffe dort hergestellt worden sein, übel gerochen haben müsste. Das wiederum müsste den Eltern aufgefallen sein, diese hätten sich vielleicht belästigt gefühlt.

Viele Fragen sind nicht nur in Verbindung mit der Bombenchemie offen geblieben, auch bei den Bauteilen für die Brief- und Rohrbomben sind in meinen Augen nach wie vor zahlreiche Dinge rätselhaft. Vor allem jene, woher Franz Fuchs gewisse Bauteile bezogen haben soll. In der Vollanzeige zum Fall Fuchs stellt die Polizei auf Seite 199 in Verbindung mit elektronischen Bauteilen bei den Briefbomben fest: „Die Täterschaft hat/hatte Zugang zu Bauteilen, die in den ehemaligen Warschauer Pakt Staaten vor ungefähr 20 Jahren produziert worden sind.“ Auf Seite 65 dieses Polizei-Aktes, Bezug nehmend auf die Strohhalme, die bei den Briefbomben verwendet wurden, heißt es: „Die Strohhalme, ein gelber und ein rosafarbener mit drei Millimeter Durchmesser aus Polyvinylchlorid könnten aus Osteuropa (ehemaligen Warschauer Pakt Staaten) stammen, da im Westen Trinkhalme meist aus Polypropylen sind.“

Bei der Briefbombe an das Ärzte-Ehepaar Chung in Mistelbach wurde eine Germaniumdiode verwendet. In der polizeilichen Vollanzeige heißt es dazu: „Aufgrund der Herstellungsart kann gesagt werden, dass diese Diode aus einem ehemaligen Warschauer Pakt Staat stammt, da diese Herstellungsmethode im Westen nie angewandt wurde.“

Der mysteriöse Fuchs-Brief

Im Schlafzimmer der Fuchs-Wohnung wurde bei der Hausdurchsuchung ein mehrseitiges Schreiben gefunden, das einem BBA-Bekennerschreiben zumindest ähnelt. Es trägt allerdings keinen BBA-Briefkopf. Im Gegensatz zu den auf Tintenstrahldruckern ausgedruckten BBA-Schreiben wurde dieses Schreiben auf dem bei Franz Fuchs sichergestellten Nadeldrucker ausgedruckt. Auf dem Brief finden sich einige handschriftliche Überarbeitungen. Das Schreiben, vor allem sein Inhalt, ist eigentlich mysteriös. Beim Grazer Fuchs-Prozess findet der Brief wenig Beachtung. Und das, obwohl das darin wiedergegebene Wissen zweifelsohne mehr Aufmerksamkeit verdient hätte. Die Fuchs-Angaben zu diesem Brief sind merkwürdig und widersprüchlich. Einmal sagte er, er habe das Schreiben im Winter 1996 verfasst. Dann wieder gab er das Entstehungsdatum mit Frühjahr 1997 an. Nachdem in dem Schreiben auf ein baldiges Ereignis im Waldviertel hingewiesen wird, deuten die Ermittler dies als Hinweis auf die Briefbombe an Lotte Ingrisch, womit der Brief im Herbst 1996 entstanden sein müsste.

Warum Franz Fuchs dieses mysteriöse Schreiben aufgehoben hat, ist genauso rätselhaft wie etwa das Aufbewahren von Schaltplänen, die ihn ja in den Augen von Polizei und Justiz eben als BBA-Täter belasteten.

Am 28. Oktober 1997 sagte Fuchs in der Vernehmung über dieses Schreiben aus: „Ja, ich habe diesen Brief verfasst und mit meinem Drucker zu Hause ausgedruckt ... In diesem Brief sind aber verschiedene Kapitel enthalten, für die ich nicht alleine verantwortlich zeichne. Das Kapitel über die Chiffrierung der Bekennerbriefe habe jedenfalls nicht ich verfasst." Gemeint ist damit eine Textstelle, die eine ungewöhnlich lange Auseinandersetzung mit dem chiffrierten BBA-Bekennerschreiben vom September 1996 enthält. Aber auch über dieses Kapitel hinausgehend, das Fuchs – wie er sagt – nicht allein verfasst haben will, zeugt der Inhalt des Briefes von einem merkwürdigen Wissen. Man ist versucht, abermals geradezu von einem Insiderwissen zu sprechen. Ein Insiderwissen, das weniger mit der BBA zu tun hat als mit den Vorgängen bei den Ermittlungen im Terrorfall. Am beeindruckendsten scheint mir die Darstellung der Entschlüsselungsmethoden zu sein, die der Mitarbeiter des Heeres-Nachrichtenamtes offenbar tatsächlich angewandt hat, um das codierte Schreiben der BBA zu decodieren, also zu entschlüsseln. Nirgends wurde in Österreich Genaueres publiziert, wie denn dem HNA-Mitarbeiter die Entschlüsselung gelungen sein soll. In dem bei Fuchs gefundenen

Brief wird nun geradezu mit Wissen darüber geprahlt. Aus meiner Sicht kann einen solchen Text nur jemand verfassen, der nahe am Geschehen der Ermittlungen war. Schon der Einstieg in diese Passage des Briefes mit der Anspielung auf den Sitz des Heeres-Nachrichtenamtes in Wien-Hütteldorf zeigt eine unglaublich verspielte Genauigkeit. Der entsprechende Auszug des bei Fuchs gefundenen Schreibens:

> Ein weiterer Scherz ist daran gescheitert, daß beim Hütteldorfer Heeresnachrichtenamt ein Mathematiker, der nicht nur blitzartig ein Programm zur Umwandlung und Rückumwandlung von Klartext in Zahlen schrieb, sondern der auch die Wurzel des Primzahlproduktes auf mehrere hundert Dezimalstellen genau berechnete und wegen der langen Neunersequenz hinter dem Komma auf die Lösung stieß. Er bediente sich gewissermaßen der Blickdiagnose eines Experten, was bekanntlich den klassischen Anthropologen von den Umvolkern unter Berufung auf die Genetik-Alchimisten ständig angekreidet wird, sind diese doch der Meinung: „Warum einfach, wenn es auch komliziert geht?" Dann rundete der Mathematiker die Wurzel, das geometrische Mittel auf - und erhielt das arithmetische Mittel. Aus diesem und der doppelten Differenz zwischen den beide Mittelwerten berechnete er die Abweichung der Faktoren vom arithmetischen Mittelwert entsprechend dem folgenden Beispiel:
>
> Produkt = 680621 (=827 mal 823);
> Wurzel = geometrisches Mittel = 824.997576 (Neunersequenz = .99)
> arithmetisches Mittel (wahrscheinlich) 825.0
> Differenz der Mittelwerte = 0.00242425;
> Abweichung vom Mittelwert = J (825.0 mal 2.0 mal 0.00242425) = 2.0;
> Faktoren = 825 +- 2, also 827 und 823.
>
> Wenn es stimmt, daß die USA, Großbritannien, die BRD und Israel diesen Lösungsansatz übersehen haben, dann gehört er zur Belustigung der Welt unter dem Titel „Hütteldorfer Hirnschmalzmethode" veröffentlicht. Es wäre ZU lustig gewesen und hätte wunderbar in die heutige Zeit gepaßt. Hatte auch in Österreich ein Angelernter an einem riesigen Blechtrottel lineare Gleichungssysteme aufgestellt und wochenlang gerechnet.
>
> UM DIE FAHNDUNGSKOSTEN AUF EIN NIVEAU ZU HEBEN, DAS DER BEDEUTUNG UNSERER ANLIEGEN GERECHT WIRD, um die Wichtigkeit eines mit einer angemessenen Großcomputeranlage ausgestatteten Heeresnachrichtenamtes für die Sicherheit unserer Heimat verständlich zu machen und um einen Zeitvorsprung zu gewinnen, wickelt die BBA in Hinkunft ihre gesamte Kommunikation mit Außenstehenden über eine Verzögerungschiffrierung ab. Zudem wird sichergestellt, daß außer den harmlosen Zeitgenossen aus dem Innenministerium, die an ihrem geschützten Arbeitsplatz vor sich hindösern, auch ein paar Intelligenzler das Budget der Ethnomorphose-Verfechter belasten.

Beilage zum Vernehmungsprotokoll

An anderer Stelle des bei Fuchs sichergestellten Schreibens heißt es wörtlich:
„Es kommt auch Freude auf, wenn unser österreichischer Oberspion höchstpersönlich eine signifikante Dominanz der Ziffer 8 bei nachweislichen Zufallszahlen feststellt, in der Öffentlichkeit kommentiert und eine zigmillionenteure Fahndung nach solchen Visionen ausrichtet. Die Öffentlichkeit freut sich bestimmt auf den nächsten Galimathias der amtlichen Imagepfleger, mit dem offensichtlich Fehlerloses falsifiziert werden soll."
Ich wüsste bis heute gerne, welche Aussage welches „Oberspions" damit gemeint war. Und welche Fahndung soll da in Gang gebracht worden sein rund um die Dominanz der Ziffer 8?
Originell ist jedenfalls, dass hier das Wort Oberspion verwendet wird. Denn das hat mich beim Lesen an eine merkwürdige Parallele erinnert. Ein im Dezember 1996 an das Nachrichtenmagazin *Profil* gerichtetetes BBA-Bekennerschreiben sprach in der Polemik von einem „Oberspy". Hier wurde also für Spion das englische Wort „spy" verwendet. Dieses BBA-Schreiben wiederum wurde damals vom Innenministerium als nicht authentisch qualifiziert. Mysteriöse Briefe gab es also, wie Sie schon bemerkt haben, in Hülle und Fülle.
Zurück zu dem bei Fuchs sichergestellten Schreiben. Für erklärungsbedürftig halte ich im Lichte des sonstigen Sprachschatzes des Südsteirers Franz Fuchs den vorhin zitierten Begriff „Galimathias". Man muss schon einige Mühe aufwenden, um dieses Wort zu übersetzen, und ich hätte wirklich gerne gewusst, woher der Südsteirer Franz Fuchs diesen Ausdruck kannte. „Galimathias" kommt aus dem Französischen und heißt „verworrenes Geschwätz".
Interessant sind in dem bei Fuchs sichergestellten Schreiben auch die weiteren Ausführungen bezüglich der Ermittlungsarbeit in dem Terrorfall. In den Vernehmungen hat Fuchs erklärt, diese Passagen verfasst zu haben. Ich will Ihnen nicht vorenthalten, wie Fuchs dies in der Vernehmung am 17. Dezember 1997 begründete: „Zur damaligen Zeit wusste ich zwar, dass der Lauschangriff noch nicht gesetzlich in Kraft getreten war, ich dachte mir aber, die Fahnder würden bereits zu diesem Zeitpunkt illegal versuchen, mit Richtantennen meinen

Computerbildschirm abzuhören ... Nachdem ich den Kleinbus gesehen hatte und der fixen Meinung war, ich werde von Mitgliedern der Sonderkommission observiert, ging ich nach Hause und setzte mich zum Computer. Dort schrieb ich absichtlich sehr polizeikritische Schreiben, um damit noch mehr Provokation gegenüber den vermutlichen Fahndern zu signalisieren."
Soweit Franz Fuchs. Die polizeikritischen Passagen in dem Schreiben lauten unter anderem so:

Übereinstimmenden Medienberichten läßt sich entnehmen, daß unsere deutschfeindliche und papstfeindliche Herrenkaste eine Kompanie von 100 Mann unterhält, deren alleiniger Auftrag darin besteht, unsere deutschösterreichische Widerstandsbewegung aufzuspüren und zu zerschlagen. Aufgrund des überaus bescheidenen Jahresbudgets unserer Gegenr von etwa 300 Millionen Schilling und des inferioren intellektuellen Niveaus im politisch gesäuberten Parteibuchministerium für Inneres obsiegten bislang die Gerechten und Wehrbereiten aus dem antiken Volksstamm der Bajuwaren den Chaoten, Streunern, Umvolkern, Völkermördern und Heiden.
<Erheiternd wirkte der schon> zur Gepflogenheit gewordene Galimathias der amtlichen Imagepfleger, wonach in.
Da 100 *hundert geklonte Köpfe* Einheitsköpfe im Innenministerium nicht zu wesentlich anderen *andersartigen* Ergebnissen gelangen können als eine Einzelperson, stammen die wertvollsten Arbeiten unserer Gegenseite bisher von Personen außerhalb des Innenministeriums. Zumeist arbeiten diese Fachleute innerhalb oder im Umfeld des bunt zusammengewürfelten, interessens- und niveaumäßig in alle Richtungen weit gestreuten und daher in alle Richtungen zu beachtenswerten Spitzenleistungen fähihen Wehrpflichtigenheeres. Beim Heer mangelt es wiederum an Material; auf Dauer können kluge Köpfe keine Cray zum Preis eines Abfangjägers ersetzen. Mit Belustigung nahm man wahr, daß der machtgeile Einem noch vor wenigen Monaten das HNaA liquidieren wollte, jetzt aber auf dessen Unterstützung angewiesen ist. Das Schlagwort von einer wissenschaftlichen Polizei ist höchstens ein Schaumschlag, weswegen die Sitzenbleiber, Langzeitstudenten und Spätberufenen in den Führungsetagen der Exekutive jetzt auf den gleichzeitigen Einsatz von bis zu 20 000 Stand- und Bewegungsobservanten setzen.

Beilage zum Vernehmungsprotokoll

Der letzte hier zitierte Satz ist aus mehreren Gründen bemerkenswert. Zunächst ist von einer wissenschaftlichen Polizei die Rede. Genauso gibt es eine Anspielung auf Langzeitstudenten bei der Polizei. Sollte dies gar ein perfider Hinweis auf den Kriminalpsychologen Müller sein, der während seines Polizeidienstes mit Fleiß noch ein

Psychologiestudium absolvierte und eben jetzt wissenschaftlich im Innenministerium tätig ist?

Seltsam ist die Auseinandersetzung mit den Gegebenheiten bei der Terrorfahndung. Tatsächlich waren bis zu 100 Mann in Diensten von Sonderkommission und EBT. Welches Interesse sollte ein Franz Fuchs eigentlich haben, sich sogar mit dem Budget der Fahnder auseinanderzusetzen? Der Hinweis auf das Parteibuchministerium ist wohl eigentlich auch eher für einen Insider interessant als für einen Franz Fuchs! Allein schon die Wahl der Wortstellung verdient Aufmerksamkeit. Das Schreiben spricht vom Parteibuchministerium für Inneres analog zur korrekten Bezeichnung „Bundesministerium für Inneres".

Ebenso bemerkenswert ist die Feststellung vom – wie es in dem Schreiben heißt – gleichzeitigen Einsatz von bis zu 20.000 Stand- und Bewegungsobservanten. Was war damit gemeint? Ich hätte dies von einem Franz Fuchs wirklich gerne beantwortet gehabt! Hat diese Bemerkung gar die geheime Postkastenüberwachungsaktion angesprochen? Jene Aktion mit den Sensoren in 2000 von insgesamt mehr als 20.000 Postkästen, von der die österreichische Öffentlichkeit aber erst im Mai 1998 durch eine Parlamentsrede des damaligen Innenministers Schlögl erfuhr, also nach der Sicherstellung dieses bei Fuchs gefundenen Schreibens. Der Innenminister betonte noch, wie geheim diese Aktion abgelaufen sei. Sie werden mir zweifellos Recht geben, dass dieses „Fuchs-Schreiben" im Lichte solcher Überlegungen eine äußerst merkwürdige Dimension bekommt und hier Aufklärungsbedarf besteht.

An diesem Schreiben gibt mir noch etwas zu denken. Zugegeben, ein subjektiver Eindruck. Aber eben auch erklärungs- und aufklärungsbedürftig. Ich spreche von den handschriftlichen Anmerkungen auf diesem Schreiben. In einem konkreten Fall gewann ich nämlich den Eindruck von zwei verschiedenen Handschriften bei einer Ausbesserung des über den Computer ausgedruckten Schreibens.

An der Stelle „100 Einheitsköpfe im Innenministerium" werden über den Computertext die Worte „hundert geklonte Köpfe" gesetzt. Und das sieht dann so aus:

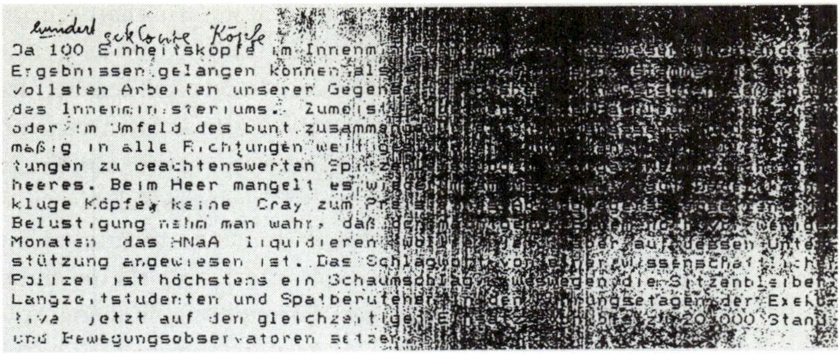

hundert geklonte Köpfe
Da 100 Einheitsköpfe im Innenm
Ergebnissen gelangen können als
vollsten Arbeiten unserer Gegen
des Innenministeriums. Zumeist
oder im Umfeld des bunt zusamme
mäßig in alle Richtungen weit
tungen zu beachtenswerten Spitzen
heeres. Beim Heer mangelt es wi
kluge Köpfe, keine Cray zum Pr
Belustigung nahm man wahr, daß
Monaten das HNaA liquidieren
stützung angewiesen ist. Das Schlag
Polizei ist höchstens ein Schaumschl
Langzeitstudenten und Spätberufene
tive jetzt auf den gleichzeitige
und Bewegungsobservatoren setzen

Auszug aus einem Schreiben, das bei Franz Fuchs bei der Hausdurchsuchung gefunden wird

Die seltsamen Drehungen des BBA-Terrors

Der Historiker Andreas Schwarcz vom Institut für Geschichtsforschung an der Universität Wien wird nach der Fuchs-Verhaftung im Nachrichtenmagazin *Profil* in der Ausgabe vom 13. Oktober 1997 Folgendes feststellen:

„Mir scheint die regionale Verteilung der Attentatsserien im Lichte eines Einzeltäters nicht nachvollziehbar. Was hat ein syrischer Arzt in Niederösterreich oder ein Lübecker Vizebürgermeister mit der slowenischen Minderheit in Südösterreich zu tun?"

Ich schließe mich dieser Skepsis des Wissenschafters an. Mag sein, dass als Gegenargument zu dieser Fragestellung sofort die Antwort kommt: „Na ja, das ist eben das Irrationale an einem psychisch kranken Einzeltäter, dass er nicht logisch nachvollziehbare Aktionen setzt." Vor diesem Diskussionshintergrund darf ich Sie ersuchen, mir auf einer besonderen Reise durch die Jahre des Terrors zu folgen, die eine Reihe merkwürdiger Dinge auflisten wird. Ausgangspunkt einmal mehr: der Zweifel an einem Einzeltäter Franz Fuchs. Der BBA-Terror zeigt viel Komplexität, meiner Ansicht nach eben zu viel Komplexität für das Werk eines Einsiedlers ohne besondere Wissensquellen oder Archive. Nach meinen Recherchen stelle ich daher fest: Der Regisseur des BBA-Terrors kann nicht Franz Fuchs heißen. Man gewinnt den Eindruck, dass sich gewisse Terrorereignisse an gewisse

Vorgänge anlehnen, sich manchmal – so scheint es – mitdrehen. Was meine ich damit? Einmal scheint es, als ob eine rechtsgerichtete Akademikerzeitung als Inspirationsquelle für das terroristische Handeln dienen würde, ein anderes Mal scheint sich das Geschehen geradezu parallel zur Ermittlungsarbeit der Polizei zu entwickeln. Diese Gesichtspunkte kratzen am Bild des Einzeltäters Franz Fuchs.

Merkwürdige Ansätze zeigt schon der Beginn des Terrorgeschehens im Dezember 1993. Kurz davor, im September 1993, wird Gottfried Küssel, der Gründer und Anführer „der volkstreuen außerparlamentarischen Opposition VAPO" zu zehn Jahren Haft verurteilt. (Das Urteil wurde ein Jahr später in einer wiederholten Hauptverhandlung auf elf Jahre erhöht.) Im Handbuch des österreichischen Rechtsextremismus, herausgegeben vom Dokumentationsarchiv des österreichischen Widerstandes, 2. Auflage 1996, wird erwähnt, dass eine neonazistische Hilfsgemeinschaft für nationale politische Gefangene in ihrer Zeitung (Ausgabe November/Dezember 1993) kryptisch von der Versendung von „zehn Briefen für zehn Jahre" geschrieben hätte. Kannte die BBA einen solchen Artikel und setzte sie ihn bei der ersten Briefbombenserie um? Schließlich kamen dann genau zehn Briefe zum Versand. Ein Zufall?

Ein anderer Denkansatz: In Österreich herrschte in diesem Jahr 1993 eine politisch aufgeheizte Stimmung. Zu Jahresbeginn hatte die FPÖ mit ihrem Ausländervolksbegehren die Debatte über die Asyl- und Zuwanderungspolitik zugespitzt. Die Auseinandersetzung zog sich über das ganze Jahr hin. War es nun ein Zufall, dass ausgerechnet in diesem Zeitraum eine „Bajuwarische Armee" gegen ausländerfreundliche Politiker und Organisationen zu bomben begann? Genau in diese aufgeheizte politische Stimmung hinein soll nun ein unpolitischer Mensch wie Franz Fuchs mit der Versendung von zehn Briefbomben eingegriffen haben? Ein politischer Biedermann, bisher ohne besonderes Interesse an politischen Vorgängen, soll plötzlich zum hochpolitischen Terroristen werden? Die erste Briefbombenserie hatte bekanntlich die Verhaftung von Exponenten der rechten Szene zur Folge. Die Staatspolizei ermittelte kreuz und quer durch Österreich in politisch rechtsgerichteten Kreisen. Die Ermittlungen führten die Staatspolizei im April 1994 dann zu den Exponenten einer so genannten „Historiker-Arbeitsgemeinschaft für Kärnten und Steiermark". Im vorhin bereits erwähnten Handbuch des österreichischen Rechtsextremismus werden die Angehörigen dieser Arbeitsgemeinschaft dem rechtsextremen Lager zugezählt. Bei einem der damaligen Exponenten dieser Historiker-Arbeitsgemeinschaft, dem Pensionisten Ing. Franz St., wurde am 13. April 1994 in Klagenfurt durch Beamte der Einsatzgruppe zur Bekämpfung des Terrorismus EBT eine Hausdurchsuchung durchgeführt. Wie die Journalisten Kurt Tozzer und Günther Zelsacher in ihrem Buch „Bombenspuren" später feststellen werden, löste ein Artikel von Franz St. bei den Beamten besonderes Interesse aus. In diesem Artikel wandte sich Franz St. gegen die Errichtung einer slowenischen Schule in der Steiermark. Die Hausdurchsuchung erfolgte, wie gesagt, im April 1994.

Seltsam ist nun, dass sich der BBA-Terror wenige Monate später gegen die slowenische Volksgruppe in Österreich richten wird. Und zwar mit dem Rohrbombenanschlag in Klagenfurt auf die zweisprachige Volksschule. Was soll Franz Fuchs inspiriert haben, sich nun plötzlich nach den zehn Briefbomben vom Dezember 1993 ausgerechnet im August 1994 der slowenischen Volksgruppe zu widmen? Tief greifende Antworten ist der Fall Fuchs auch in dieser Hinsicht schuldig geblieben.

Dann zu den tragischen Februarereignissen 1995 mit dem Anschlag auf die vier Angehörigen der Volksgruppe der Roma in Oberwart. Der Zickzackkurs des BBA-Terrors nimmt jetzt nach der slowenischen Volksgruppe in Kärnten die Volksgruppe der Roma und auch gleich mit dem Rohrbombenanschlag von Stinatz die kroatische Volksgruppe ins Visier.

Die Bombe von Oberwart ist als Tafel konstruiert, auf der die Aufforderung zu lesen ist: „ROMA zurück nach INDIEN!" Die Tageszeitung *Salzburger Nachrichten* wird am 8. Februar 1995 darauf hinweisen, dass nur wenige Monate vor dem Terroranschlag in einer Ausgabe der Zeitschrift *Aula*, einer dem politisch rechtsgerichteten Lager zuzuzählenden Akademikerzeitung, ausgerechnet ein Artikel über die Roma erschienen ist. Der wenig schmeichelhafte Artikel stand unter dem Titel: „Zigeuner oder Roma und Sinti?" Gleich zu Beginn des Artikels heißt es: „Der vermutliche Auswanderungstermin aus Indien liegt zwischen 800 und 1000 nach Christus."

Hat die BBA den Artikel in der Zeitschrift *Aula* gekannt, wurde der Artikel gar zur Inspirationsquelle für terroristisches Handeln? Franz Fuchs – das sei der Ordnung halber an dieser Stelle betont – zählte weder zum Abonnenten- noch zum Leserkreis der *Aula*. War auch hier die Parallelität der Ereignisse wieder nur ein Zufall?

1995 wird ein Verein mit dem Namen „Aktion – Recht des Kindes auf beide Eltern" den Weg der Bombenfahnder kreuzen. In dem Verein sind zufällig sowohl Briefbombenverdächtige vertreten wie auch der Vorsitzende Richter des ersten Briefbombenprozesses. Ins Leben gerufen wurde der Verein von enttäuschten Eltern, denen bei der Scheidung vom Gericht die Erziehungsberechtigung über die Kinder abgesprochen wurde. Während dieser Verein und einige seiner Mitglieder nun für einige Verwirrung und Diskussionsstoff sorgen, passiert an der „BBA-Terrorfront" wieder etwas Merkwürdiges. Plötzlich richtet sich im Juni 1995 nämlich der Terror gegen ein Partnervermittlungsinstitut in Linz. Ist auch das wieder nur ein Zufall oder hatte die BBA die Absicht, in diesem Fall vielleicht eine subtile Anspielung auf Partnerschaftsprobleme zu machen?

Die nächste Merkwürdigkeit: Sowohl ein im Juni 1995 aufgetauchtes BBA-Bekennerschreiben als auch eine fingierte Absenderadresse der dritten Briefbombenserie vom Juni 1995 befassen sich mit dem Salzburger Erzbischof und seiner historischen Stellung als Primas Germaniae, des ersten Kirchenfürsten in Deutschland. Wollte der Verfasser der Textpassage im BBA-Bekennerschreiben und der fingierten Absenderadresse wieder eine Anspielung der besonderen Art machen? Nur wenigen Österreichern war im Juni 1995 bekannt, dass es im Jahr 1935 einmal eine Briefbombenserie gegeben hatte, bei der eine Briefbombe an den damaligen Salzburger Erzbischof Waitz gerichtet war, dem Primas von Deutschland, wie es damals das *Salzburger Volksblatt* anmerkte.

Auffallend bei der vierten Briefbombenserie vom Oktober 1995 ist dann vor allem die Wahl der Opfer. Eine Flüchtlingshelferin, ein syrischer Arzt und ein chinesisches Ärzte-Ehepaar in Niederösterreich. Die Opfer dieser Serie lassen sich überhaupt nicht logisch mit Franz Fuchs in Verbindung bringen. Die Flüchtlingshelferin Maria Loley soll nach der ersten Briefbombenserie auf einer Liste von bedrohten Persönlichkeiten gestanden sein, trotzdem trifft sie der Terror. Augenfällig an dieser vierten Briefbombenserie ist auch einmal mehr das zeitlich taktische Kalkül, das die BBA wählte. Gerade läuft der erste Briefbombenprozess gegen Franz Radl und Peter Binder am Wiener Landesgericht. Für Montag, den 16. Oktober 1995, sind unter anderem der Wiener Altbürgermeister und Bombenopfer Zilk und der frühere Chef der Staatspolizei, Kessler, als Zeugen angekündigt. Eines ist klar: Die Explosion von zwei der drei Briefbomben der vierten Serie an diesem Montagvormittag stellte die Zeugenaussagen in den Schatten.

Die fünfte Briefbombenserie vom 11. Dezember 1995 in Graz ereignet sich wenige Tage vor der Nationalratswahl am 17. Dezember und wenige Tage vor dem Ende des ersten Briefbombenprozesses. Der damalige Generaldirektor für die öffentliche Sicherheit, Michael Sika, muss sich im Nachrichtenmagazin *Profil* vom 19. Dezember 1995 die Frage gefallen lassen, warum es vor dieser Briefbombenserie keine allgemeine Warnung gegeben hätte? Schließlich hätte die BBA schon einmal kurz vor Wahlen gebombt.

Sikas Antwort: „Wir waren vorbereitet und wollten warnen. Leider kamen die Bomben um einen Tag zu früh." *Profil* fragt darauf: „Warum soll Ihnen die Öffentlichkeit das glauben?" Sika: „Es gibt einen Akt vom 7. Dezember, da wurde das schon besprochen."

Das heißt: Am 7. Dezember 1995 gab es im Innenministerium eine Besprechung mit dem Ergebnis, vor der Nationalratswahl eine Bombenwarnung herauszubringen. Doch die BBA war schneller als das Innenministerium. Die Warnung kam nicht, dafür kamen die Briefbomben.

Kapitel 3:

Das merkwürdige Parallelgeschehen zum BBA-Terror

Der ominöse Sika/Zilk-Brief

Am 5. Dezember 1993 explodiert eine Briefbombe in der Wohnung des damaligen Wiener Bürgermeisters Helmut Zilk. Am 20. Dezember 1993 – also etwa zwei Wochen später – wird in Perchtoldsdorf bei Wien ein vierseitiger, maschingeschriebener Brief an den Generaldirektor für die öffentliche Sicherheit, Michael Sika, aufgegeben. Seite vier dieses Briefes richtet sich direkt an den Wiener Bürgermeister Zilk. Der Brief enthält die von der ersten Briefbombenserie bekannte Parole „Wir wehren uns! Graf Ernst Rüdiger von Starhemberg".
Hier zunächst einige Auszüge aus diesem Brief:
„Die Knallfrösche zu unserem Krambambulicocktail der Kampfeinheit ‚Graf Ernst Rüdiger von Starhemberg' waren der Auftakt zu einem unerlässlichen Maßnahmenpaket an Sie alle, die in der Frage der Fremden- und Flüchtlingsprobleme mit zu lockerer Hand engagiert sind, aber auch an jene, die einfach nur helfen wollen, und dabei vergessen, dass sie nicht einer Bereicherung eines Kulturaustausches dienen, sondern zugunsten des ‚Panslawismus' und anderer obskurer Völkerideologien die eigene Kultur einer Überfremdung ausliefern, aber z. B. in Not geratene eigene Landsleute zugunsten des Ausländergeschwürs vernachlässigen ... Lassen Sie daher diesen blutigen

Adventbeginn an Alle Warnung vor weiterer Aktivität sein, die an verantwortlichen Stellen den Fremdenimport forcieren, oder dazu irgendeine Hilfestellung anbieten, denn wir schlafen nicht! WIR WEHREN UNS! ... Werben Sie auch nicht mit lächerlichen Geldsummen nach Singvögeln ... Insgesamt sind 40 Stück davon hergestellt worden, für die Versendung wurde eine kleinere Menge an vertrauenswürdige Personen weitergegeben, aber aus Sicherheitsgründen sind ganz wenige Personen damit vertraut worden. Ein kleines Unternehmen arbeitet mit viel größerer Effizienz als ich das vom trägen Apparat der Staatspolizei, dem militärischen Nachrichtendienst und den Ermittlungsbehörden gewohnt bin, ohne Sie mit dieser Äußerung unterschätzen zu wollen ... es ist nicht schwer, das eine oder andere Corpus delicti in den Dunstkreis einer mutmaßlichen Täterschaft einzuschleusen, ohne an die wahren Täter auch nur entferntest heranzukommen, denn nicht nur Sicherheitskräfte dieser Republik besitzen die bemerkenswerte Gabe, ja innere Neigung, Fälle in Ermangelung greifbarer Täter nach diesem Modus ‚von Amts Wegen' lösen zu lassen! ...
Ein Kriminalist hat die Aufgabe, an der Aufklärung eines Verbrechens mitzuwirken, allenfalls Personen, bei denen sich der Verdacht verdichtet hat, an der Ausführung teilgenommen zu haben, für eine mögliche Aburteilung durch Gerichte zu überantworten, nur wird es Ihnen nicht gelingen, den Hersteller der Bomben dingfest zu machen, lediglich ein paar unbedeutende Tatausführende sind fürs Netz vorbehalten, sollten Sie auch durch Ihre Ermittlungen und Sachbeweise von der Aufklärung dieser ersten Serie überzeugt sein."

Soweit Auszüge aus jenem Teils des Briefes, der an den damaligen Sicherheitsgeneraldirektor Sika gerichtet war. Jetzt noch eine Stelle, die dem damaligen Wiener Bürgermeister Zilk gegolten hat:
„An den Werten Herrn Bürgermeister dieser zweifelhaften Stadt Wien!
Fühlen Sie sich als prominentestes ‚Opfer' jetzt nicht veräppelt, aber mit diesem Schreiben an Unverfrorenheit halten Sie ein paar Zeilen des Künstlers Ihrer verkohlten Klaue in Händen. Nicht Schwachsin-

nige oder Falotten haben Ihnen diesen gelungenen Krambambulicocktail zu dieser Krampusfete kredenzt, ohne Gebrauch von Verstand hätten Sie sich wohl kaum nur Ihre Finger etwas verbrannt, sondern gleich den Arsch aufgerissen ...
Es ist unüblich, dass Bombenleger auch Briefe schreiben. Auch besteht aus Sicherheitsgründen kein Anlass eine vermutete Täterschaft verteidigen oder verniedlichen zu wollen, aber als Beweis, um diesem Brief mehr Nachdruck zu verleihen, wird in Wien-Floridsdorf eine Telefonzelle gesprengt, allerdings unter Verwendung anderen Sprengstoffes, um Ihre Sprengmeister nicht gleich wieder nach Glyzerinspuren suchen zu lassen ..."

An diesem Brief fallen sofort einige Dinge als markant auf. So erkennt man gleich an mehreren Stellen, dass dem Verfasser oder den Verfassern Polizei und Nachrichtendienste ein gewisses Anliegen zu sein scheinen. Im Konkreten meine ich damit jene Passage, in der es heißt: „Ein kleines Unternehmen arbeitet mit viel größerer Effizienz als ich dies vom trägen Apparat der Staatspolizei, dem militärischen Nachrichtendienst und den Ermittlungsbehörden gewohnt bin ..."
Genauso seltsam ist der Hinweis auf eine mögliche Manipulation der Ermittlungsarbeit, wenn es heißt: „.... denn es ist nicht schwer, das eine oder andere Corpus delicti in den Dunstkreis einer mutmaßlichen Täterschaft einzuschleusen, ohne an die wahren Täter auch nur entferntest heranzukommen, denn nicht nur Sicherheitskräfte dieser Republik besitzen die bemerkenswerte Gabe, ja innere Neigung, Fälle in Ermangelung greifbarer Täter nach diesem Modus von ‚Amts Wegen' lösen zu lassen."
Warum sind dem Verfasser oder den Verfassern die Sicherheitskräfte dieser Republik ein so großes Anliegen?
Ein weiterer Satz lässt aufhorchen: „Nun es wird Ihnen nicht gelingen, den Hersteller der Bomben dingfest zu machen, lediglich ein paar unbedeutende Tatausführende sind fürs Netz vorbehalten ..."
Dass der Brief ein Kunstprodukt, er also konstruiert ist, wird bei folgender Passage klar: „um diesem Brief mehr Nachdruck zu verleihen, wird in Wien-Floridsdorf eine Telefonzelle gesprengt, allerdings

unter Verwendung anderen Sprengstoffes, um ihre Sprengmeister ..." Tatsächlich gab es am 14. Dezember 1993 „einen Anschlag" auf eine Telefonzelle in Wien-Floridsdorf. Das Ganze stellte sich aber rasch als Lausbubenstreich heraus. Der Verfasser dieses Briefes, der am 20. Dezember aufgegeben wurde, wusste genau, dass nicht er hinter dem Anschlag stecken konnte, sondern zwei Jugendliche, die bereits ausgeforscht waren. Die Formulierung sollte also lediglich für Verwirrung sorgen. Warum sich jemand eine solche Arbeit macht und einen derartigen vierseitigen Brief verfasst, bleibt ein großes Rätsel. Übrigens bis heute. Der ominöse Brief verdient aus mehreren Gründen besondere Aufmerksamkeit. Da wäre einmal der Aufgabeort Perchtoldsdorf zu nennen. War es reiner Zufall oder eine Absicht des Verfassers aufgrund besonderer Kenntnisse, dass der Brief am 20. Dezember 1993 in dem als beliebtem Heurigenort weit über die Grenzen Österreichs hinaus bekannten Perchtoldsdorf aufgegeben wurde? War dahinter gar wieder eine subtile Botschaft in Richtung Innenministerium versteckt? Es ist Michael Sika, der frühere Generaldirektor für die öffentliche Sicherheit und Empfänger dieses seltsamen Schreibens, der mich zu dieser Überlegung verleitet hat. In seinem Buch „Mein Protokoll" erinnert er sich nämlich, dass am Samstag, dem 4. Dezember 1993, also einen Tag nach den ersten Briefbombenexplosionen bei Pfarrer Janisch und der ORF-Moderatorin Meixner und einen Tag vor der Briefbombenexplosion bei Helmut Zilk, dass sich an diesem Samstag der Innenminister, das Kabinett und einige Spitzenbeamte zu einer Besprechung in Perchtoldsdorf getroffen hätten. Bei einem Heurigen wurden die anstehenden Probleme besprochen, schreibt Sika.

Wollte der Verfasser des Schreibens mit Perchtoldsdorf aber vielleicht auch eine Anspielung auf die rechte Szene machen? Das Handbuch des Rechtsextremismus bringt mich darauf. Dort ist von einer „Kameradschaft Walter Novotny" die Rede, mit Sitz in Perchtoldsdorf. Das Handbuch bezeichnet diese Kameradschaft im Gedenken an einen Fliegermajor des Zweiten Weltkrieges als rechtsextreme Kleingruppe. Unter den Funktionären wurde auch ein Ing. Peter Binder geführt, weiß das Handbuch zu berichten. Jener Peter Binder also, der einige

Tage vor der Absendung des Perchtoldsdorfer Briefes nach der ersten Briefbombenserie als Verdächtiger in U-Haft genommen wurde.
Perchtoldsdorf als Aufgabeort für den Brief vom 20. Dezember 1993 – ein Zufall oder Absicht?
Noch etwas ist an dem Brief auffällig und macht stutzig. Das Perchtoldsdorfer Schreiben spricht Helmut Zilk auf Seite vier in direkter Anrede an: „An den Werten Herrn Bürgermeister dieser zweifelhaften Stadt Wien!"
Seltsam, hatte der Verfasser des Sika/Zilk-Briefes vom 20. Dezember 1993 gar Kenntnis von einem anderen Brief an Helmut Zilk? Mit Datum vom 7. Dezember 1993 erhielt der Wiener Bürgermeister laut einem News-Bericht nämlich einen Brief von Walter Honsik, einem nach einer Verurteilung wegen NS-Wiederbetätigung nach Spanien geflüchteten Mann. Dieser Brief mit Gedanken Honsiks zu ersten Briefbombenserie beginnt mit der Formulierung: „Werter Herr Bürgermeister Zilk!" Ist es nun auch hier wieder nur Zufall oder ist es die Absicht des Perchtoldsdorfer Briefschreibers, sich mit der Anrede an Zilk an den Honsik-Brief anzulehnen?
Der ominöse Sika/Zilk-Brief vom 20. Dezember 1993 wird der Öffentlichkeit erst im Februar 1995 bekannt. Mit welcher Absicht wurde der Brief verfasst? Wer ist der Verfasser? Oder wer sind die Verfasser? Hat der Brief nicht doch mit dem ganzen BBA-Terrorfall zu tun? Fragen, die bis heute nicht gelöst sind.
Wie eben gesagt, in der Öffentlichkeit wird der Brief aus Perchtoldsdorf zunächst nicht bekannt, auch dem angesprochenen Bombenopfer Helmut Zilk wird nichts davon berichtet. Erst durch einen Artikel im Nachrichtenmagazin *News* vom 16. Februar 1995 erfährt die Allgemeinheit davon. Mysteriös ist, dass knapp vor der Bekanntmachung dieses Schreibens in *News* ein Bekennerschreiben der „Salzburger Eidgenossenschaft-Bajuwarische Befreiungsarmee" eine seltsame Formulierung enthält, und zwar den Verdacht, dass das Innenministerium Bekennerschreiben zurückhalte. In dem neunseitigen BBA-Schreiben von Anfang Februar 1995 heißt es:
„Das Zitat: ‚Die BBA bekennt sich zum wiederholten Male zur Briefbombenserie ...' bezieht sich auf drei gleich lautende an Pressestellen

gerichtete Briefe mit dem BBA-Briefkopf, die vor fast einem Jahr irgendwo im Papierkorb gelandet sind – vermutlich bei Löschnak."
Nun zeigte dieser Brief vom 20. Dezember 1993 zwar nicht den ominösen BBA-Briefkopf, seltsam ist diese Formulierung aber allemal.
Wie gesagt, *News* machte das Perchtoldsdorfer Schreiben öffentlich. Die Zeitschrift hält fest: „Schwer frustriert zeigt sich auch jener Beamte des Innenministeriums, der Sonntagabend Kontakt mit *News*-Reporter Wolfgang Purtscheller aufnahm. Er übergab das bisher wohl bestgehütete Geheimnis der Staatspolizei, einen vierseitigen Bekennerbrief zur ersten Bombenserie im Dezember 1993, dessen Existenz von Innenminister Löschnak bisher immer geleugnet woren war." Soweit *News* in der Ausgabe vom 16. Februar 1995.
Alles andere als erfreut reagierte Helmut Zilk auf das monatelange Verschweigen dieses Briefes. In einem „Mittagsjournal"-Interview griff Zilk dann den damaligen STAPO-Chef Oswald Kessler massiv an. Die Austria Presse Agentur wird das „Mittagsjournal"-Interview wie folgt auswerten: „Ex-Bürgermeister Zilk kommentierte seine seinerzeitige Nichtinformation über das Bekennerschreiben mit den Worten: ‚Mein Gott, man soll auf vergangenen Kirtagen nicht tanzen.' Die Begründung, man habe Hysterie vermeiden wollen, finde er lächerlich, und auf die Frage, ob er Zweifel an der Arbeit der Sicherheitsbehörden habe, antwortete Zilk: ‚Wenn es Zweifel gibt, dann nicht bei den Beamten an der Front, sondern in den höheren Etagen.' Gemeint war damit der Chef der Staatspolizei Oswald Kessler." Soweit der Zilk-Kommentar.

Das seltsame Protokoll

Am 24. August 1994 wird der Rohrbombenanschlag auf die zweisprachige Volksschule in Klagenfurt verübt. Nur wenige Tage später, am Freitag, dem 2. September 1994, wird die Tageszeitung *Kurier* auf ihrer Titelseite berichten: „BOMBENDROHUNG GEGEN BUSEK UND PETROVIC". Die Drohung richtete sich also gegen den damaligen Vizekanzler und ÖVP-Bundesparteiobmann Dr. Erhard Busek und die damalige grüne Bundessprecherin Dr. Madeleine Petrovic. Beide Politiker standen als Spitzenkandidaten ihrer Parteien gerade mitten im Wahlkampfeinsatz für die Nationalratswahl am 9. Oktober 1994. Der *Kurier* schrieb, ein zufällig mitgehörtes Telefongespräch alarmiere die Sicherheitsbehörden. In dem Telefongespräch gäbe es Hinweise auf ein geplantes Attentat gegen Busek und Petrovic. In dem Zeitungsartikel wird dann der damalige Leiter der Staatspolizei, Oswald Kessler, zitiert: „Der Chef der Staatspolizei Oswald Kessler bestätigte gegenüber dem *Kurier* diese Information. Man habe die Seriosität des Informanten, der zufällig das Telefonat mitgehört hatte, überprüft. ‚Eine echte Bewertung traue ich mir aber aufgrund der bisherigen Ermittlungen noch nicht zu.'"

Die Tageszeitung schreibt dann weiter: „Konkret lauten die Hinweise auf ein Sprengstoff-Attentat auf die beiden Spitzenpolitiker im Auto, im Büro oder in der Umgebung ihrer Wohnungen. Dementsprechend wurde Busek und Petrovic Personenschutz zugeteilt. Der Vizekanzler wurde zum Beispiel am Donnerstag von zwei Staatspolizisten und einem Funkstreifenwagen bewacht. Normalerweise hat Busek keinen Personenschutz." Soweit ein Auszug aus dem *Kurier*-Bericht.

Das Nachrichtenmagazin *News* wird dann in seiner Ausgabe vom 8. September 1994 ebenfalls über die Drohungen gegen Busek und Petrovic berichten. Wörtlich schreibt *News*: „Schon knapp nach dem Klagenfurter Bombenattentat läuteten wieder die Alarmglocken bei der verzweifelten Einsatzgruppe zur Bekämpfung des Terrorismus: Eine Wienerin war durch eine Fehlschaltung in ein Gespräch geraten, das zwei Männer per Mobiltelefon in breitestem Dialekt miteinander geführt hatten. Beide bezogen sich auf die Klagenfurter Bombe (‚Heast, wos sogst denn dazua?') und deuteten – zumindest indirekt – ein Attentat auf Erhard Busek und Madeleine Petrovic an. Einer der Männer gestand allerdings ein: ‚Mit Autobomben kenn' i mi oba net aus.' Die verdutzte Frau stenografierte geistesgegenwärtig mit und lieferte ihre Reinschrift der Polizei ab. Zumindest die Echtheit der Zeugin konnte in diesem Fall von der EBT festgestellt werden. Die Dame war bei einem fiktiven Polizei-Telefonat problemlos imstande, selbst den Dialekt der Beamten wörtlich mitzustenografieren. Messerscharfe Erkenntnis der Fahnder: Die Zeugin ist zu 99 Prozent glaubwürdig."

Soweit der *News*-Artikel. Gott sei Dank blieben Busek und Petrovic vor weiterem Ungemach verschont. Nach der Nationalratswahl tauchte dann zu meiner Überraschung – diesmal im Nachrichtenmagazin *Profil* vom 11. Oktober 1994 – eine genaue Abschrift jenes angeblich zufällig mitgehörten und mitstenografierten Telefongesprächs auf, in dem die beiden Politiker bedroht wurden. Ich empfand das als Sensation, ein zufällig mitgehörtes Telefonat tauchte jetzt also in seiner Gesamtheit auf. Hier die Wiedergabe des im *Profil* abgedruckten Telefonprotokolls:

„Teilnehmer A spricht in ländlichem (Salzburger?) Dialekt, Teilnehmer B in Wiener Dialekt.

A: ... sölba schuld, der Andodel, wann a net glei ohposcht.

B: Wos woa des?

A: Wos?

B: Do krocht's in da Leitung.

A: Na und, moch da kane Surgn. Wird no öfta krochn.

B: Jo, oba lauda. (Beide lachen kurz) So a Trottel.

A: Vagiß eam. Host ihn gheat, grod, in Innenfranzi?

B: Jo, der vadient an Ordn. Dem sei Hülflosigkeit is a echte Mithülfe.

A: Und wos jetzt?

B: Nix.

A: Wos haßt nix?

B: Stüllhoitn, absolut– daweu.

A: Seids deppert? Grod jetzt?

B: Absolut, vastehst, Anweisung. Mir brauchn jetzt net no an Kölch.

A: Wia laung?

B: Drei, vier, fünf Wochn. Wiast scho hearn.

A: Daun san scho de Woin.

B: Eben.

A: Vasteh i net.

B: Muaßt net ollas vastehn.

A: Und dann, die grüne Obafut?
B: Na, bis narrisch, net scho wieda a Tschuschnfut.
A: Wen daun?
B: Is no net entschiedn. Vielleicht in Vizeoasch.
A: Wos, in bladn ...
B: Jo, oba hoit de Goschn jetzt, kane Naumen.
A: Geh bitte, fia di net auf. Uns kennt do niemaund, wast scho. Oba warum den?
B: Do frogst no? Lauta depatte Ideen hot a, host eh gheart, Nato und Europol und der gaunze Schaß. Und daun no denan Oabeitslosn ollas wegnehman, dea Ausbeuta, dea Einpeitscha, dea Gschissane.
A: Da Bundesfranzl is eam eh glei iba de Goschn gfoarn, wast scho.
B: Jo, oba wia laung. Wast jo net, ob de net a soichane Ideen aufgreifn.
A: I find des bled.
B: Du host nix zum Findn, nua zum Tuan.
A: Oisa waun? Vurher oder nochher?
B: Vuaher, glaub i. Wea ma no hearn.

„Wird no öfta krochn"

Protokoll eines Telefongesprächs zweier Rechtsextremisten, in dem ein Attentat gegen Erhard Busek angekündigt wurde.

Teilnehmer A spricht in ländlichem (Salzburger?) Dialekt, Teilnehmer B in Wiener Dialekt.

A: ... sölba schuld, der Andodel, wann a net glei ohposcht.
B: Wos woa des?
A: Wos?
B: Do krocht's in da Leitung.
A: Na und, moch da kane Surgn. Wird no öfta krochn.
B: Jo, oba lauda.
(Beide lachen kurz.) So a Trottel.
A: Vagiß eam. Host ihn gheat, grod, in Innenfranzi?
B: Jo, der vadient an Ordn. Dem sei Hülflosigkeit is a echte Mithülfe.
A: Und wos jetzt?
B: Nix.
A: Wos haßt nix?
B: Stüllhoitn, absolut – daweu.
A: Seids deppert? Grod jetzt?
B: Absolut, vastehst, Anweisung. Mir brauchn jetzt net no an Kölch.
A: Wia laung?
B: Drei, vier, fünf Wochn. Wiast scho hearn.
A: Daun san scho de Woin.
B: Eben.
A: Vasteh i net.
B: Muaßt net ollas vastehn.
A: Und daun, die grüne Obafut?
B: Na, bist narrisch, net scho wieda a Tschuschnfut.
A: Wen daun?
B: Is no net entschiedn. Vielleicht in Vizeoasch.
A: Wos, in bladn ...
B: Jo, oba hoit de Goschn jetzt, kane Naumen.
A: Geh bitte, fia di net auf. Uns kennt do niemaund, wast scho. Oba warum den?
B: Do frogst no? Lauta deppate Ideen hot a, host eh gheart, Nato und Europol und der gaunze Schaß. Und daun no denan Oabeitslosn ollas wegnehman, dea Ausbeuta, dea Einpeitscha, dea Gschissane.
A: Da Bundesfranzl is eam eh glei iba de Goschn gfoarn, wast scho.
B: Jo, oba wia laung. Wast jo net, ob de net a soichane Ideen aufgreifn.
A: I find des bled.
B: Du host nix zum Findn, nua zum Tuan.
A: Oisa waun? Vurher oda nochher?
B: Vuaher, glaub i. Wea ma no hearn.
A: Find i no bleda, no an Märtyra mochn, ois Woihülfe.
B: Des kennan mir net so beurteuln.
A: No guat. In Wien?
B: Na, i glaub eha draußn. Geht leichta. Jetzt foarn s' eh alle umanaund. Und dea is eh a Medium, der kaun kane Kiwara umadum leidn.
A: Oiso, i kaun mia des net guat denkn, wast scho. Des kaun net gehn. Des is ma a wengerl z'groß.
B: Ollas geht. Mit'n Auto geht ollas.
A: Mit'n Auto? Haum ma no net gmocht.
B: Scheiß die net aun, kriagst eh a Hülfe. Jednfois schreibst da jetzt sei Numma auf. Mia wissn natürle no net, ob a des nimmt, waun a zu eich foahrt, oba sicha is sicha. (Lacht.) Schreibst scho?
A: I merk mas liaba.
B: Guat, oiso W =====. Host as?
A: Kloa, is eh leicht, wast scho. Trotzdem, i find des unhamlich bled, host mi?
B: No jo, is eh no net sicha. Mia mödn uns wieda. Bleib auf Bereitschoft. Seavas!
A: Seavas, heil dia!

Faksimile: „Jetzt foarn s' eh alle umanaund"

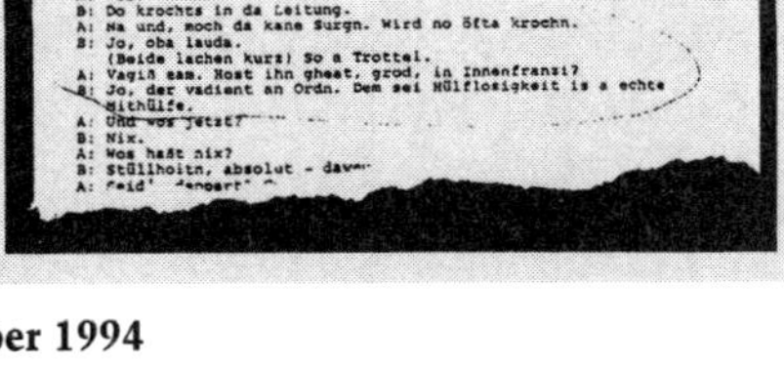
....sölba schuld, der Andodel, wann a net glei ohposcht.
B: Wos woa des?
A: Wos?
B: Do krochts in da Leitung.
A: Na und, moch da kane Surgn. Wird no öfta krochn.
B: Jo, oba lauda.
(Beide lachen kurz) So a Trottel.
A: Vagiß eam. Host ihn gheat, grod, in Innenfranzi?
B: Jo, der vadient an Ordn. Dem sei Hülflosigkeit is a echte Mithülfe.
A: Und wos jetzt?
B: Nix.
A: Wos haßt nix?
B: Stüllhoitn, absolut - dav

***Profil* vom 11. Oktober 1994**

A: Find i no bleda, no an Märtyra mochn, ois Woihülfe.
B: Des kennan mir net so beurteuln.
A: No guat. In Wien?
B: Na, i glaub eha draußn. Geht leichta. Jetzt foarn's eh alle umanaund. Und dea is eh a Medium, der kaun kane Kiwara umadum leidn.
A: Oiso, i kaun mia des net guat denkn, wast scho. Des kaun net gehn. Des is ma a wengerl z'groß.
B: Ollas geht. Mit'n Auto geht ollas.
A: Mit'n Auto? Haum ma not net gmocht.
B: Scheiß die net aun, kriagst eh a Hülfe. Jednfois schreibst da jetzt sei Numma auf. Mia wissn natürle no net, ob a des nimmt, waun a zu eich foahrt, oba sicha is sicha (lacht). Schreibst scho?
A: I merk mas liaba.
B: Guat, oiso W=======. Host as?
A: Kloa, is eh leicht, wast scho. Trotzdem, i find des unhamlich bled, host mi?
B: No jo, is eh no net sicha. Mia mödn uns wieda. Bleib auf Bereitschoft. Seavas!
A: Seavas, heil dia!"

Soweit dieses im Nachrichtenmagazin *Profil* abgedruckte Telefonprotokoll. Ich möchte Sie darauf hinweisen, dass dieses Protokoll durch die Polizei aufgrund ihrer Auswertung den Vermerk erfährt, Teilnehmer A habe in ländlichem, möglicherweise Salzburger Dialekt gesprochen, Teilnehmer B in Wiener Dialekt. Jetzt frage ich mich natürlich, ergibt der Hinweis auf den Salzburger Dialekt einen Bezugspunkt zur „Salzburger Eidgenossenschaft-Bajuwarische Befreiungsarmee"? Eines steht jedenfalls fest: Zum Zeitpunkt, als dieses Protokoll im *Profil* erscheint, taucht erstmals der Name der „Salzburger Eidgenossenschaft" auf, und zwar in einem Bekennerschreiben an den slowenischen Außenminister Peterle zum Rohrbombenanschlag von Klagenfurt.
Mir ist dieses Telefonprotokoll bis heute nicht aus dem Kopf gegangen. 1995 wies ich jedenfalls in zwei Gesprächen auf dieses seltsame

Telefonprotokoll hin und bekam teilweise überraschende Antworten. Das erste Mal sprach ich mit dem damaligen Generaldirektor für die öffentliche Sicherheit, Sika, darüber. Er gab mir zur Antwort, dass dieses Telefongespräch damals mitstenografiert worden sei. Daraufhin erfolgte mein Einwand, dass diese Frau weltmeisterliche Qualitäten mitbringen müsse, wenn es ihr gelungen wäre, ein ganzes Telefongespräch mitzustenografieren. Abgesehen davon müsste diese Frau praktisch sofort die Brisanz des Telefonats erkannt haben, fast von der Begrüßung der Gesprächsteilnehmer an. Michael Sika machte mir gegenüber bis heute nicht ganz klare Andeutungen zur Glaubwürdigkeit der Zeugin. Wobei weder ich noch der mich damals begleitende Anwalt aus Sikas Bemerkungen schlau geworden sind. Soweit das Gespräch mit Sika. Wenige Monate später – im Oktober 1995 – traf ich dann, wie schon erwähnt, gemeinsam mit dem späteren Fuchs-Richter Dr. Fuhrmann den damaligen Innenminister Dr. Einem und seinen Kabinettschef und nunmehrigen STAPO-Leiter Dr. Heindl. In dem Wiener Innenstadt-Café, in dem wir uns trafen, setzte sich während dieses Gespräches an einen der Nachbartische die grüne Abgeordnete Dr. Petrovic. Also eine Betroffene der geheimnisvollen Bombendrohungen. Der Innenminister verließ unsere Gesprächsrunde nach etwa einer Stunde wegen eines weiteren Termins. Dr. Heindl blieb mit Dr. Fuhrmann und mir zurück. Und in dieser Gesprächsphase – ich erinnere mich noch gut – kamen wir ausführlich noch einmal auf dieses seltsame Telefonprotokoll zu sprechen. Und dann war ich einigermaßen verblüfft. Denn was Dr. Heindl damals sagte, war für mich eine interessante Enthüllung. Die Zeugin, die das Telefonat damals mitgehört haben soll, sei eine Bekannte eines hochrangigen Beamten des Innenministeriums gewesen.

Das Rätsel um Einbrüche in ORF-Sendeanlagen

Etliche Einbrüche in ORF-Sendeanlagen im Jahr 1995 haben bis heute Aufklärungsbedarf. Diese Einbrüche fanden auch Eingang in die polizeiliche Vollanzeige zum Fall Franz Fuchs. Auf Seite 55 wird folgendes Geschehen geschildert:

„Am 14. 01. 1995 zwischen 13.55 und 14.00 brachen unbekannte Täter einen Schlüsselkasten der ORF-Sendeanlage Hirschenstein, Gemeindegebiet Rechnitz, Bezirk Oberwart, auf, stahlen einen Sendeanlagen-Generalschlüssel ... und drangen in das Gebäude ein, ohne Schaden anzurichten oder Gegenstände zu stehlen ...
Auffälligerweise am 04. 02. 1995 drangen sodann unbekannte Täter unter Verwendung des aus der Sendeanlage Hirschenstein gestohlenen Schlüssels in den Zeiten zwischen 12.48 und 12.58 in die ORF-Sendeanlage Sonnwendstein bei Semmering, Bezirk Neunkirchen, NÖ. ... sowie zwischen 15.22 und 15.32 in die ORF-Sendeanlage Heuberg-Rosalia bei Forchtenstein, Bezirk Mattersburg, Bgld. ... ein, ohne Schaden anzurichten oder Gegenstände zu stehlen.

14. *Verdacht des Zusammenhanges mit dem Eindringen in vier ORF- Sendeanlagen durch unbekannte Täter.*

Am 14.01.1995 zwischen 13.55 und 14.00 Uhr brachen unbekannte Täter einen Schlüsselkasten der ORF-Sendeanlage Hirschenstein, Gemeindegebiet Rechnitz, Bezirk Oberwart, auf, stahlen einen Sendeanlagen-Generalschlüssel EVVA 9933RA42 56 und drangen in das Gebäude ein, ohne Schaden anzurichten oder Gegenstände zu stehlen, siehe Sachverhaltsbericht Beilage 108 und Lichtbildmappe Beilage 109.
Auffälligerweise am 04.02.1995 drangen sodann unbekannte Täter unter Verwendung des aus der Sendeanlage Hirschenstein gestohlenen Schlüssels in den Zeiten, zwischen 12.48 und 12.58 Uhr in die ORF-Sendeanlage Sonnwendstein bei Semmering, Bezirk Neunkirchen, NÖ., siehe Sachverhaltsbericht Beilage 108 und Lichtbildmappe Beilage 109, sowie
zwischen 15.22 und 15.32 Uhr in die ORF-Sendeanlage Heuberg-Rosalia bei Forchtenstein, Bezirk Mattersburg, Bgld., siehe Sachverhalt Beilage 109,
ein, ohne Schaden anzurichten oder Gegenstände zu stehlen.

Weiters brachen unbekannte Täter in der Zeit zwischen 13.03.1995 und 05.04.1995 einen Schlüsselkasten der ORF-Sendeanlage Stadnerkogel, Gemeindegebiet Frutten-Gieselsdorf, Bezirk Feldbach, Stmk., auf und stahlen einen Zylinderschlüssel EVVA X 08 F 75 zum Öffnen des Vorraumes der Sendestation, siehe Sachverhalt Beilage 110.

Es muß angenommen werden, daß es durchaus in der Ideologie der Mitglieder der „Bajuwarischen Befreiungsarmee“ gelegen war, gleichzeitig mit den Anschlägen in Oberwart und Stinatz, aber auch anderen Anschlägen, auch Programme des ORF zu manipulieren.

Auszug aus der Strafanzeige gegen Franz Fuchs

Weiters brachen unbekannte Täter in der Zeit zwischen 13. 03. 1995 und 05. 04. 1995 einen Schlüsselkasten der ORF-Sendeanlage Stradnerkogel, Gemeindegebiet Frutten-Gieselsdorf, Bezirk Feldbach, Stmk., auf und stahlen einen Zylinderschlüssel ... zum Öffnen des Vorraumes der Sendestation ...
Es muss angenommen werden, dass es durchaus in der Ideologie der ‚Bajuwarischen Befreiungsarmee' gelegen war, gleichzeitig mit den Anschlägen von Oberwart und Stinatz, aber auch anderen Anschlägen, auch Programme des ORF zu manipulieren. Sämtliche angeführte Sendeanlagen liegen in jenem Gebiet im niederösterreichisch-burgenländisch-steiermärkischen Grenzraum, in dem verschiedene Aufgabeorte, fingierte Absenderadressen und Empfängeradressen von Sprengfallen der Täter liegen. Aufgrund der verschiedenen Zeitpunkte am 04. 02. 1995 ist durchaus plausibel, dass der/die Täter neben der Fahrt zu den drei Hinterlegungsorten im Burgenland und dem Aufgabeort in Maria Lanzendorf auch die Sendeanlagen aufgesucht haben."
Soweit der Auszug aus den polizeilichen Bemerkungen zu den Einbrüchen in die ORF-Sendeanlagen. Besonders unterstreichen möchte ich dabei – so wie es die Polizei ja ohnehin auch getan hat – die Merkwürdigkeit des Geschehens am 4. Februar 1995, dem Tag des Anschlages von Oberwart. Wie gesagt, die Polizei wollte Zusammenhänge mit dem BBA-Terror nicht ausschließen. Von dem oder den Tätern blieb nur eine kleine Spur zurück: Ein Papiersäckchen mit dem Firmenaufdruck einer Konditorei im Bezirk Mödling wird bei der Sendeanlage bei Forchtenstein gefunden.
Seltsam ist dann, dass der nächste Terrorschauplatz im Jahr 1995 zwar nicht ein Sendemast ist, dafür aber ein Strommast in den Mittelpunkt von Terrorereignissen rückt.

Vom Sendemasten zum Strommasten

Ein weiterer Zufall? Am 4. Februar 1995 wurden in Maria Lanzendorf bei Wien die BBA-Bekennerschreiben an drei Rechtsanwälte aufgegeben. Und ausgerechnet die Nachbargemeinde von Maria Lanzendorf wird nur wenig später das Interesse der österreichischen Öffentlichkeit erwecken und im April 1995 in die Schlagzeilen rücken. Ausgelöst durch den versuchten Sprengstoffanschlag auf einen Masten der von Oberösterreich über Wien nach Ungarn führenden 380 KV-Leitung der Verbundgesellschaft.

Die Sachlage: Neben einem Strommasten in Ebergassing entdeckt ein Landarbeiter am 19. April 1995 zwei verkohlte Leichen und eine Menge Sprengstoff. Die Polizei wird ermitteln, dass sich die zunächst unbekannten Männer beim Versuch, den Masten zu sprengen, selbst in die Luft gejagt hätten. Einen Tag später bestätigt der damalige Innenminister Einem, dass der Augenschein dafür spreche, dass die beiden Getöteten vermutlich auch die Täter sein könnten. Neben den beiden Leichen wurden Ausweise sichergestellt. Ebenso wurde bekannt, dass bei den Männern eine Pistole und ein Messer gefunden wurden. Ferner bestätigte der Innenminister an diesem 20. April 1995, dass es sich bei den Männern um Mitglieder der linken autonomen Szene handle. Die beiden Männer, Gregor Thaler und Peter Konicek, waren seit dem 11. April 1995 als abgängig gemeldet. Deshalb wurde später der 11. April als Tag der Tat festgelegt. Durch große Gewalttaten waren die beiden Männer zuvor nicht aufgefallen. Sie hatten sich unter anderem an Hausbesetzungen und Anti-Opernballdemonstrationen beteiligt. Die damalige Freundin von Gregor Thaler wird später in einem Interview mit dem Nachrichtenmagazin *News* vom 27. April 1995 feststellen, sie könne immer noch nicht glauben, dass ihr Freund dieses Sprengstoffattentat verübt haben soll. In dem Interview meinte sie, vielleicht sei diese ganze Sprengstoffgeschichte eine Falle. Für die Polizei hingegen galt der Anschlag von Ebergassing rasch als aufgeklärt. Dies schon deshalb, weil die zwei mutmaßlichen Täter sich nach Sachlage der Ermittlungen eben selbst in die Luft gesprengt hatten. Kurzfristig tauchten Meldungen auf, wonach neben den zwei Toten noch zwei weitere Personen an dem Ebergassinger Anschlag beteiligt gewesen seien. Dann hieß es, zumindest ein dritter Beteiligter sei noch flüchtig. Gerade die Suche nach dem „dritten Mann von Ebergassing" gestaltete sich zeitweise etwas grotesk. Und das Merkwürdige ist, dass die Suche nach dem „dritten Mann von Ebergassing" sich einmal kurz mit dem

BBA-Terror kreuzte. Und zwar findet sich im 28-seitigen BBA-Bekennerschreiben an Rechtsanwalt Mayer vom Juni 1995 eine bis heute vor allem zu Franz Fuchs nicht nachvollziehbare Erwähnung einer Sachverhaltsdarstellung, die der Journalist Gerhard Oberschlick an die Staatsanwaltschaft Wien übermittelte. Dies habe ich schon in Kapitel zwei ausführlich geschildert. Der mutmaßliche dritte Täter von Ebergassing Bassam al T. wurde im April dieses Jahres in Mexiko festgenommen und befindet sich in Auslieferungshaft.
Einige Fragen scheinen mir in Verbindung mit Ebergassing auch heute noch erklärungsbedürftig. Vor allem die Frage, ob es irgendwelche Zusammenhänge mit den zuvor geschilderten Einbrüchen in ORF-Sendeanlagen geben könnte. Noch einmal prüfenswert scheinen mir die Zweifel, welche die damalige Freundin von Gregor Thaler ins Spiel gebracht hat. Vielleicht auch unter dem Aspekt, dass es äußerst merkwürdig scheint, dass neben verkohlten Leichen offenbar unversehrte Ausweispapiere gefunden wurden. Und warum Peter Konicek und Gregor Thaler neben sämtlichen Ausweispapieren auch noch mit einer Pistole und einem Messer bewaffnet unterwegs waren, wenn sie einen Strommasten sprengen wollten – das leuchtet mir bis heute auch nicht ganz ein.
Nach dem Anschlag von Ebergassing entbrennt eine heftige politische Diskussion um angebliche Kontakte von sozialdemokratischen und grünen Politikern zur linken Anarcho-Szene. So gerät der damalige SPÖ-Innenminister Einem in einem für mich als Beobachter atemberaubend schnellen Tempo in die Schlagzeilen. Es vergehen nämlich nach dem Auffinden der Leichen von Ebergassing nur wenige Tage, bis in der Öffentlichkeit bekannt wird, dass der Innenminister einige Jahre zuvor als Privatmann einer als linksextrem geltenden Zeitschrift eine Spende zukommen ließ. In dem Umfeld dieser Zeitschrift hätten sich auch die beiden Ebergassing-Attentäter befunden, hieß es von Kritikern. Unter dem wilden politischen Schlagabtausch dieses Jahres 1995 fand ich auch eine Kontroverse zwischen dem damaligen ÖAAB-Obmann und ÖVP-Abgeordneten Josef Höchtl und dem damaligen Klubobmann der Grünen im Wiener Rathaus, Peter Pilz. Höchtl forderte Pilz damals auf, seine Kontakte zur Anarcho-

Szene offen zu legen. Pilz konterte, diese Aufforderung sei skurril. Dieser hier nur kurz wiedergegebene politische Schlagabtausch interessiert mich aus einem ganz anderen Grund. Ich will auf etwas ganz anderes hinaus. Erinnern Sie sich an die im Kapitel zwei angesprochenen Adressen-Rätsel rund um die BBA? Und rufen Sie sich jetzt bitte ins Gedächtnis, dass bei der vierten Briefbombenserie vom Oktober 1995 plötzlich die Liga für Menschenrechte als fingierte Absenderadresse verwendet wurde. Und als Präsident dieser Liga fungierte der ÖVP-Politiker Josef Höchtl. Ich habe schon in Kapitel zwei die Frage aufgeworfen, wie in aller Welt ein Franz Fuchs auf die von Josef Höchtl präsidierte Liga für Menschenrechte gekommen sein soll? Bei der Durchsicht aller Aspekte des jahrelangen Terrorgeschehens samt politischer Diskussion wurde ich nun wieder stutzig. Der politische Schlagabtausch zwischen Höchtl und Pilz erfolgte im Mai 1995. Wenige Monate später wird ausgerechnet eine Initiative des ÖVP-Politikers zur fingierten Briefbomben-Absenderadresse. Was will ich damit sagen? Hat vielleicht gerade dieser politische Schlagabtausch einen Außenstehenden inspiriert, die Höchtl-Liga für Menschenrechte in den BBA-Terror einzubeziehen? Hat hier jemand sein eigenes seltsames Spiel mit der Politik und mit Politikern getrieben? Oder liegt auch hier ein reiner Zufall vor?

Brief- und Buchbomben nach Rumänien

In sehr engem zeitlichen Zusammenhang mit der dritten Briefbombenserie der BBA steht ein Ereignis, bei dem Brief- und Buchbomben beziehungsweise weitestgehend Bombenattrappen eine Rolle spielen. Ende Mai 1995, und damit eine Woche vor dem Versand der dritten BBA-Briefbombenserie werden in Graz, Salzburg und Innsbruck Postsendungen Richtung Rumänien aufgegeben. Als Empfänger der Postsendungen sind Minderheiten- und Menschenrechtsvertreter in Rumänien bestimmt. Die österreichische Staatspolizei war wenige Monate vorher bereits mit Meldungen konfrontiert, wonach in Rumänien Minderheiten- und Menschenrechtsvertreter bedroht sein könnten – angeblich durch existierende Todeslisten. Seltsam ist jedenfalls, dass es

Ende Mai 1995 – trotz dieser offenbar in Wien bekannten Bedrohungsszenarien – erst recht und noch dazu ausgerechnet von Österreich aus zu solch mysteriösen Postsendungen kommen konnte. Die österreichische Öffentlichkeit erfuhr kaum etwas von diesem Kriminalfall.

Obwohl, wie gesagt, die rumänische Anschlagsserie in auffallend zeitlicher Nähe zur dritten BBA-Briefbombenserie steht, wird sie später im Gerichtsakt zum Fall Fuchs völlig nebensächlich erwähnt werden. Fuchs-Verteidiger Dr. Ruhri empört sich darüber, dass zur rumänischen Bombenserie lediglich ein Zeitungsartikel aus der *Frankfurter Allgemeinen Zeitung* in den Fuchs-Akt Aufnahme gefunden hat. Ich bin mit dem Anwalt einer Meinung, dass es doch sehr interessant wäre, die Frage zu stellen, ob irgendwelche Verbindungen zwischen der rumänischen Serie und dem BBA-Terror bestehen könnten? Schon allein von dem Gesichtspunkt aus betrachtet, dass ausgerechnet bei Franz Fuchs angeblich ein Schaltplan mit dem Vermerk „Buchbombe" aufgetaucht war. Dr. Ruhri brachte die rumänische Bombenserie daher auch beim Grazer Fuchs-Prozess zur Sprache. Dann passierte etwas Merkwürdiges. Dr. Ruhri glaubte nämlich, auffallende Parallelen im Schriftbild der Bombenkuverts nach Rumänien und einem BBA-Schreiben entdeckt zu haben. Und zwar hatte er ein BBA-Bekennerschreiben aus dem Gerichtsakt mit der Schrift auf den Bombenkuverts verglichen. Dr. Ruhri hatte sich zuvor nämlich entsprechende Kopien aus Rumänien schicken lassen. Er beantragte eine vergleichende Prüfung.

Das Ergebnis der Untersuchung durch die Kriminaltechnische Zentralstelle ergab jedoch keinerlei Zusammenhänge. Was einerseits logisch war, erschien ihm zugleich aber auch merkwürdig. Er hatte sich insofern geirrt, als er bei seinen Betrachtungen nicht die Originale der BBA-Bekennerschreiben oder entsprechende Kopien zur Verfügung hatte, wie er glaubte. Er hatte lediglich im Innenministerium gefertigte Abschriften der BBA-Bekennerschreiben in Händen, Abschriften, die dem Gerichtsakt beigelegt waren. Somit zeigten nicht die BBA-Bekennerschreiben die verblüffende Ähnlichkeit mit dem Schriftbild auf den Bombenkuverts nach Rumänien, sondern die im Innenministerium gefertigten Abschriften.

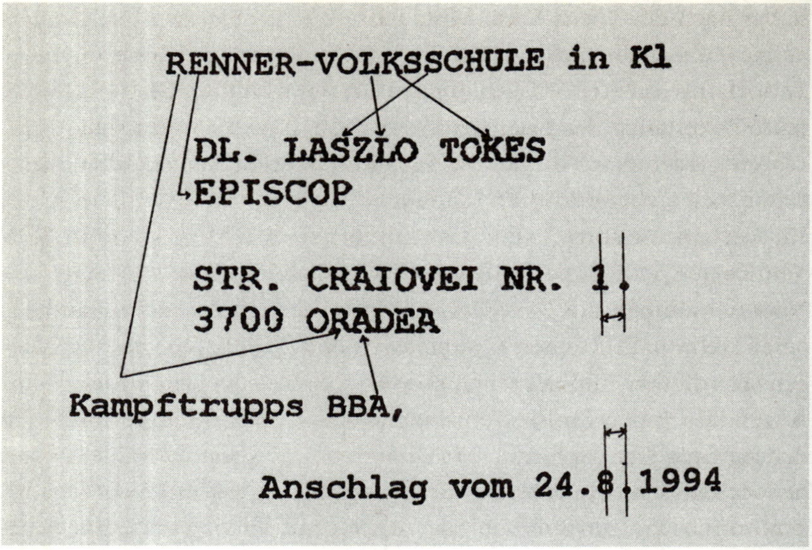

Schriftvergleich von Fuchs-Verteidiger Dr. Ruhri

Die Tageszeitung *Kurier* sprach daraufhin von einem Aberwitz, der durch den Fuchs-Prozess geistere. Welche Sekretärin auch immer etwa das BBA-Bekennerschreiben an den slowenischen Außenminister Peterle abgetippt hat, sie verwendete die gleiche Courier-Schriftart wie die unbekannten Täter der rumänischen Serie, schrieb der *Kurier*.

Trittbrettfahrer-Briefe oder authentische BBA-Schreiben?

Nach der Verhaftung von Franz Fuchs im Oktober 1997 sorgte zunächst eine weitere Briefbombe für Aufregung. Dies soll hier nicht unerwähnt bleiben. Die Briefbombe an das Landsgendarmeriekommando für Steiermark in Graz Anfang Jänner 1998 detonierte glücklicherweise nicht. Obwohl der Briefbombe angeblich ein Zeitungsausschnitt mit einem Bezug zu Franz Fuchs beigelegt war, hatte diese Briefbombe nach Aussagen der Polizei keinerlei erkennbaren Bezug zur BBA. Ebenfalls im Jänner 1998 meldete die Redaktion der Satirezeitschrift *Simplicissimus* den Erhalt eines BBA-Schreibens. Unmittelbar nach der Fuchs-Verhaftung hatte die damals in Wien erscheinende Zeitschrift massive Zweifel an der Einzeltäterthese im BBA-Terrorfall geäußert. Das angebliche BBA-Schreiben enthielt eine indirekte Bekennung des Briefautors zur Grazer Briefbombe an das Landesgendarmeriekommando. Das Innenministerium sprach dem Schreiben jedoch jegliche Authentizität ab.

Für Verwirrung sorgte dann das Auftauchen eines weiteren mit dem ominösen Briefkopf der BBA versehenen Schreibens an das deutsche Nachrichtenmagazin *Der Spiegel*. Dort hatte kurz zuvor das Bombenopfer Helmut Zilk einen Gastbeitrag über den BBA-Terror geschrieben. Bei diesem nun aufgetauchten BBA-Schreiben scheint es in den Augen des Innenministeriums mehr Anzeichen für eine mögliche Echtheit gegeben zu haben. Man unterzog den Brief jedenfalls eingehender Untersuchungen. Das Schreiben liegt auch mir vor. Es trägt den ominösen BBA-Briefkopf, der auch jenen schwarzen Punkt beinhaltet, der von den Ermittlern immer als das „Echtheits-Merkmal" von BBA-Briefen gewertet wurde. Aus dem Inhalt des Schreibens hier ein Auszug: „Aus niedrigen Motiven hat man zuerst versucht, Binder und Radl den Prozess zu machen ... nun wird wieder versucht, einem weiteren, dem armen Fuchs alles in die Schuhe zu schieben."

Und dann, etwas später: „Wir verstehen uns als heimattreue Grund-Schutz-Gemeinschaft. Fuchs Du hast die Gans gestohlen, d'rum wird Dich der Jäger holen!"

Was war mit diesem letzten Satz wohl gemeint? Hat Fuchs der BBA etwa die Show gestohlen? Eine Antwort, die wohl nur der Verfasser dieses Schreibens geben könnte. Und der ist nicht ermittelt worden.

Im Oktober 1998 tauchte noch ein weiteres BBA-Schreiben auf. Diesmal meldete die Tageszeitung *Der Standard* den Erhalt eines ominösen Schreibens mit dem sattsam bekannten BBA-Briefkopf. Aus der Kampfparole „Wir wehren uns!" wurde in diesem Brief die Parole „Wir wundern uns!" Das Schreiben enthält Behauptungen, dass Franz Fuchs kein Einzeltäter sein könne. *Der Standard*, der das Schreiben der EBT übergab, druckte selbst nur einen kleinen Ausschnitt ab. Da heißt es: „Lachnummer 11.) Der Einzeltäter. Amtlich bekannte Gegenbeweise und Gutachten unterdrückt man einfach. Der bestellte Ver-

teidiger ignoriert seine Pflichten, geht innerhalb der Einspruchsfrist auf Urlaub und verlässt den schlauen Fuchs. Ein Verrückter allein."
Mit der hier erwähnten Einspruchsfrist war die Frist zur Beeinspruchung der Fuchs-Anklageschrift gemeint. Der auf Urlaub gegangene Verteidiger war der zunächst als Fuchs-Pflichtverteidiger bestellte Grazer Anwalt Dr. Franz Gölles, der später sein Verteidigermandat an Dr. Gerald Ruhri weitergab. Dr. Gölles zeigte sich völlig überrascht über dieses angebliche BBA-Schreiben, von dessen Existenz er erst durch mich erfuhr. Dieses Schreiben deutet in jedem Fall – ob authentisch oder nicht authentisch – ein seltsam großes Interesse an dem Kriminalfall an. Nehmen wir nun an, dass dieses Schreiben ein so genanntes Trittbrettfahrer-Schreiben sei. Einmal mehr stellt sich aber auch in diesem Fall die Frage: Wer gab sich aus welchem Interesse heraus so viel Mühe und beobachtete Geschehnisse derartig aufmerksam und zu welchem Zweck? Wer hatte ein so spezielles Interesse an dem Fall, dass er sogar den Urlaub des Fuchs-Verteidigers kritisierte, und wer wusste vor allem von solchen Einzelheiten? In jedem Fall merkwürdig. Und es wäre wohl interessant, zu erfahren, welche angeblichen Trittbrettfahrer sich solche Mühe gegeben haben, um eine BBA über die Fuchs-Verhaftung hinaus vorzutäuschen. Und sollten diese Briefe tatsächlich von der BBA gekommen sein, dann wäre eine Aufklärung wohl von größter Bedeutung! Kurzum, eigentlich wäre vom Sicherheitsapparat offen zu legen, welche Erkenntnisse es in diesen Fällen gibt. Wer waren die Verfasser dieser ominösen nach der Fuchs-Verhaftung aufgetauchten BBA-Schreiben?

Kapitel 4

Die vom Innenministerium als authentisch bestätigten BBA-Bekennerschreiben im Wortlaut

Der Brief an den slowenischen Aussenminister Peterle

W,NÖ,OÖ,S,NT/OT,B,Stmk,K; Beobacht.NB,OB,SüdT

Salzburger Eidgenossenschaft
Bajuwarische Befreiungsarmee

Wir wehren uns!

Herrn Außenminister
Dr. Peterle

8.9.1994

Schriftliche Ausführung und
stilistische Bearbeitung:
BBA, Sekretariat;
Briefaufgabe:
BBA, "Andreas Hofer"

A) Erklärung des Kampftrupps BBA, "Herzog Oadilo von Bayern" zum Anschlag vom 24.8.1994 auf die RENNER-Volksschule in Klagenfurt:

1) Wir als Kampftrupp "Herzog Oadilo von Bayern" bekennen uns zum Anschlag vom 24.8.1994 auf das großslowenische und panslawistische Umvolkungsinstitut RENNER-VOLKSSCHULE in Klagenfurt und
bestätigen hiemit die Vermutungen des slowenischen Außenministeriums.
Produktion der Kampfmittel und Bombenlegung erfolgte durch den Kampftrupp "Herzog Oadilo von Bayern".

2) Beweise zu Punkt 1:
Der im TV vorgezeigte Schalttransistor der Zünderendstufe trägt die Aufschrift "ITT BC 140-10".
In den rauchförmigen Detonationsrückständen sind Glassplitter, Nitroglyzerin und Silberfulminat und deren Zerfallsprodukte nachweisbar (wenn sich jemand die Mühe macht, dies zu untersuchen).

3) Warnung an Eltern, Schüler und Lehrkräfte:
Wer seine Kinder in die "VS 24" schickt, verbaut ihnen die Zukunft.
Gefährdet sind ferner alle Personen an Eigentum, Gesundheit und Leben, die mit Schülern und Lehrern der "VS 24" im gleichen Bus fahren oder sich im gleichen Gebäude aufhalten.

4) Beste Wiedersehensgrüße an jene beiden Volksverräter und Partisanenfreunde, die unerwartet viel und vor allem gefährlich rasch "gesungen" haben, nämlich an den langen "Wolfgang" und die gestutzte "Gisela".
Letztere (Zitat vom 24.8.1994: "Host dees gseen?") geht ungeniert in Klagenfurt spazieren und wurde von uns nochmals aus nächster Nähe fotografiert.

5) Wir freuen uns, daß der zur Kaste der Deutschösterreicher gehörige Gendarmeriebeamte Hermann Knaller nicht nennenswert verletzt wurde.
Die beiden anderen Herren gehören zur Herrenkaste der österreichischen Tschuschen, das ist jene Kaste, die 35% der Bevölkerung ausmacht, aber sich im Lauf von 10 Jahren 80 bis 90% der politischen Macht und über die Aufsichtsräte auch der wirtschaftlichen Macht angeeignet hat.
Die beiden von uns unabsichtlich geschädigten Herren sollen nach Wien fahren und sich an der Schulter ihrer Tschuschenhäuptlinge Klestil, Vranitzky, Busek, Mock, Löschnak, Klima, Lacina, Scholten (offensichtlich ein asiatischer Jude mit deutschem Namen), Michalek, Hesoun, Dohnal, Verzetnitsch, Petrowitsch, Stoisits, Zilk, Weingartner (dunkelhäutig, vermutlich Zigeuner), Krainer u.s.f.
ausweinen!

6) Ausschnitt aus der Geschichte der Karantaner in Kurzfassung (ohne Anspruch auf absolute Richtigkeit, denn es gibt fast keine Dokumente):

530 nach Christus erhalten die Markomannen und verwandte westgermanische Stämme aus der Religionsgruppe der Herminionen die römischen (und damals noch lateinischsprachigen) Provinzen Raetien, Noricum und Pannonien zwischen dem Lech im Westen und dem Donauknie auf ~~dem Gebiet~~ des heutigen Ungarn zugeteilt. Das Mischvolk aus germanischen Zuwanderern und lateinischsprachigen Einheimischen bezeichnete sich fortan als Bajuwaren.
Zu diesem Zeitpunkt war ein Großteil des "slowenischen" Volkes genau dort, wo es heute ist, hat aber nicht slowenisch, sondern lateinisch gesprochen. Die slawischsprachigen "Slowenen" siedelten damals noch in der Ukraine als Vasallen anderer Völker.
Die Deutschen waren also vor den Slawen in Kärnten.

540 n.Chr. verbünden sich die germanischen Goten (Schweden) im Kampf gegen das Römische Reich unter anderem mit den Sklawinen = Schlawiner = Slowenen, welche im Verein mit den eher türkischstämmigen (weil dunkelhaarigen) Anten (= Kroaten, Bosniaken, Serben?) 32 Festungen in der römischen Provinz Illyrien (= Exjugoslawien) erobern. Mit diesem Jahr werden die Slawen also zu Nachbarn der Bajuwaren.

542 bis 565 vernichtet die Pest 50% der europäischen Bevölkerung. Vermutlich waren die Städte (z.B. Virunum) besonders stark betroffen.

548 n.Chr. wandern die germanisch-herminionischen Langobarden aus Nordniederösterreich im bajuwarischen Ungarn ein und rüsten auf.

568 n.Chr. ziehen sie durch Kärnten gegen Italien, wobei ein großer Teil der österreichischen Stadtbevölkerung sich ihnen anschließt.

595 geht fast das gesamte Bajuwarenreich an die Awaren und die mit ihnen verbündeten Slawen (Slowaken und Slowenen; damals sind beide ~~vielleicht noch identisch) verloren.~~ Verbürgt ist ein Rückzugsgefecht an der Drauquelle in Südtirol.
Zu ethnischen Säuberungen ist es vermutlich nicht gekommen, eher zu einem Machtwechsel und zur Gründung slawischer Dörfer entlang der größeren Flüsse.

623 rufen die Slowenen das Herzogtum Karantanien aus; es umfaßt auch die Steiermark. (Die steirische Bevölkerung nördlich der Drau -in ihrer damaligen ethnischen Zusammensetzung- wurde in den folgenden Jahrhunderten von den Awaren und Ungarn versklavt und ausgerottet. Die Wiederbesiedlung der Deutschsteiermark erfolgte fast ausschließlich durch Bajuwaren.)

743 fällt Karantanien an den Bajuwarenherzog Oadilo. Deutsche Dorfgründungen über Jahrhunderte hinweg sind die Folge.

7) Ethnische Begründung für die Verwendung der deutschen Sprache im Raum Kärnten:
Es besteht kein Grund, daß Karantaner mit veneto-illyrischen, rätischen, keltischen (Siehe Theodor "Kelz" = Kelte!), italischen, ost- und westgermanischen, alanischen, sarmatischen oder awarischen Vorfahren auf deutschösterreichischem Staatsgebiet ausgerechnet slawisch sprechen sollen, selbst wenn sie durch die sprachliche und kulturelle Zwangsslawisierung im Herzogtum Karantanien zu Trägern eines slawischen Namens geworden waren. Wenn sie schon die Sprache ihrer tatsächlichen ethnischen Vorfahren nicht mehr sprechen, dann sollen sie auf deutschem Gebiet am besten auch die DEUTSCHE Sprache benutzen.
Ethnisch begründbar wäre die Benützung einer slawischen Sprache eventuell für einige 100 Karantaner mit erkennbar slawischen Vorfahren (blond oder rothaarig, silbergraue Augen, weiße bis rosarote Haut, ovales Gesicht, leicht fliehende Stirn, nach oben gekrümmte Nase). Uns ist nicht bekannt, daß sich diese reinrassigen Slawen, die mit den letzten echten Germanen und Kelten engstens verwandt sind, sonderlich für das Slawische interessieren.

B) Die Deutschen STURM und WIESER, der Serbe SRB und der ungarische Halbzigeuner GOMBOCZ verdienen ihren Lebensunterhalt damit, daß sie sich als Slowenen bezeichnen und unter dem Beifall unserer Tschuschen-Regierung deutschfeindliche Volksverhetzung und Staatszersetzung betreiben.
Der freie Staat Slowenien wird ersucht, diesen Leuten Asyl zu geben, damit sie endlich in einem Staat nach ihren Vorstellungen leben können!
Außer den erwähnten Leuten stehen auf unserer Schwarzen Liste an vorderster Stelle jene Damen, die zugunsten der Einrichtung einer slowenischen Volksschule in Klagenfurt in den Hungerstreik getreten sind.

C) WARNUNG in Richtung der großslowenischen Expansionisten:
Wer in Hinkunft auf österreichischem Staatsgebiet die slowenische Sprache benützt (namentlich das Laibacher Schriftslowenisch), muß damit rechnen, verletzt oder getötet zu werden.
Dies gilt sowohl für österreichische als auch für slowenische Staatsbürger (Geschäftsgespräche von Einkaufstouristen mit österreichischen Verkäufern in slowenischer Sprache).
Es besteht auch kein Bedarf an slowenischsprachigen Funktionären beispielsweise in der Kammer für Land- und Forstwirtschaft in Klagenfurt.
Mit Konsequenzen hat auch auch die katholischen Kirche zu rechnen, die derzeit (zum wiederholten Male in der Geschichte) die sprachliche Slowenisierung Kärntens begünstigt.

B1/3

Mit Grüßen
BBA, "Herzog Oadilo von Bayern"

Ergänzung des Sekretariats:
Die BBA bekennt sich zum wiederholten Male zur Briefbombenserie vom Dezember 1993. Genaue Zielauswahl, technische Planung, Produktion der Kampfmittel und Briefabsendung wurden vom Kampftrupp
– BBA, "Graf Ernst Rüdiger von Starhemberg"
durchgeführt.

B1/5

Wir vermuten, daß die inhaftierten Verdächtigen Radl und Binder nicht einmal von der Existenz einer BBA wissen; umso weniger haben sie irgendjemanden angestiftet oder gar das Kampfprojekt selbst durchgezogen.
Kuriós sind vor allem die Anschuldigungen gegen den "Philosophen" Radl, der sich (ähnlich Haider) einbildet, daß man unsere gefestigte Tschuschen-Diktatur mit demokratischen, zumindest aber mit gewaltfreien Mitteln zu Fall bringen kann.

B1/4

Das neunseitige Schreiben an die Anwälte Graff, Mayer und Schaller, mit einer Seite Vorwort

Da Innenministerium und Justiz mit den Bekennerbriefen der BBA traditionell ihre Spielchen treiben, hat sich die BBA erlaubt, den beiden Anwälten der völlig zu Unrecht beschuldigten Klienten
Ing. Peter Binder und Franz Radl
sowie dem Exjustizsprecher Dr. Michael Graff je ein umfangreiches (gleichlautendes) Bekennerschreiben zuzusenden. Im Bekennerschreiben werden vorwiegend Sachbeweise angesprochen, die im Innenministerium bereits aufliegen, aber verschwiegen werden.

Dr. Graff wurde nicht mitgeteilt, daß 2 Gleichschriften bereits an die Anwälte der Beschuldigten abgesandt wurden. Was wir Dr. Graff mitgeteilt haben, können Sie der ersten Seite entnehmen.

Sie können sicher sein, daß man Ihnen von diesem nunmehr dritten Bekennerbrief erst sehr verspätet Mitteilung machen wird, daß Sie dieses Beweismittel noch viel später ausgeliefert bekommen und daß man Ihnen nicht das ganze Schreiben vorlegt.

Es wird sinnvoll sein, daß die Anwälte Mayer und Schaller sich absprechen und in dieser Sache gemeinsam vorgehen.

Auf unsere Behauptungen in technischer Hinsicht können Sie vertrauen; wenn der Innenminister Abweichendes behauptet, sollten Sie seine Lügen und die seiner Truppe mit Gutachten, Dienstaufsichtsbeschwerden und Strafanzeigen bekämpfen. Warum Sie gegen die Journalisten Vasek, Kuba, Athanasiadis, Kräutler, Purtscheller und sonstige Dauerverleumder so wenig unternehmen, ist übrigens auch verwunderlich.

W,NÖ,OÖ,S,NT/OT,B,Stmk,K; Beobacht.MB,OB,SüdT

Salzburger Eidgenossenschaft
Bajuwarische Befreiungsarmee

Wir wehren uns!

Herrn
Dr. Michael Graff
Gonzagagasse 15
1010 Wien

1.2.1995

Schriftliche Ausführung und
stilistische Bearbeitung:
BBA, Sekretariat

Das Schreiben enthält eine Sachverhaltsdarstellung des Kampftrupps BBA, "Graf Ernst Rüdiger von Starhemberg" (zur Vorlage bei Gericht im Fall "Ing. Peter Binder und Franz Radl") Inhaltlich bekennt sich die BBA zu den beiden Briefbombenserien und zur Klagenfurter Sprengbombe, entlarvt Löschnak als Schwindler, der polizeibekannte Zusammenhänge verschleiert, der seit zwei Jahren jeden Schritt der VAPO überwacht und diese trotzdem falsch beschuldigt; ferner wird bewiesen, daß Körperverletzung, aber kein Mordversuch vorliegt.

Berechtigtes Interesse an diesem Schreiben können geltend machen:
der Justizminister, welcher von Amts wegen verpflichtet ist, gegen Innenminister Dr. Löschnak, den Slowenen Dr. Lojze Peterle u.a. Personen im Exekutiv- und Justizbereich Untersuchungen wegen strafrechtlicher oder dienstrechtlicher Verfehlungen einzuleiten,
die Obe[redacted] Wien,
Dr. Rudolf Mayer für die Löschnakgeisel Ing. Peter Binder,
Dr. Herbert Schaller für die Löschnakgeisel Franz Radl,
Gottfried Küssel als Opfer einer Beweismittelunterdrückung,
allfällige andere Personen im juristischen Ermessen des Dr. Graff.

Herr Dr. Graff äußerte schon vor etwa einem Jahr öffentlich den sachlich gerechtfertigten Verdacht, daß den Beschuldigten Binder und Radl allein aufgrund ihrer bekannten deutschnationalen Gesinnung die erste Briefbombenserie zur Last gelegt wird. Nachdem es sich zuerst abgezeichnet hatte, daß Löschnaks Truppe einigermaßen fair an die Sache herangeht, greift man jetzt wieder zu Lügen, Tricks und Erpressung und ignoriert willkürlich Spuren, die auf unsere Täterschaft hinweisen.
Die BBA und ihre Kampftrupps sehen sich daher veranlaßt,
den fälschlicherweise Beschuldigten
weitere Entlastungsbeweise zukommen zu lassen.
Wir ersuchen Herrn Dr. Graff um Kontaktaufnahme mit dem Justizminister und um Weitergabe dieses Briefes als BEWEISMITTEL an berechtigte Personen; gleichzeitig verweisen wir darauf, daß kein Staatsbürger, insbesondere aber kein Rechtsausübender, berechtigt ist, ein Beweismittel verschwinden zu lassen.
Ein Problem könnte sich mit den technischen Beschreibungen und Beweisen von Punkt 3 und 6 ergeben, die schon fast an eine Bauanleitung heranreichen!

Die Medien fordern Fahndungsergebnisse oder stellen von sich aus straflos von Woche zu Woche neue "Schuldige" an den Pranger;
die bisher in Erscheinung getretenen Kampftrupps der BBA, nämlich "Starhemberg", "Oadilo" und "Hofer", sind nach wie vor verlustfrei;
die Mitstreiter plaudern trotz Ergreiferprämien nicht, weil sie von der guten Sache überzeugt sind;
Löschnaks inhaftierte Geiseln wissen nichts;
Löschnak, der sich historisch vermutlich besser im kaukasischen Stammland seiner Ahnen, der Cechenen und Awaren, zurechtfindet als im Stammland der Bajuwaren, ihm drängt sich der Name "Starhemberg" vordringlich im Zusammenhang mit den Bundesländern Niederösterreich und Steiermark auf;
also setzt Löschnak die Maschinerie eines Indizienprozesses gegen einen Niederösterreicher und einen Steirer in Bewegung.

Löschnaks Strategie:
Einen Indizienprozeß ohne echte Beweise gewinnt der Ankläger, wenn er unter 8 Millionen Einwohnern welche findet, die einschlägig bekannt sind und die von sich aus keinen überzeugenden Gegenbeweis anbieten können. Amtliche bekannte Gegenbeweise unterdrückt man einfach; und man bedient sich der Presse zur Stimmungsmache.
Trennung der Täter in die schlauen Originale Binder und Radl und in die dummen Nachahmer, die noch immer frei sind; dies wird auch den Journalisten vorgegaukelt.
Widerrechtliche Unterdrückung und Verdrehung technischer und anderer Beweismittel, z.B. Unterdrückung der BBA-Bekennerschreiben.
Diese Strategie hat möglicherweise bereits im Unterweger-Prozeß zum raschen und publikumswirksamen Erfolg und zur Volksberuhigung geführt; wahrscheinlich war nicht er, sondern ein slowakischer Berufskiller der Täter.

SACHVERHALTSDARSTELLUNG

1....UNTERDRÜCKUNG DER BBA-BEKENNERSCHREIBEN

1.1 Am 4. oder 5.10.1994 langte beim damaligen Außenminister Peterle nachfolgender Entlastungsbeweis für Binder, Radl und Küssel ein:

Die BBA bekennt sich zum wiederholten Male zur Briefbombenserie vom Dezember 1993. Genaue Zielauswahl, technische Planung, Produktion der Kampfmittel und Briefabsendung wurden vom Kampftrupp
BBA, "Graf Ernst Rüdiger von Starhemberg"
durchgeführt.
Wir vermuten, daß die inhaftierten Verdächtigen Radl und Binder nicht einmal von der Existenz einer BBA wissen; umso weniger haben sie irgendjemanden angestiftet oder gar das Kampfprojekt selbst durchgezogen.
Kurios sind vor allem die Anschuldigungen gegen den "Philosophen" Radl, der sich (ähnlich Haider) einbildet, daß man unsere gefestigte Tschuschen-Diktatur mit demokratischen, zumindest aber mit gewaltfreien Mitteln zu Fall bringen kann.

1.2 Löschnak und Peterle als Haupttäter nach § 295 u. a. Strafgesetze, ferner die Mitwisser Sika und Kessler, die ministeramtsgeile ("Täglich ALLES" vom 29.1.1995, Seite 5) Eckbrecht-Dürckheim-Montmartin und der von einer normalen Persönlichkeitsstruktur abweichende, führerscheinlose Sepp Dieter Fasching, der aus Angst um seinen Arbeitsplatz selbst seine eigene Großmutter wegen Hexerei anklagen würde, haben das unter Punkt 1.1 angeführte Beweismittel bis zur Urteilsverkündung im zweiten Küssel-Prozeß UNTERDRÜCKT und dadurch die Geschworenen beeinflußt.

Im Prozeß machten Ankläger und Richterin Stimmung gegen Küssel, indem sie behaupteten, ALLES weise darauf hin, daß seine Anhänger Binder und Radl die erste Briefbombenserie inszeniert hätten.
Anschließend hat Löschnak unter einem Vorwand seine Terrorkommanden auf Küssels Verwandtschaft losgelassen und hiemit Küssel -laut dessen Aussage den Medien gegenüber- genötigt, das Urteil anzunehmen.
Es ist Küssels Sache, gegen seine Peiniger bei Gericht vorzugehen.

Beweis 1:

Am 4. oder 5.10.1994 erreicht das Bekennerschreiben Peterle,
am 19.10.1994 geht der Küssel-Prozeß zu Ende,
am 20.10.1994 berichtet urplötzlich der "Kurier" von einem Bekennerschreiben zur Klagenfurter Bombe,
am 21.10.1994 bestätigt dies auch Löschnak;
als Küssel das Urteil angenommen hat, wird der Text des Bekennerschreibens veröffentlicht.

Beweis 2:

Löschnak, Sika, Kessler und der Zeitungsinformant Gerhard Koller sind bereits ab dem 7.10.1994 ("Krone" vom 8.10.1994) mehrfach in eine Falle getappt, als sie sich zum Thema Bauparallelen zwischen den Bomben völlig falsch oder zumindest tendenziös geäußert haben. Sie müssen von den gleichartigen Briefköpfen der Bekennerschreiben bereits damals gewußt haben, denn die behaupteten technischen Bauparallelen zwischen den Anschlägen "Oadilo" und "Hofer" sind nahezu NULL.

1.3 Das Zitat "Die BBA bekennt sich zum wiederholten Male zur Briefbombenserie .." bezieht sich auf 3 gleichlautende, an Pressestellen gerichtete Briefe mit dem BBA-Briefkopf, die vor fast einem Jahr irgendwo im Papierkorb gelandet sind - vermutlich bei Löschnak.

1.4 Wir nehmen nicht an, daß Fasching das BBA-Bekennerschreiben freiwillig in seine Anklage einbauen wird; er kann doch nicht sein eigenes Verleumdungs- und Traumgebäude in Frage stellen!

1.5 Der österreichischen Presse paßte es offensichtlich nicht in den Kram, daß die von ihr mit Schimpfwörtern bedachten Beschuldigten von der BBA für völlig unbeteiligt erklärt werden. Nur in 3 Zeitungen erfolgte eine einmalige, gekürzte und teilweise verdrehte Erwähnung. Derzeit nehmen die Journalisten im Windschatten Faschings wieder vollen Anlauf, um über Binder und Radl herzufallen.
Ein Journalist behauptete sogar trotz der unter Punkt 4 angegebenen polizeibekannten Sachbeweise, es gäbe keine Indizien und Beweise für die Beteiligung der BBA an der ersten Briefbombenserie.

S4

2....KEINE EINZIGE BRIEFBOMBE DER ERSTEN SERIE WAR EINE TÖDLICHE WAFFE

2.1 Die Briefbomben der ersten Serie wirken durch Sprengwirkung (Schlagwirkung der Verbrennungsgase). Es gibt so gut wie keine konzentrierte Fernwirkung durch Splitter, die imstande sind, die Haut zu durchschlagen.

2.2 Wenn die Kriminaltechnische Zentralstelle, bestehend aus Handwerkern, angeblich zwischen 5 und 10 Milliliter Glyzerintrinitrat pro Brief vorgefunden haben will, wird sie diese Menge sicher vorzeigen können. Jeder Zehnjährige kann berechnen, daß diese Menge in den Trinkhalmen mit 5 mm Durchmesser nicht unterzubringen ist, zumal die Trinkhalme wegen der Bruchgefahr beim Gefrieren nicht prall gefüllt wurden.
Der Erinnerung nach waren es durchschnittlich 7 Gramm Glyzerintrinitrat pro Brief; den genauen Wert kennt der Reißwolf.

2.3 Zwei Oz "SEMTEX" in kompakter Anordnung
(56.7 Gramm; also ungefähr der Inhalt einer Handgranate, diese wirkt aber zusätzlich durch Splitter)
gilt laut Literatur, laut militärischen Lehrfilmen, laut einem im Fernsehen gezeigten Dokumentarfilm und laut Anfrage beim Hersteller in einem Nachbarstaat als jene Sprengstoffdosis, die einen Mann töten KANN.

2.4 Einige wenige Entwicklungsingenieure auf der Welt sind imstande, als Maß für die Sprengwirkung jenes Volumen anzugeben, in dem ein Gasdruck von 20 Bar kurzzeitig überschritten wird.

2.5 Auf der einen Seite stehen 7 g gefrorenes Nitroglyzerin in Stäbchenform mit sehr geringem Querschnitt, auf der anderen Seite stehen 56.7 g Semtex in Würfelform.
Selbst im Fall einer perfekten Hochgeschwindigkeitsdetonation mit Detonationsübertragung von einem Zünder bis zum anderen (Zilk, den größten aller Gauner, hat das Schicksal eben am härtesten getroffen)
wird das Ergebnis wohl lauten:
Die Sprengwirkung einer Briefbombe beträgt höchstens

10% bis 20%
----

jener Sprengwirkung, die einen Mann nach militärischen Maßstäben töten KANN.

2.6 Der alleinige Verlust einer Hand ist - statistisch gesehen - keine typische "Verletzung mit Todesfolge".

2.7 Hätte sich Zilk statt auf den Brief auf einen Silvesterkracher gelümmelt, hätte er wohl auch 1 oder 2 Finger verloren.

2.8 Bezirksinspektor Theodor Kelz in Klagenfurt hat ungefähr die
FÜNFZIGFACHE Sprengwirkung
der Zilk-Bombe abbekommen; er hat selbst das überlebt.

2.9 Falls dem von den Juden mit Orden überhäuften Ausländertribun Zilk das Leben zu mühsam wird, schicken wir ihm gerne wieder 7 Gramm Nitroglyzerin. Er soll sich das Nitroglyzerin aber in seinen Slibowitz rühren, weil die Giftwirkung gefährlicher ist als die Sprengwirkung.
Es steht ihm auch gut an, daß er eine Hand verloren hat, denn mit dieser Hand hat er in unsere Sparbücher gegriffen, um Eindringlinge mit Wohnungen zu versorgen und durchzufüttern sowie die Kinder der Wiener Tschuschen in den öffentlichen Dienst zu stopfen.

55

3....MEHRERE BRIEFBOMBEN DER ERSTEN SERIE ENTHIELTEN SOGAR WARNZÜNDER

In diesen Fällen sind größere Verletzungen völlig auszuschließen, und der Vorwurf des Mordversuchs ist ein absoluter Witz. Der Beweis ergibt sich aus der technischen Beschreibung wie folgt:

3.1 Detonationszünder und Warnzünder sind elektrisch parallelgeschaltet. Wo die Parallelschaltung fehlt, wo der zweite Zünder also elektrisch nicht verdrahtet ist, ist nur der gefährliche Detonationszünder wirksam.

3.2 Der Glühdraht des Warnzünders ist dicker und KÜRZER und erwärmt sich daher rascher.
Der Warnzünder enthält nur Quecksilberfulminat, das sich bei einer niedrigeren Temperatur als das Silberfulminat des Detonationszünders entzündet.

3.3 Zuerst spricht der Warnzünder an.
Erst wenn der Glühdraht des niederohmigen Warnzünders zerstört ist, kann sich der Glühdraht des Detonationszünders auf kritische Temperaturen erhitzen.
Wenn die Stabilität des Schaltungsaufbaus ausreicht, um den Stromkreis des Detonationszünders funktionsfähig zu erhalten, spricht schließlich der Detonationszünder an.

3.4 Quecksilberfulminat in der von den "Starhembergern" hergestellten Kristallgröße und chemischen Beschaffenheit und ohne nennenswerte Verdämmung verpufft bei Erhitzung heftig, verspritzt und entzündet das in den Trinkhalmen befindliche Nitroglyzerin, führt aber keine Detonation herbei.
Quecksilberfulminat kann aber durch eine kleine Menge Silberfulminat (o.ä) zur Detonation gebracht werden, wobei sich die Detonation auch auf das Nitroglyzerin überträgt.

3.5 Der Warnzünder führt zu Pfeif-, Pfauch- und Knattergeräuschen und zum Aufblähen der Briefe.
Nach frühestens 1/2 Sekunde detoniert jenes Nitroglyzerin, das noch nicht verbrannt oder verspritzt ist, sofern der Detonationszünder und seine Stromzuleitungen überhaupt noch in Ordnung sind. Zu diesem Zeitpunkt hat kein normaler Mensch mehr die Hände am Brief, sondern vor dem Gesicht.

3.6 Nicht der liebe Gott oder seine eigene Schlauheit haben dem ewigen Janitscharen (Albaner und Bosniaken als türkische Elitesoldaten) Janisch geholfen ("Ich habe den Brief nur zur Hälfte geöffnet, deswegen ist nur 1 Zünder losgegangen...."), sondern unsere Fehleinschätzung, daß dieser fremdrassige Pfaffenbandit doch noch zur Vernunft zu bringen ist.

56.

4....TECHNISCHE ÜBEREINSTIMMUNGEN ZWISCHEN DEN BRIEFBOMBEN DER ERSTEN UND ZWEITEN SERIE, die von Löschnak geleugnet werden:

4.1 Sensordrähte identisch:
Kupfer und Lackisolation chemisch und mechanisch (Mikrorisse) völlig identisch, von der gleichen Spule stammend;
erzeugt vor ca. 20 Jahren, also unverwechselbar;
mit Fett-, Eiweiß- und Geruchsentfernern behandelt

4.2 Glühzünder (Detonationszünder der 1. und 2. Serie) fast gleich:
Glühdraht elektrisch gleich;
Dimensionen, Aufbau und äußerliches Aussehen fast gleich;
Silberfulminat als Initialsprengstoff;
Glühzünder der ersten Serie war unter einer Metallhülse verborgen, wodurch die Zeitungen als Informationsquelle wieder ausscheiden; die Verwendung von Silberfulminat war in den Medien überhaupt unerwähnt geblieben.

4.3 Die "Hofer" haben mit Absicht die obigen technischen Details von den "Starhembergern" übernommen, um den Zusammenhang offenbar zu machen. Diese Übereinstimmungen werden von Löschnak heruntergespielt,
um sein Märchen von 2 Tätergruppen widerspruchsfrei zu halten.

5....VERWENDETE SPRENGSTOFFE UND GRUNDSÄTZLICHER AUFBAU DER BOMBEN:

5.1 BBA, "Graf Ernst Rüdiger von Starhemberg"
"Erste Briefbombenserie"

Zwei parallelgeschaltete, dreistufige Sprengsätze,
Alarmteil: niederohmiger Glühzünder, der vor dem Detonationszünder anspricht, bei einigen Adressaten absichtlich elektrisch nicht angeschlossen,
1. Stufe Quecksilberfulminat,
2. Stufe Quecksilberfulminat,
3. Stufe gefrierbehandeltes Nitroglyzerin
Detonationsteil: hochohmiger Glühzünder stets elektrisch angeschlossen,
1. Stufe Silberfulminat (1 Jahr lang verschwiegen)
2. Stufe Quecksilberfulminat,
3. Stufe gefrierbehandeltes Nitroglyzerin

5.2 BBA, "Herzog Oadilo von Bayern"
"Klagenfurter Sprengbombe"

vierstufiger Sprengsatz,
1. Stufe Silberfulminat,
2. Stufe Silberfulminat,
3. Stufe Nitroglyzerin,
4. Stufe Kohlenwasserstoff-Natriumchlorat mit Magnesiumzusatz (lagerfähig, ohne Verdämmung selbstverlöschend)

U.a. sind folgende Löschnakbehauptungen unrichtig:
die Bezeichnung "Rohrbombe":
hochdruckbeständiges Stahlrohr und Splitterwirkung nicht vorhanden;
nur der "Zünder" sei explodiert:
Die Auftreffgeschwindigkeit des Beamten Petritsch auf der Glastüre, wo er einen Abdruck seines gesamten Knochenbaus hinterlassen hat, läßt darauf schließen, daß nicht Sprengstoffmengen im Grammbereich, sondern eher im Bereich von 500 g oder mehr umgesetzt wurden, bevor die Detonation erloschen ist. Der beschriebene Lichtblitz kann auch nur von der 4.Stufe des Sprengsatzes herrühren.
Die Elektronik der Klagenfurter Sprengbombe war um Größenordnungen komplexer als der Transistorverstärker (2 x PNP) der ersten oder der Thyristorschalter der 2.Briefbombenserie.

5.3 BBA, "Regent Andreas Hofer von Tirol" &
"Graf Ernst Rüdiger von Starhemberg"
"Zweite Briefbombenserie"

zweistufiger Sprengsatz:
1. Stufe Silberfulminat,
2. Stufe Silberfulminat

Löschnak wittert schon wieder Mordversuche, obwohl die Briefe nicht funktionsfähig waren, also keine Waffen sind.

Die "Hofer" nehmen an, daß die in den Medien beschriebenen Briefe nicht von ihnen, sondern von den BRÜDERN GRIMM stammen. Die "Hofer" erinnern sich wohl, daß sie alte Quecksilber-Zellen eingebaut haben, die bei der aufgelassenen Quecksilberfulminat-Produktion übriggeblieben sind; sie erinnern sich sogar an eine Endüberprüfung bei 25°C mit einem "Zündstrom" von ca. 25 mA. Die "Hofer" wissen aber nichts von durchgeschmorten Drähten, Kurzschlüssen, Verdrahtungsfehlern,Konstruktionsfehlern, plumpen Imitationen, grober und schlampiger Arbeit, von Sensordrähten nur an einer einzigen Briefkante; ihnen ist auch kein Kirchdorf an der Paßthurner-Bundesstraße bekannt, und sie kennen zwar gelegentliche orthographische Flüchtigkeitsfehler, aber kein gebrochenes Deutsch.

Und es kann sich auch keiner aus der BBA erklären, von wo die enorme Sprengkraft der eingebauten Würstchen plötzlich herkommt, nachdem diese bei einem Sprengversuch erwartungsgemäß kaum besser als eine Standardsprengkapsel abgeschnitten hatten.

Zum Ärger für Löschnaks Wahlstrategen gab es kein Blut und keine Märtyrer in der Vorwahlzeit, wohl aber eine Blamage für ihn selbst angesichts seiner Inserate; auch der erwartete große Prozeßtriumph der Panslawisten im verfassungswidrigen Küssel-Prozeß (Meinungsfreiheit) fiel eher bescheiden aus.

6....HERSTELLUNG VON NITROGLYZERIN (Glyzerintrinitrat, Trinitroglyzerin)

6.1 Wenn Löschnaks Handwerker von der Kriminaltechnischen Zentralstelle die Behauptung aufstellen, für die Herstellung von Glyzerintrinitrat gäbe es in NAZI-Kreisen verbreitete Kochrezepte und die Zutaten seien frei in der Drogerie erhältlich, dann mögen sie ihre Weisheiten zuerst einmal im Experiment überprüfen, bevor sie jemanden mit blödem Geschwätz ins Gefängnis bringen!

6.2 Handelsübliches Glyzerin mit einer Reinheit von 80% ist für die Erzeugung von Glyzerintrinitrat ungeeignet. Wer sein Glück mit Reinheiten von unter 99.5% versucht, provoziert eine Verpuffung der Salpetersäure und eine Detonation des allfällig schon im Gefäß befindlichen Glyzerintrinitrats.
Durch Absieden des Wassers kann das Glyzerin konzentriert werden. Aber selbst hier man das Glyzerin über Gebühr zersetzen oder überhitzen.

6.3 Handelsübliche Schwefelsäure mit 95% ist unmittelbar verwendbar.

6.4 Handelsübliche Salpetersäure mit einer Reinheit von 65% ist nur dann brauchbar,
- wenn jemand die Apparaturen und Chemikalien besitzt, um die Salpetersäure zu konzentrieren, oder
- wenn jemand in der Lage ist, Nitrosylschwefelsäure herzustellen, um sie in geringer Konzentration dem Salpetersäure-Schwefelsäure-Gemisch beizumengen.

6.5 Mit einem einfachen Gemisch aus handelsüblicher Salpetersäure und handelsüblicher Schwefelsäure entstehen selbst bei Zugabe konzentrierten Glyzerins im besten Fall ein paar gelbliche Fettaugen, die obenauf schwimmen und die unter anderem auch Glyzerintrinitrat enthalten.

6.6 Die BBA vermutet, daß bei Peter Binder lediglich handelsübliche Chemikalien vorgefunden wurden.
Falls er damit aus Neugier die Herstellung von Glyzerintrinitrat versucht hat, hat er ein paar Fettaugen geerntet, die gerade für einen Fettfleck reichen.

6.7 Der in der Presse fortwährend erwähnte Scheidetrichter des Peter Binder ist nützlich, aber nicht unbedingt erforderlich.

7....INITIALSPRENGSTOFFE:

7.1 Die Idee, daß jemand Patronen delaboriert, um aus den Zündkapseln Quecksilberfulminat auszukratzen, und zwar in einer Menge, wie sie in den 10 Briefbomben vorkommt, paßt am besten zu einem Mann, der Fasching heißt. Nomen est omen.

7.2 Angeblich hat ein Gutachter den Unsinn der Delaborierungstheorie bereits entlarvt, zumal er unsere schlechte Bastelqualität von der Industriequalität zu unterscheiden weiß. Nur Staatsanwalt Fasching beharrt auf Löschnaks wüster Theorie.
Nach der zweiten Briefbombenserie müßte es wohl klar sein, woraus die "Starhemberger" das Quecksilber gewonnen haben, nämlich vorwiegend aus alten Knopfzellen.

7.3 Es ist sehr interessant, daß den Medien die Verwendung von Silberfulminat fast 1 Jahr lang verborgen blieb.

8....VORLÄUFIG NOCH ZURÜCKBEHALTENE BEWEISE:

8.1 Die BBA kann theoretisch Sprengstoffproben von den in der ersten Briefbombenserie eingesetzten drei Sprengstoffen vorlegen.
8.2 Es wurde auch noch ein defekter, zweistufiger Briefbombenzünder samt Blechhülse (1. Serie) aufbewahrt.
8.3 Schaltpläne sind vorhanden. Sie sind -ebenso wie die Sprengstoffe- nach Möglichkeit selbst entwickelt.
8.4 Interessant ist, daß technische Zahlen (teilweise sogar Zahlen mit Komma) zuerst als Seriennummern und anschließend gar als Kompanie- und Regimentsnummern interpretiert wurden. Zu gegebener Zeit wird die BBA einem mit Humor gesegneten Journalisten berichten, worum es sich in Wahrheit handelt.

9....AN DIE POLIZEIGEWERKSCHAFT:

9.1 Wir halten für höchst gefährlich, wie sich die Exekutivbeamten mit ihren Metallsuchgeräten ungeschützt auf die Briefe stürzen.
Besonders die Thyristorvariante (Serie 2) reagiert sehr empfindlich auf Störspannungen, falls der eingebaute Entstörkondensator einen Transportschaden aufweist!
9.2 Abgestellte Sprengkörper sind dazu bestimmt, an Ort und Stelle von selbst zu detonieren oder gesprengt zu werden; in Hinkunft wird es gelegentlich schon bei der ersten Berührung krachen.
Wir stellen fest, daß die Entschärfer vermeintliche Bomben nach wie vor irgendwo hinschleppen und erst dort sprengen.
9.3 Die Tschuschen mögen übrigens die für sie bestimmten Bomben selbst entschärfen! Wieso riskieren die Sklaven ihr Leben für die Sklaventreiber?
9.4 Wir verteidigen unsere Freiheit und unser Hausrecht grundsätzlich mit dem Leben, auch gegen Gendarmeriespähtrupps im Auftrag der EBT. Unglücksfälle dieser Art konnten bisher knapp vermieden werden.

Der Brief an den niederösterreichischen Landesrat Schimanek

W,NÖ,OÖ,S,NT/OT,B,Stmk,K; Beobacht.NB,DB,SüdT

Salzburger Eidgenossenschaft
Bajuwarische Befreiungsarmee

Wir wehren uns!

Herrn Landesrat
Hans Jörg Schimanek
3550 Langenlois

5.5.1995

Kampftrupp BBA, "Markgraf Gerold,
Präfekt der Awarenmark"

Schriftliche Ausführung und
stilistische Bearbeitung:
BBA, Sekretariat

Sehr geehrter Herr Schimanek!

Vorbemerkungen:

Dieses Schriftstück ist frei von Fingerabdrücken, Eiweißspuren, Pollen und verwertbaren Gerüchen. Dennoch ist es für Kriminaltechniker kein Problem, dieses Schreiben im ganzen oder Teile dieses Schreibens der BBA zuzuordnen. Gelänge das Schreiben in die Hand der Behörden, wäre das für das Sekretariat und uns als Kampftrupp "Gerold" keine Katastrophe, aber äußerst unerfreulich. Noch unerfreulicher wäre es, würden Sie dieses Schreiben zu einem Kuhhandel mit der Justiz mißbrauchen!
Dieses Schreiben liest Herr Schimanek senior und sonst niemand!
Bitte unterlassen Sie es, am Telefon oder sonstwo über den Erhalt oder den Inhalt dieses Briefes zu sprechen!
Sollten irgendwelche Reste dieses Schreibens bei Ihnen aufgespürt werden (Ihr Müll wird mit Sicherheit durchsucht), wird der Innenminister behaupten, jetzt sei Ihre persönliche Verwicklung in den Terrorismus erwiesen, und er wird Sie ruinieren.
Es liegt daher in Ihrem Interesse, daß dieser Brief mit allen Beilagen und mit dem Kuvert SOFORT NACH DEM LESEN VERBRANNT WIRD! Wenn Sie Teile des Inhalts interessant finden, können Sie sich ja handschriftliche Notizen machen oder Teile des Briefes auf ein Diktiergerät sprechen!

Warum wurde Ihr Sohn zur irrwitzigen Strafe von 15 Jahren verurteilt?

1. Innenminister Einem sagte am 30.4.1995 (?) im Fernsehen sinngemäß: ".. der Schimanek, der die Leute systematisch zum Töten erzogen und ausgebildet hat.."
   Daß der Schimanek genau das gemacht hat, was von Berufs wegen jeder Bundesheerausbilder unzählige Male macht, daß er ferner nur Jungmänner instruiert hat, die ohnehin zum Militär müssen und dort dasselbe vorgesetzt erhalten, ist in der heutigen Zeit der Unlogik, wo auf 4 Großeltern ein Enkel kommt, offenbar nicht plausibel zu machen. Es zählt auch scheinbar nicht, daß Ihr Sohn seit fast 3 Jahren seine Kurse eingestellt hat.
   Ausbildung zum Töten ist nicht strafbar. Zumindest gibt es vorläufig noch kein diesbezügliches Gesetz. Die sogenannte Justiz wird das Urteil mit an den Haaren herbeigezogenen Paragraphen begründen müssen, obwohl es im Prozeß ständig um die Ausbildung Jugendlicher zum Töten ging.

2. Als der Kampftrupp "Andreas Hofer" nach der Festnahme Ihres Sohnes und dreier weiterer Personen zur Warnung vier blinde Briefbomben losschickte, brach im Gerichtssaal plötzlich die allgemeine Zahmheit aus und es wurde nichts aus den 20 Jahren bis Lebenslänglich, die für Küssel schon im Raum zu stehen schienen. Auch von weiteren Verhaftungen wurde Abstand genommen.
   Stärke muß man zeigen, mit dem Jammern kommt man nicht weit!
   Im Fall Ihres Sohnes hatten wir nicht erwartet, daß er mehr als 2 Jahre ausfaßt, und hatten es daher allein schon deswegen unterlassen, die Rechtsausübenden und die Geschwornenbank rechtzeitig mit geeigneten Mitteln zur Ordnung zu rufen oder uns wenigstens die Geschwornenliste zu besorgen.

3. Dr. Christian Werner, der Anwalt Ihres Sohnes, wollte seine Zukunft als Anwalt nicht gefährden und hat sich entsprechend zahm und schwächlich aufgeführt. Prompt waren die Damen auf der Geschwornenbank der Meinung, ihnen könne nichts passieren und sie könnten die Sau herauslassen und eine Show abziehen.
   Der selbstlose und mutige grüne Anwalt Dr. Prader ist da stets von ganz anderem Format gewesen und hat sich ganz anders in die Schlacht geworfen!

Was könnte man jetzt noch unternehmen?

1. Rechtsauskunft bei Dr. Prader einholen:

   Seitdem es den Linken gelungen ist, Dr. Schaller einzuschüchtern und zum Abtritt zu bewegen, gibt es bei uns keinen brauchbaren rechten Extremismus-Anwalt.
   Wir überlassen es Ihrem Urteil, ob die nachfolgende Idee etwas taugt:
   Wir halten es nicht für erwiesen, daß Dr. Prader ein ideologischer Weltverbesserer und Hasser von Recht und Ordnung ist. Er will wahrscheinlich einfach zeigen, daß er weder Tod noch Teufel fürchtet und auch unangenehme politische Prozesse zu führen bereit ist.
   Wir können uns nicht vorstellen, daß Dr. Prader es gutheißt, daß Ihr Sohn zu unangemessenen 15 Jahren verdonnert wurde (was eigentlich mit der Todesstrafe gleichzusetzen ist). Rufen Sie aber ja nicht bei ihm an und halten Sie alle Kontakte mit ihm streng geheim!
   Ihre Frau soll sich direkt in die Höhle des Löwen wagen, Prader aufsuchen, die verzweifelte Mutter mimen und ihm vorweinen, wie ratlos sie ist. Sie möchte eine bezahlte Beratung in Anspruch nehmen und von Prader erfahren, welche Strategie er vorschlägt beziehungsweise welche Fehler Dr. Werner seiner Ansicht nach gemacht hat.
   Auf die bisherigen Freunde (Woratsch) zu setzen, wird wahrscheinlich wiederum nach hinten losgehen.

2. Die Peiniger provozieren, indem Sie einen deutschen Namen annehmen:

   Es hat keinen Sinn, Schwäche zu zeigen oder gar um Gnade zu winseln.
   Die Regierenden und ihre Helfer in der Justiz haben den Charakter eines Hundes: Wenn man wegläuft, dann beißt der Hund erst recht.
   Erklären Sie dem Gesindel den Krieg, indem Sie samt der ganzen Familie einen deutschen Namen annehmen! Erklären Sie, daß die Leute Sie immer wieder auffordern, den Namen zu buchstabieren.
   Das sei sehr lästig und habe mit Deutschtümelei natürlich rein gar nichts zu tun!
   Wenn Neger, Juden, Zigeuner und Perser hier mit deutschen Namen herumlaufen dürfen, wird man Ihnen hoffentlich auch einen zubilligen.
   Holen Sie sich den Namen eines Ihrer Ahnen zurück! Dort sind mit Sicherheit einige deutsche Namen zu finden.

3. Die Peiniger durch Anzeigen in Bedrängnis bringen:

Da in Wirklichkeit die straffreie Ausbildung zum Töten widerrechtlich bestraft wurde und auch das Wiederbetätigungsgesetz nur eine kuriose Waffe der Tschuschenhäuptlinge zur Unterdrückung der Deutschösterreicher ist, sollte man die Absurdität dieser Bestrafung aufzeigen und öffentliche Stellen sowie Journalisten durch anonyme Anzeigen wegen Mitwisserschaft und dergleichen in Bedrängnis bringen.
Dann wird ihnen möglicherweise die Lust am Aufspüren, Verfolgen und irrwitzigen Bestrafen von Meinungsäußerungen (= sogenannte politische Verbrechen) vergehen!
Dies müßte sich bereits bei der Berufungsverhandlung Ihres Sohnes auswirken, wenn Sie schnell handeln und sich dabei nicht erwischen lassen.

Da wir nicht den gesamten Prozeßverlauf und die Urteilsbegründung kennen, ist es uns schwer möglich, fehlerlose Sachverhaltsdarstellungen **abzufassen** und somit ganz allein wirksame Anzeigen auf die Beine zu stellen.

Untenstehend liefern wir Muster für solche Anzeigen. Es müssen nur wenige Sätze in der Sachverhaltsdarstellung berichtigt oder ergänzt werden, den Rest können Sie einfach abschreiben.
Wenn Sie diesbezüglich etwas unternehmen, dann sind Sie hoffentlich gründlich und liefern keine Beweise, die auf Sie als Autor hinweisen, sonst laufen Sie Gefahr, genau das Gegenteil zu erreichen, was für Sie und Ihren Sohn weitreichende Konsequenzen hätte.

Regeln:

keine Fragen stellen, niemandem etwas erzählen und alles selbst ausführen,
Briefpapier und Marke weit auswärts einkaufen,
Ortsangabe im Brief muß mit Aufgabeort übereinstimmen,
Ort wählen, zu dem Sie keine Beziehung haben,
Fingerabdrücke auf Briefpapier, Kuvert oder Briefmarke vermeiden oder mit Nitroverdünnung, Spiritus oder Putzbenzin und Pinsel gründlich beseitigen, rauhe Handschuhe verwenden,
Haare auf dem Briefpapier vermeiden,
Briefmarke mit Nitroverdünnung abwaschen und mittels Uhu aufkleben oder nur am Rand oder mittels Pinzette berühren und (mit Trinkwasser befeuchtet) aufkleben,
Sonder-Schriftarten vermeiden, die man aus Ihrer Korrespondenz kennt,
Typenradschreibmaschine: Farbband und Radierband anschließend verbrennen, nur Standardschriftbild verwenden,
Computer: beim Löschen einer Datei auf der Festplatte bleiben stets Textreste auf der Festplatte, die von Profis aufgespürt werden können, folglich mit einer Diskette (Laufwerk A:) arbeiten und diese anschließend neu formatieren oder verheizen

---

Vorschlag Nummer 1:

Freistadt, den 15.5.1995

An die Staatsanwaltschaft Wien

Namenlose Anzeige gegen
unbekannte Täter im Bereich der STAPO und des Innenministeriums
wegen nationalsozialistischer Wiederbetätigung und Wiedererrichtung einer nationalsozialistischen Organisation
durch Begehung nach Paragraph 2 des Strafgesetzbuches, das ist Begehung durch Unterlassung einer Erfolgsabwendung

Beweise: Gerichtsakt zum Fall Hans Jörg Schimanek,
Dossier der STAPO,
"News", 11/1995,
sinngemäße Aussage des Innenministers Einem vom 30.4.1995 (?) im Fernsehen:
".. der Schimanek, der die Leute systematisch zum Töten erzogen und ausgebildet hat.."

Hinweise:

Paragraph 86.(1) StPO:
Wer immer von einer strafbaren Handlung, die von Amts wegen zu verfolgen ist, Kenntnis erlangt, ist berechtigt, sie anzuzeigen, also auch der anonyme Verfasser dieses Schreibens.

Paragraph 87.(2) StPO:
Wenn namenlose Anzeigen ... die strafbare Handlung glaubwürdig bezeichnende Umstände enthalten, so ist .. zur Erhebung dieser Umstände zu schreiten.
Es ist also auch diese Anonymanzeige, die durch Gerichtsakte bewiesen wird, einer Behandlung zuzuführen.

Paragraph 84.(1) StPO:
Alle öffentlichen Behörden und Ämter sind schuldig, die entweder von ihnen selbst wahrgenommenen oder sonst zu ihrer Kenntnis gelangten strafbaren Handlungen .. SOGLEICH dem Staatsanwalte des zuständigen Gerichtes anzuzeigen.
Die den Herrn Schimanek observierenden Behörden waren also bei der ersten Kenntnisnahme strafbarer Handlungen zur sofortigen Anzeige beim Staatsanwalt verpflichtet. Daß es strafbare Handlungen waren, ist durch das Urteil in einem ordentlichen Gerichtsverfahren erwiesen.

Paragraph 90.(1) StPO:
Findet der Staatsanwalt .. genügend Gründe, wider eine bestimmte Person das Strafverfahren zu veranlassen, so bringt er .. den Antrag auf Einleitung der Voruntersuchung .. ein.
Offensichtlich wurde der Staatsanwalt von den in einem ordentlichen Gerichtsverfahren festgestellten Verbrechen gegen die Verfassung nicht informiert; andernfalls hätte er frühzeitig Voruntersuchungen eingeleitet.

Paragraph 2. StGB:
Bedroht das Gesetz die Herbeiführung eines Erfolges mit Strafe, so ist auch strafbar, wer es unterläßt, ihn abzuwenden, obwohl er zufolge einer ihn im besonderen treffenden Verpflichtung durch die Rechtsordnung dazu verhalten ist und die Unterlassung der Erfolgsabwendung einer Verwirklichung des gesetzlichen Tatbildes durch ein Tun gleichzuhalten ist.
Observierende Behörden und Staatsanwalt waren durch die Rechtsordnung nach § 84.(1) und § 90.(1) StPO zum SOFORTIGEN Einschreiten verpflichtet, um die widerrechtlichen Handlungen ganz zu verhindern oder zumindest ihre wiederholte Begehung abzuwenden.

Sachverhalt:
(Bitte Formulierungen aus dem Urteil verwenden, ohne das Urteil exakt zu zitieren! Ergänzungen und Berichtigungen vornehmen!) ***********

Aus Medienberichten ist abzuleiten, daß Herr Hans Jörg Schimanek unter anderem auf Grund paramilitärischer Wehrsportübungen und einiger Meinungsäußerungen das politische Delikt der nationalsozialistischen Wiederbetätigung begangen hat und in einem ordentlichen Gerichtsverfahren beim Oberlandesgericht Wien in erster Instanz zu 15 Jahren Haft verurteilt wurde.
Gleichzeitig wurde offenbar, daß der Verurteilte jahrelang von Amts wegen observiert wurde, ohne daß er auf sein widerrechtliches Handeln hingewiesen wurde oder sein widerrechtliches Handeln vereitelt wurde. Damit haben die observierenden Stellen eine Erfolgsabwendung unterlassen und das Delikt hiemit selbst begangen. Sie sind auszuforschen und der Bestrafung zuzuführen.

Ende der Sachverhaltsdarstellung, Ende der Anzeige

Vorschlag Nummer 2:

Freistadt, den 15.5.1995

An die Staatsanwaltschaft Wien

Namenlose Anzeige gegen
unbekannte Täter aus der Belegschaft des Senders
(RTL, SAT1 oder welcher war es?) ********************************
wegen nationalsozialistischer Wiederbetätigung und Wiedererrichtung
einer nationalsozialistischen Organisation
durch Begehung nach Paragraph 12 des Strafgesetzbuches, das ist
Begehung durch Bestimmung eines anderen, die Tat auszuführen

Beweise: Gerichtsakte und Filmmaterial (insbesondere der sogenannte
"Gurgelschnitt-Film") zu den Fällen
Gottfried Küssel und Hans Jörg Schimanek,
Kriegsberichterstattung aus dem Balkan

Hinweise:
Paragraph 86.(1) StPO:
Wer immer von einer strafbaren Handlung, die von Amts wegen zu verfolgen ist, Kenntnis erlangt, ist berechtigt, sie anzuzeigen, also auch der anonyme Verfasser dieses Schreibens.
Paragraph 87.(2) StPO:
Wenn namenlose Anzeigen ... die strafbare Handlung glaubwürdig bezeichnende Umstände enthalten, so ist .. zur Erhebung dieser Umstände zu schreiten.
Es ist also auch diese Anonymanzeige, die durch Gerichtsakte und Filmmaterial bewiesen wird, einer Behandlung zuzuführen.
Paragraph 12. StGB:
Nicht nur der unmittelbare Täter begeht die strafbare Handlung, sondern auch jeder, der einen anderen dazu bestimmt, sie auszuführen, oder der sonst zu ihrer Ausführung beiträgt.

Sachverhalt:

Von der Kriegsberichterstattung besonders aus dem Balkan ist bekannt, daß der Kanonier mit der Zigarette im Mund gelangweilt neben seiner Stalinorgel oder Kanone steht und in Richtung des Reporters schaut. Es ist ganz offensichtlich, daß der Kanonier auf ein Zeichen des Reporters wartet, um hernach seine todbringende Waffe abzufeuern. Der Reporter, ob er nun gezahlt hat oder dem Kanonier nur die Möglichkeit geboten hat, sich als Filmstar zu fühlen, veranlaßt und bestimmt den Kanonier, zivile Ziele in Städten just zu diesem Zeitpunkt zu vernichten.

(Sachverhalt an dieser Stelle berichtigen und ergänzen!) ***************
Sowohl im Fall Küssel als auch im Fall Schimanek wurden von Fernsehanstalten Filme und Interviews ausgestrahlt, deren Inhalt in ordentlichen Gerichtsverfahren als nationalsozialistische Wiederbetätigung bewertet wurde. Küssel und Schimanek wurden zu 11 beziehungsweise 15 Jahren Haft verurteilt.
Zweifellos wurden auch in diesen Fällen Küssel und Schimanek zu Taten und Äußerungen provoziert, die in dieser filmreifen Form ohne Kamera nie geschehen wären. Möglicherweise wurde sogar ein Honorar gezahlt.

Ferner ist die Fernsehausstrahlung von Szenen nationalsozialistischer Wiederbetätigung für sich eine nationalsozialistische Wiederbetätigung.

Die Täter im Bereich der involvierten Sender sind auszuforschen und der Bestrafung zuzuführen.

Ende der Sachverhaltsdarstellung, Ende der Anzeige

Vorschlag Nummer 3:

Freistadt, den 15.5.1995

An die Staatsanwaltschaft Wien

Namenlose Anzeige gegen
Ankläger und Schwurgerichtshof (3 Richter) im Prozeß gegen Herrn Gottfried Küssel im September 1994, gegen
Ankläger, Schwurgerichtshof und Geschwornenbank (8 Personen) im Prozeß gegen Herrn Hans Jörg Schimanek im März 1995, und gegen
eine unbekannte Täterin aus dem Bereich der STAPO, die den sogenannte "Gurgelschnitt-Film" im September 1994 eigenmächtig zu Gericht getragen hat,
wegen öffentlicher Beleidigung des Bundesheeres

Beweise: Gerichtsakte und der sogenannte "Gurgelschnitt-Film" im Fall Hans Jörg Schimanek,
sinngemäße Aussage des Innenministers Einem vom 30.4.1995 (?) im Fernsehen:
".. der Schimanek, der die Leute systematisch zum Töten erzogen und ausgebildet hat.."

Hinweise:

Paragraph 86.(1) StPO:
Wer immer von einer strafbaren Handlung, die von Amts wegen zu verfolgen ist, Kenntnis erlangt, ist berechtigt, sie anzuzeigen, also auch der anonyme Verfasser dieses Schreibens.

Paragraph 87.(2) StPO:
Wenn namenlose Anzeigen ... die strafbare Handlung glaubwürdig bezeichnende Umstände enthalten, so ist .. zur Erhebung dieser Umstände zu schreiten.
Es ist also auch diese Anonymanzeige, die durch Gerichtsakte und einen Film bewiesen wird, einer Behandlung zuzuführen.

Paragraph 111.(1) StGB:
Wer einen anderen in einer für einen Dritten wahrnehmbaren Weise einer verächtlichen Eigenschaft oder Gesinnung zeiht oder eines unehrenhaften Verhaltens oder eines gegen die guten Sitten verstoßenden Verhaltens beschuldigt, das geeignet ist, ihn in der öffentlichen Meinung verächtlich zu machen oder herabzusetzen, ist .. zu bestrafen.

Paragraph 116. StGB:
Handlungen nach dem § 111 .. sind auch strafbar, wenn sie gegen .. das Bundesheer .. gerichtet sind und öffentlich begangen werden.

Paragraph 117.(1) StGB:
Die gegen das Bundesheer gerichtete, öffentliche üble Nachrede ist von Amts wegen zu verfolgen, wobei die Ermächtigung des Bundesministers für Landesverteidigung einzuholen ist.

Sachverhalt:

Aus dem bei Gericht vorgeführten, diskutierten und an die Öffentlichkeit herangetragenen "Gurgelschnitt-Film" geht hervor, daß Herr Hans Jörg Schimanek genau das gemacht hat, was von Berufs wegen jeder Bundesheerausbilder unzählige Male macht. Es ist sogar anzunehmen, daß beim Bundesheer Ausbildungsfilme genau desselben Inhalts existieren.
Ferner hat er nur Jungmänner instruiert, die später ohnehin zum Bundesheer eingezogen werden und dort dasselbe Ausbildungsprogramm absolvieren müssen, oder Personen, die es bereits absolviert hatten.
Das Ausbildungsprogramm Schimaneks, das identisch ist mit dem offiziellen Ausbildungsprogramm beim Bundesheer, wurde als widerliches und gegen die guten Sitten verstoßendes Abrichten zum Töten qualifiziert. Hauptsächlich dieser Bewertung ist Schimaneks Verurteilung zu der exorbitant hohen Gefängnisstrafe von 15 Jahren zuzuschreiben.
Wieso sollte noch jemand zum Bundesheer gehen, wenn das Abrichten zum Töten und die Ausbildungsvorschriften des Bundesheeres widerlich und verbrecherisch sind?
Das Breittreten des "Gurgelschnitt-Filmes" bei Gericht und in der Öffentlichkeit ist geeignet, das Bundesheer in der öffentlichen Meinung nach § 111.(2) StGB und § 116 StGB verächtlich zu machen, weil die üble Nachrede einer breiten Öffentlichkeit zugänglich war.
Besonders hervorgetan haben sich drei Damen:

- die vorsitzende Richterin mit unpassenden Bemerkungen und bedeutungsvollem Getue sowohl im Küssel- als auch im Schimanek-Prozeß,
- eine Geschworne unbekannter Identität im Schimanek-Prozeß, die sich so ungeheuer erschüttert stellte und ihre Kollegen mitriß,
- eine angebliche STAPO-Beamtin, die laut Presse sogar eigenmächtig handelte, als sie laut "News" vom 16.3.1995 den "Gurgelschnitt-Film" in den Küssel-Prozeß einbrachte.

[redacted] Ende der Anzeige

Der erste, zweiseitige Brief an das Nachrichtenmagazin Profil

W,NÖ,OÖ,S,NT/OT,B,Stmk,K; Beobacht.NB,OB,SüdT

Salzburger Eidgenossenschaft
Bajuwarische Befreiungsarmee

Wir wehren uns!

An das
Nachrichtenmagazin "profil"
Redaktion
Marc-Aurel-Straße 10 bis 12
1010 WIEN

10.5.1995

Konzept:"Graf Ernst Rüdiger von Starhemberg"; schriftliche Ausführung und stilistische Bearbeitung: BBA, Sekretariat

Haben Sie darüber geschrieben, daß bei der ersten Briefbombenserie Nitroglyzerin verwendet wurde?
MEHRFACH!
Haben Sie jemals berichtet, daß bei der Klagenfurter Sprengbombe oder sonstwo ebenfalls Nitroglyzerin verwendet wurde?
NEIN!
Da sich auch "News" und alle Tageszeitungen in gleicher Weise verhalten hatten, sahen wir uns veranlaßt, eine "Schularbeit" über die Herstellung von Nitroglyzerin abzuliefern. So führten wir den Nachweis, daß wir es sind, die das Nitroglyzerin und die Briefbomben der ersten Serie hergestellt hatten (datiert: 1.2.1995).

Zitat aus "profil" vom 13.2.1995, Seite 29 und 30:
"profil bat die Experten eines internationalen Sprengstoffunternehmens um eine Analyse des im Bekennerschreiben dargelegten Fachwissens..
Die Angaben sind präzise und insbesondere in der Darstellung chemischer Prozeduren exakt."

Extempore:
Die Geschäftsführung des Unternehmens braucht keine Angst vor Anschlägen zu haben. Wir wären vielmehr froh, wenn die zwei oder drei Industriechemiker, die sich in Österreich mit der Herstellung von Sprengstoffen befassen, dem diesbezüglich völlig planlosen und hilflosen Ing. Berenda von der Kriminaltechnischen Zentralstelle im Innenministrium an die Hand gehen könnten!
Berenda scheint eine überdurchschnittliche technische Allgemeinbildung zu haben; aber bei der Identifikation von Sprengstoffen hat er sich bisher eine Fehlerrate von 76.9 % erlaubt.
Wir erinnern daran, daß vor nicht allzu langer Zeit mehrere Iren aus mehrjähriger Haft freigelassen werden mußten, die durch ein falsches Sprengstoff-Gutachten in Verdacht geraten waren, einen Sprengstoffanschlag begangen zu haben: Der Gutachter hatte das Gleitmittel von Spielkarten als Sprengstoffspur gedeutet.
Damals schrieb die IRA fleißig Bekennerbriefe, um die zu Unrecht Verurteilten aus dem Gefängnis herauszubekommen. Die IRA hatte damit keinen Erfolg. Auf uns will ebenfalls keiner hören.
(Herr Magister Thomas Müller, das waren KURZE Sätze!)
Bezeichnend ist beispielsweise, wie man das an sich unverdächtige Wort "Entlastungsaktion" allseits überbetont und mit dem Sinn "Entlastungsaktion unter Vorspiegelung falscher Tatsachen" unterlegt.
Es gibt bereits Stimmen in den Reihen der BBA, die vorschlagen, solche Spaßvögel mit geeigneten Mitteln zur Ordnung zu rufen.

Wie reagiert nun beispielsweise "profil" , wenn wir uns mit dem Nachweis abmühen, daß wir es sind, die das Nitroglyzerin und die Briefbomben der ersten Serie hergestellt haben, daß also Binder und Radl mit den Briefbomben der ersten Serie nichts zu tun haben?

Zitat vom 13.2.1995, Seite 29:

"Eine Entlastungsaktion für Peter Binder und seinen mutmaßlichen Komplizen Franz Radl junior?
Wesentliche Details, die zur ersten Serie gehören, konnte oder wollte der Verfasser des Briefes aber nicht nennen, obwohl gerade das eine einigermaßen glaubwürdige Entlastung für Binder und Radl bedeutet hätte.
Eine außergewöhnlich detailreiche Kenntnis der technischen und chemischen Vorgänge präsentiert der BBA-Bekenner bei allen Bombenserien, die auf die Anschläge vom Dezember 1993 folgten.
So beschreibt er ausführlich die Herstellung von Nitroglyzerin..."
(Es folgt etwa eine Seite Text, die sich mit Nitroglyzerin befaßt.)

Wir fragen die "profil"-Autoren:

1) Wurden Sie von Binder und Radl geohrfeigt, mit bösen Briefen bedacht, haben Sie eine Frau an die beiden verloren oder wurden Sie sonstwie persönlich verletzt, weil Sie mit Ihrer Scheinfrage einen rhetorischen Beitrag der zynischesten Art liefern wollen, um die beiden völlig Unschuldigen lebenslänglich hinter Gitter zu bringen?
2) Sind das Nitroglyzerin, das Silberfulminat und der Sensordraht keine wesentlichen Details?
Schauen Sie bei sich zu Hause in der Schublade nach, ob Sie diese Details irgendwo herumliegen haben!
3) Warum ordnen Sie das Nitroglyzerin urplötzlich ausschließlich jenen Bombenserien zu, die auf die Anschläge vom Dezember 1993 folgten?
Sie selbst sind es, die vorher mehrfach berichtet hatten, daß bei den Anschlägen vom Dezember 1993 Nitroglyzerin in Trinkhalmen verwendet wurde; Sie hatten aber niemals berichtet, daß bei den Bombenserien, die auf die Anschläge vom Dezember 1993 folgten, ebenfalls Nitroglyzerin eingesetzt wurde.
(Die Sprengsätze der in den Jahren 1993 und 1994 aktiven Kampftrupps wurden im Konvolut vom 1.2.1995 ausführlich beschrieben. In einer bereits abgefaßten Korrektur und Ergänzung zum Schreiben vom 1.2.1995 wird sogar jener Tropfen Nitrozelluloselack erwähnt, der auf die Glühfäden der Warnzünder aufgebracht wurde, aber in der Auflistung der Sprengstoffe nicht enthalten war.)

Bezüglich der Sprechblasenautoren des Bilderheftes "News", die nicht einmal Texte richtig zitieren, rentieren sich selbst Erörterungen der oben angeführten Art nicht mehr.

Kampftrupp BBA, "Graf Ernst Rüdiger von Starhemberg"

Aktualisierung des Schreibens vom 25.2.1995:

1) Kommentarlos stellen wir fest, daß alle Texthinweise auf eine reinrassige Tschuschenregierung überholt sind.
Die Judenvisage Scholten u. die paneuropäische Adelsinzucht werden uns aber weiterhin mit den Hauttypen 4 bis 6 überschwemmen.

2) Ein neues Indiz zur Entlastung Binders und Radls:

Wenn das Innenministerium zur Beruhigung der Journalisten einen Fahndungserfolg benötigt, so wird der Täter gefunden, oder es wird jemand zum Täter gemacht. Daß Binder und Radl wider besseres Wissen zu Tätern gemacht wurden, haben wir bereits am 1.2.1995 behauptet und ausführlich begründet.
Wie in einem Parallelfall vorgegangen wurde, zeigt der nachfolgende, von uns inhaltlich nicht überprüfte Text eines entrüsteten Journalisten (Oberschlick, 30.4.1995):

"Dr. Prader hat in diesen Telefonaten glaublich behauptet,
der Generaldirektor für die öffentliche Sicherheit, Michael Sika,
hätte ihn ersucht, in der Szene eine bestimmte Person,
welche der gesuchte dritte Mann von den Tätern in Ebergassing wäre,
dazu zu bewegen, sich zu stellen.
Auf den Einwand, diese Person sei nachweislich nicht der gesuchte
Dritte, hat Dr. Prader gesagt,
ES WÄRE DENEN GLEICHGÜLTIG.
SIE WÄREN ZUFRIEDEN, WENN SIE IRGENDEINEN BEKÄMEN;
EINEN SOLCHEN FAHNDUNGSERFOLG BENÖTIGE DER MINISTER,
der von Sikas Vorstoß bei Dr. Prader informiert wäre."

Dies als unglaublich zu bezeichnen, wäre falsch; wir wissen es anhand der Fälle Binder und Radl leider besser.

LANDESGENDARMERIEKOMMANDO
für Niederösterreich
KRIMINALABTEILUNG
1032 Wien, Landstraßer Hauptstraße 148 A
Telefon 0222 / 713 35 81

GZP 51.302/95 -TA
27 Seiten Bekennerschreiben
1 leeres A4 Blatt

W,NÖ,OÖ,S,NT/OT,B,Stmk,K; Beobacht.N

Salzburger Eidgenos
Bajuwarische Befrei

Wir wehren uns!

GESCHICHTE DER DEUTSCHEN LINIE UNSERER VORFAHREN:

58 vor Christus:
Erster geschichtlicher Auftritt des westgermanisch-herminonischen Stammes der Markomannen, von dem sich die bairisch-österreichische Mundart ableitet (Beschreibung in Caesars "DE BELLO GALLICO")

9 vor Christus:
König Marbod führt unsere Vorfahren nach Nordösterreich.

580 nach Christus:
Das damals lateinischsprachige Österreich südlich der Donau mit Großtirol und Burgenland wird ebenfalls deutsch.

955 nach Christus:
Nach 360 turbulenten Jahren ist Ostösterreich menschenleer, die Wiederbesiedelung wird von Westösterreich und Bayern aus in Angriff genommen, und Pannonien geht für immer an die turksprachigen Ungarn verloren. Die Sprache des Volkes ist fast einheitlich deutsch. In Südtirol halten sich volkslateinische Sprachreste. 120 Jahre slowen. Herrschaft mit Zwangsslawisierung der Nichtslawen hinterlassen in Kärnten slawische Namen und slawische Sprachgebiete. Eine Zwangseindeutschung unter der viel längeren deutschen Herrschaft gibt es nicht.

1850 bis 1930:
Ethnische Slawisierung Wiens und der Unterstmk. zwischen Mur und Drau

ZEITGESCHICHTE:

1945:
Besetzung und Plünderung des Kriegsverlierers Deutschösterreich;
Verschleppung, Zwangsarbeit und Seuchenexperimente an österr. Kriegsgefangenen;
ethnische Säuberung der Nachbarländer von den Deutschsprachigen;
Hinrichtungswelle

1955 (nicht 1945, wie die Geschichtsfälscher derzeit behaupten!):
Leopold Figl: "Österreich ist frei!"

1945 bis 1985:
Zweite Republik

Ca. 1983 bis 1987:
Fließender Übergang zur Tschuschendiktatur in der Ära der Tschuschenhäuptlinge Sinowatz und Vranitzky

1985 bis 1995:
Rassistische und völkermörderische Tschuschendiktatur;
Bevölkerungstrend demonstriert das Abgehen von überlebenswichtigen Gesellschafts- und Wirtschaftsstrategien sowie Naturrechten:
auf vier Großeltern kommen ein Enkel + 3 Ausländer;
Entstehung mehrerer deutschösterreichischer Widerstandsbewegungen

---

Als ANTIKER VOLKSSTAMM verbitten wir uns die Niederlassung von mediterranen, asiatischen, afrikanischen, heidnischen und fremdsprachigen Streunern auf unserem Territorium und bedürfen keiner Bevormundung durch eine fast ausschließlich aus Tschuschen bestehende Regierung.

Die Kampftrupps der BBA

Herrn
Dr. Rudolf Mayer
Josefstädter Straße 74
1080 Wien

25.2.1995
Schriftliche Ausführung und
stilistische Bearbeitung:
BBA, Sekretariat

Um Weiterleitung des Schreibens in Kopie an den Anwalt Franz Radls wird ersucht. Die beigelegten Sachbeweise dürfen nur in Anwesenheit des Fakultätsgutachters Ingomar Wieser von der TU Wien an die STAPO ausgefolgt werden.

Die BBA bekennt sich zum wiederholten Male zur Briefbombenserie vom Dezember 1993. Genaue Zielauswahl, technische Planung, Produktion der Kampfmittel und Briefabsendung wurden vom Kampftrupp
BBA, "Graf Ernst Rüdiger von Starhemberg"
durchgeführt.
Wir vermuten, daß die inhaftierten Verdächtigen Radl und Binder nicht einmal von der Existenz einer BBA wissen; umso weniger haben sie irgendjemanden angestiftet oder gar das Kamfprojekt selbst durchgezogen.
Kurios sind vor allem die Anschuldigungen gegen den "Philosophen" Radl, der sich (ähnlich Haider) einbildet, daß man unsere gefestigte Tschuschen-Diktatur mit demokratischen, zumindest aber mit gewaltfreien Mitteln zu Fall bringen kann.

Obwohl sich die Tschuschenhäuptlinge Löschnak und Michalek trotz unseres neunseitigen und durchaus hinreichenden Bekennerschreibens vom 1.2.1995 von einer Demonstration ihrer Schlagkraft in Form einer an den Haaren herbeigezogenen Anklage gegen Binder und Radl nicht abbringen ließen, führen wir unsere Beweisführung unbeirrt fort.
Die Kapitel F und G dieses Schreibens korrigieren und ergänzen die Sachverhaltsdarstellung vom 1.2.1995, konzipiert vom
Kampftrupp BBA, "Graf Ernst Rüdiger von Starhemberg".
Die Kapitel F und G dienen zur Vorlage bei Gericht im Verfahren gegen die politischen Gefangenen und Löschnakgeiseln
Ing. Peter Binder und Franz Radl.
Der wichtigste Satz aus unserer Argumentationshilfe für die Verteidiger Ing. Peter Binders und Franz Radls:
Es sieht ganz schlimm für Binder und Radl aus, wenn die Argumentation des sogenannten Sprengstoffsachverständigen Berenda mit seiner bisherigen Fehlerrate von 76.9 Prozent zum Tragen kommt.
Herr Ingenieur Berenda leitet eine Ansammlung von Handwerkern, welche sich mit dem klingenden Namen "Kriminaltechnische Zentralstelle im Innenministerium" schmückt.

Themen:
- A) Behandlung der Sprengstoffproben (Starhemberg),
  Sachbeweise in Beilage zu A :
  - 1x ausgebauter, zweistufiger Zünder (Original 1993)
  - 2x Nitroglyzerin (Original vom Herbst 1993)
  - 1x Quecksilberfulminat (Original 1993)
  - 1x Sensordraht (zur Ansicht, fast identisch mit Original 1993)
  - 1x Glühzünder für Detonationsteil (Nachbau zur Ansicht, Silberf.)
  - 1x Nitrozelluloselack (auf Glühfäden der Warnzünder 1993)
- B) Literaturhinweise (Starhemberg)
- C) Anklageerhebung (Starhemberg, Sekretariat)
- D) Informationsfluß (Sekretariat)
- E) Allgemeines (Kampftrupps, Sekretariat)
- F) Korrekturen (Starhemberg)
- G) Ergänzungen (Starhemberg, Hofer):
  mit Bestückungslisten der verwendeten elektronischen Bauteile,
  mit Angabe der neben den aktiven Zündern befindlichen Nummern
- H) Innenminister (Starhemberg, Sekretariat)
- I) Historisches (Oadilo, Thietmar)

A) B E H A N D L U N G D E R S P R E N G S T O F F P R O B E N ("Starhemberg")

Mit der unabsichtlichen oder absichtlichen Zerstörung oder Fälschung der beigelegten Sprengstoffproben und der sonstigen Beweismittel zur ersten Briefbombenserie durch die Kriminaltechnische Zentralstelle ist nach unseren Erfahrungen zu rechnen. Zur chemischen Verfälschung der Sprengstoffe genügt bereits eine einstündige Erhitzung auf 90°C.

Sachbeweise nur in Anwesenheit des Amtssachverständigen
P.T. Ingomar Wieser von der TU Wien
an die STAPO aushändigen
oder vergleichbare Vorsichtsmaßnahme wählen!

Sprengstoffproben keinesfalls flach auf harte Unterlage fallen lassen oder sonstwie extrem erschüttern!
Mit den Fingern nicht näher als 5 cm an die Sprengstoffproben herankommen!

Nitroglyzerin ist auf dem Transportweg vermutlich gefroren und wieder aufgetaut, wurde also unabsichtlich gefrierbehandelt. Zumindest bei einem Bruch des Glasröhrchens muß jetzt mit einer Detonation des Inhalts gerechnet werden.
Daher: Glasröhrchen und Trinkhalm in Wasserbad legen (70°C, 10 min),
hierauf auf Zimmertemperatur abkühlen
(Nitroglyzerin ist jetzt wieder gutmütig),
Metallkappe abziehen/ Trinkhalm aufschneiden!

Glasröhrchen mit Quecksilberfulminat
anfeuchten zum Schutz gegen elektrostatische Entladungsfunken, erst dann lose Kappe mit Lederhandschuhen hinter Splitterschirm abziehen! Nicht mit Aluminium in Kontakt bringen!

Falls der zur Ansicht nachgebaute, also nicht ganz dem Original vom Jahr 1993 entsprechende Glühzünder geöffnet wird:
Silberfulminat reagiert auf jeden kleinsten elektrostatischen Entladungsfunken. Trockene Luft und isolierende Materialien, zum Beispiel Gummihandschuhe, müssen vermieden werden.

Beschaffenheit der Sprengstoffproben (aus der Sicht des 25.2.1995):
Nitroglyzerin und Quecksilberfulminat sind eineinhalb Jahre alt und werden in Gläsern mit Wasserüberdeckung gelagert. Die Abfüllung in die vorgesehene Transportverpackungen wird voraussichtlich Mitte April erfolgen. Unterschiedliche Kontaminationen mit aliphatischen Aminen des Epoxidharzklebers und mit Lösungsmittelresten sind zu erwarten! Das Nitroglyzerin ist noch immer ohne Farbstich; das Quecksilberfulminat zeigt ebenfalls keine optischen Veränderungen, obwohl in der Literatur von "starker Alterung" gesprochen wird.
1993 wurde der unbeständige Kleber Uhu-plus-endfest-300 verwendet, diesmal ist ein beständigerer Kleber vorgesehen. In das Innere des Trinkhalms wird auch diesmal Uhu-plus-endfest-300 (Braunfärbung) eingebracht, um das Nitroglyzerin gleichartig zu kontaminieren.
Zur Sicherheit muß das Nitroglyzerin des Trinkhalms, des Glasröhrchens und das einer alten Briefbombe analysiert sowie das bereits bestehende Analyseergebnis berücksichtigt werden!

Literaturhinweise ("Starhemberg"):

Zur Untermauerung unserer Behauptungen werden nur allgemein zugängliche Presseprodukte des letzten halben Jahres herangezogen. Vorausgeschickt wird, daß die Quellen leider nur ausschnittsweise glaubwürdig sind. Das Bildermagazin "News" schreibt aus ideologischen Gründen sehr viel über die Kampfaktionen der BBA, neigt aber in besonderer Weise zum Fabulieren und Täuschen sowie zum absichtlichen Verwechseln von Vermutungen und Tatsachen.
Die neben den Quellen angeführten Stichwörter decken sich mit den uns bekannten Tatsachen oder mit unseren eigenen Aufklärungsergebnissen.
Schon das Durchlesen dieser Stichwörter genügt als Nachweis, daß Peter Binder die Briefbomben der ersten Serie nicht gebaut haben kann.

"News", Nr. 36/94, 8.9.1994, Seite 19: Delaborierungstheorie betreffend Quecksilberfulminat von Ingomar Wieser widerlegt (nach jüngeren Quellen gleichzeitig Silberfulminat gefunden); kein dringender Tatverdacht gegen die beiden U-Häftlinge; der verhaftete Ing. Peter Binder sollte nach unserer Interpretation auf der Autobahnraststätte Melk zur Flucht provoziert und hiebei "auf der Flucht" erschossen werden

"Neue Kronen Zeitung", 7.10.1994: Foto einer fast vollständigen Briefbombenversion der 1. Serie, nur Stromquelle fehlt

"Neue Kronen Zeitung", 8.10.1994: "Zündsatz ist wie ein Fingerabdruck" (Dieser chemische Fingerabdruck ist sowohl bei der ersten als auch bei der zweiten Briefbombenserie vorhanden, obwohl Binder seit zehn Monaten inhaftiert ist!)

"Profil", 11.10.1994, ab Seite 36: Glühzünder der ersten beiden Briefbombenserien sind identisch (!), dringender Tatverdacht gegen Binder und Radl vom Oberlandesgericht Wien aufgehoben

"News", 11.10.1994, Seite 42 und 43: Werwolfs "Handbuch für improvisierte Sprengtechnik" wird erwähnt (Anleitungen sind häufig untauglich, sogar selbstmörderisch); Foto einer Briefbombenversion der ersten Serie mit Bekennertext, Allerweltstypenschriftbild "Cubic 12"

"Profil", 17.10.1994, Seite 42: Foto einer Briefbombe der ersten Serie, Elektronik in Originalgröße dargestellt

"Profil", 16.1.1995, Seite 24: briefbombentaugliches Bleiazid soll im Besitz Binders sein (Warum war es dann nicht in den Bomben?); unfreundliche Charakterisierung Binders, die aber trotzdem besser zur Sprengung eines Russendenkmals als zum Verschicken von Briefbomben paßt

"News", 19.1.1995, Seite 43: Binder probiert und probiert, bringt aber kein Nitroglyzerin zustande, Werwolfs Anleitungen taugen wohl zu nichts; Briefbomben der ersten Serie "mit Silberfulminat gezündet" (nachdem man dies monatelang bestritten hatte)

"Profil", 6.2.1995, ab Seite 85: Ausschnitte aus den BBA-Satzungen; weitere finden sich in komprimierter Form beispielsweise im Begleittext zu "Hofers" Dankbrief an Hallein Papier (zur Erinnerung: 350 Türken plus Anhang wurden ins Land geschleust; jetzt hockt vor jedem Halleiner Haus ein Türke und wartet auf das Arbeitslosengeld)

"News", 9.2.1995, ab Seite 40: Zitate aus der Anklageschrift

C) Zusammenfassende Erwiderung auf die Anklageerhebung gegen Binder und Radl ("Starhemberg" + Sekretariat der BBA):

Der Kampftrupp "Starhemberg" nimmt zur Kenntnis, daß einige Personen das an sich unverdächtige Wort "Entlastungsaktion" ganz besonders betonen, und läßt sich davon nicht beirren.
Daß der Innenminister nach der sehr ausführlichen Sachverhaltsdarstellung vom 1.2.1995 noch immer behauptet, zwischen den Briefbomben der ersten Serie und den nachfolgenden Sprengkörpern gäbe es KEINEN Zusammenhang, beirrt den Kampftrupp "Starhemberg" ebenfalls nicht.
Absicht der mutwilligen Anklage wegen vorsätzlicher Tötung ist es, die fälschlich Beschuldigten in einem aufwendigen Prozeß finanziell zu ruinieren sowie die Schlagkraft der Tschuschenhäuptlinge zu demonstrieren. Hätten unsere Urgroßväter die Ziegelböhmen und Knödelköchinnen bereits an der Grenze niedergeschossen, bliebe den Deutschösterreichern das heutige Desaster erspart, sich gegen die Schlagkraft einer Herrenkaste aus Tschuschen wehren zu müssen.

Dem Angeklagten Franz Radl wurde und wird vorgeworfen, er habe die Idee zu den Briefbomben gehabt, die Adressen ausgewählt, die fingierten Absenderadressen erfunden, den Text des Bekennerschreibens erfunden und die Schreibarbeit ausgeführt. ("News", 9.2.1995)
Diesen falschen Beschuldigungen begegnen wir mit dem schon bekannten Satz aus dem Schreiben vom 8.9.1994 an den slowenischsprachigen Deutschen Dr. Lojze Peterle:

> Kurios sind vor allem die Anschuldigungen gegen den "Philosophen" Radl, der sich (ähnlich Haider) einbildet, daß man unsere gefestigte Tschuschen-Diktatur mit demokratischen, zumindest aber mit gewaltfreien Mitteln zu Fall bringen kann.

Dem Angeklagten Ing. Peter Binder wurde und wird vorgeworfen, er habe die Briefbomben allein gebaut oder zumindest an ihrer Herstellung mitgewirkt und die Briefaufgabe besorgt.
Diesen falschen Beschuldigungen halten wir entgegen:

Binders Stolz verträgt sich nicht mit dem Fallenstellen, weil er Angst davor hätte, in den Medien als feig hingestellt zu werden. Auch Zeitzünder sind SEINE Sache nicht, weil er anwesend sein und alles unter Kontrolle haben will. Laut Presseberichten soll er selbst im Vollrausch ausnahmslos von Bombenfernsteuerungen (mit direktem Blick auf das Ziel) und von Scharfschützengewehren gelallt haben. Beides ist niemals zum Einsatz gekommen. ("Profil", 16.1.1995, "ausgiebige Zecherei", "Radio", "SSG.")

In den Briefbomben sind Sprengstoffe, zu denen Binder Zugang hat, nicht enthalten. Was enthalten ist, sind drei sehr ungewöhnliche Sprengstoffe, wobei Binder bestenfalls das Quecksilberfulminat in "Starhemberger"-Qualität erzeugen oder beschaffen hätte können.

"Herz" und "Augen" der ersten Briefbombenserie (Glühzünder, Sensordraht) finden sich unverändert in der zweiten Serie wieder, obwohl Binder damals schon monatelang inhaftiert ist ("Profil", 11.10.94, Seite 36). Warum die Serie 1 nicht unverändert weitergebaut wurde, wird auf den Seiten 18, 9 und 10 dieses Konvoluts beschrieben.

Bei Binder wurden offenbar überhaupt keine exakt übereinstimmenden Bauteile oder gar Pläne gefunden wurden, wogegen es dem Kampftrupp "Starhemberg" möglich ist, Sprengstoffproben, Bestückungslisten und Detailbeschreibungen vorzulegen;

Daß Binder weder als Elektroniker noch als Postbote benötigt wurde oder benötigt wird, ist durch die Anschläge nach der Inhaftierung Binders bewiesen. Binder ist als Elektroniker auch bei der zweiten Briefbombenserie niemandem abgegangen: Warum soll ein Brief explodieren, wenn ein vollgeschriebenes Blatt mit komprimierten BBA-Satzungen beigelegt ist?

Kurzprozeß gegen Binder und Radl nach dem System "König Salomo":

Es genügen zwei Zeugen statt der geplanten dreistelligen Anzahl von amtlich vorgeladenen Stimmungsgestaltern, nämlich
Ingomar Wieser von der TU Wien und
Michael Sika, Direktor für öffentliche Sicherheit.

Frage 1: Wurde bei allen Briefbomben der Serie 1993 Silberfulminat verwendet?
- JA! -

Frage 2: Wurden weitere Sprengkörper unter Verwendung von Silberfulminat gebaut, nachdem Binder und Radl bereits inhaftiert waren?
- JA! -

Frage 3: Wird die Herstellungs- und Verarbeitungstechnologie von Silberfulminat an Universitäten oder sonstwo gelehrt?
- NEIN! -

Frage 4: Wurde in diesem Jahrhundert irgendwo und irgendwann der Sprengstoff Silberfulminat unter ähnlichen Umständen eingesetzt?
- NEIN! -

Frage 5: Wurden die Konstrukteure der Sprengkörper des Jahres 1994 durch die Medien oder durch die politischen Gefangenen Binder und Radl informiert, daß in den Briefbomben der Serie 1993 auch Silberfulminat enthalten war?
- NEIN! -

Urteil: Der völlig unbekannte Sprengstoff Silberfulminat wurde erstmalig in diesem Jahrhundert - jedoch in mehreren zeitlich gestaffelten Serien - eingesetzt. All diese Serien müssen demnach über die Person eines bestimmten Know-how-Trägers zusammenhängen. Binder und Radl wurden nach der ersten Serie inhaftiert. Daher kommen sie als Bombenbauer für keine der Serien in Frage.

(Dasselbe könnte man übrigens anhand des Sensordrahtes inszenieren.)

Leider ist König Salomo im Jahr 926 vor Christus verstorben!

D) Bisheriger Informationsfluß, der die weitere Existenz der "Starhemberger", ihre Zugehörigkeit zur BBA und die Unschuld der Beschuldigten Binder und Radl beweist (Sekretariat der BBA)

3.12.1993:

"Starhemberg" liefert die bis heute beweiskräftigen Sachbeweise Sensordraht, Glühzünder, Silberfulminat, Quecksilberfulminat und reines Nitroglyzerin.

Reaktion: Quecksilberfulminat und Nitroglyzerin in allen Medien ohne Verzögerung erwähnt; Glühzünder mit Silberfulminat nur ein einziges Mal und erst nach der zweiten Briefbombenserie beschrieben in "Profil", 11.10.1994, Seite 36; "News" schreibt erstmalig am 19.1.1995 (Seite 43): ".. mit Silberfulminat gezündet .."

Mitte Jänner bis Mitte Februar 1994:

Das Sekretariat der BBA versendet drei gleichlautende, mit dem Briefkopf der BBA versehene und an Pressestellen adressierte Briefe, die im weiteren Sinn als Bekennerschreiben zur ersten Briefbombenserie zu bezeichnen sind. Denn es wird eine bestimmte Menge an freigesetztem Quecksilber angegeben, die nur den Konstrukteuren und dem Entschärfungsdienst bekannt sein kann. Der Name "Starhemberg" kommt im Text nicht vor.

Reaktion: alle drei Briefe angeblich verschollen

24.8.1994:
"Oadilo" liefert die Sachbeweise Glühzünder, Silberfulminat und Nitroglyzerin (jeweils wie bei den Briefbomben der ersten Serie, aber im Fall Nitroglyzerin fast die zehnfache Menge).
Reaktion: Silberfulminat nicht konkret erwähnt, es wird nur immer von Affinitäten zu den Briefbomben der zweiten Serie berichtet; vermutlich wurde von den Kriminaltechnikern Silberfulminat gefunden; mit Sicherheit kein Nitroglyzerin nachgewiesen, denn dieses wurde in den Medien nie erwähnt oder angedeutet; Glühzünder vermutlich zerstäubt und daher nicht nachweisbar

4.10.1994:
"Hofer & Starhemberg" liefern die Beweiskombination Sensordraht, Glühzünder, Silberfulminat (jeweils wie bei den Briefbomben der ersten Serie) und Quecksilberknopfzellen (letztere als Ausgangsprodukt für Quecksilberfulminat).
Die versteckten Details dieser Bomben sind identisch mit Serie 1; die sichtbaren Details unterscheiden sich zur Hälfte von Serie 1. (Nochmals: Warum die Serie 1 nicht unverändert weitergebaut wurde, wird auf den Seiten 18, 9 und 10 beschrieben.)
Wenn jemand meint, ein exakter Nachbau der sichtbaren Details sei ein Problem oder nach der Verhaftung Binders unmöglich gewesen, so verweisen wir ihn auf ganze Serien veröffentlichter Fotos:
"Neue Kronen Zeitung" vom 7.10.1994;
"News" vom 11.10.1994, Seite 43;
"Profil" vom 17.10.1994, Seite 42, diesmal sogar in Originalgröße, auch die Farbcodes der Widerstände können abgelesen werden: 18 kΩ, 3.9 kΩ (orange+weiß?), 22 Ω, 2.2 kΩ.
Erste derartige Fotoserien gab es schon im Dezember 1993.
Reaktion:
Sensordraht nicht erwähnt; Silberfulminat gefunden und erstmals am 7.10.1994 in mehreren Tageszeitungen erwähnt; Glühzünder der ersten und zweiten Serie (mit Silberfulminat) ein einziges Mal als gleichartig beschrieben in "Profil", 11.10.1994, Seite 36; nach dem 11.10.1994 wird die Gleichartigkeit wahrheitswidrig geleugnet; "News" gibt erstmalig am 19.1.1995 (Seite 43) zu, daß auch die Briefbomben der ersten Serie mit Silberfulminat gezündet wurden

4.10.1994 oder 5.10.1994 (datiert: 8.9.1994):
Das Sekretariat der BBA bringt im Anhang des Briefes an den damaligen slowenischen Außenminister Dr. Lojze Peterle zur Kenntnis, daß die inhaftierten Beschuldigten Binder und Radl mit dem BBA-Kampftrupp "Starhemberg" und den Briefbomben der ersten Serie nichts zu tun haben.
Reaktion:
einmalige Erwähnung im TV und in 2 Tageszeitungen, sporadische Erwähnung in "Profil" und "News"; Löschnak und die Medien haben sich bereits auf die beiden Untersuchungshäftlinge eingeschossen und wollen nichts davon hören, daß Binder und Radl unschuldig sind

8.2.1995 (datiert: 1.2.1995):
Das Sekretariat der BBA verarbeitet ein Konzept der "Starhemberger" und anderer Mitstreiter
zu einer Sachverhaltsdarstellung mit eingeschobenen Extempores und läßt diese den Anwälten Graff, Mayer (für Ing. Binder) und Schaller (für Radl) zukommen.
Reaktion:
Wenige Tage später tritt der Schelm Löschnak vor die Fernsehkamera, behauptet weiterhin, daß die erste Briefbombenserie mit der zweiten nichts zu tun hat, erwartet, daß wir uns vor Mitteilungsbedürfnis nicht zurückhalten können und sofort einen Brief mit weiteren Beweisen abschicken, und läßt offensichtlich zahlreiche Postkästen von Personen in Zivil überwachen.

? (datiert: 25.2.1995):
Stellungnahmen der Kampftrupps zu sie betreffenden Ermittlungsfehlern, eine ergänzende technische Sachverhaltsdarstellung der "Starhemberger" zu den Briefbomben der ersten Serie sowie ein Nachhilfelehrgang für österreichische Staatshistoriker und Umvolkungstheoretiker werden vom Sekretariat der BBA zu einem weiteren Konvolut verarbeitet und zu einem günstigen Zeitpunkt zusammen mit Sprengstoffproben und sonstigen Sachbeweisen an den Rechtsanwalt Dr. Rudolf Mayer weitergegeben.

E) Allgemeines (Sekretariat der BBA, "Starhemberg" u. a. Kampftrupps):

Wir wollen nicht verwechselt werden.

Wir wollen uns nicht hinter Unschuldigen verkriechen.

Wir wollen nicht riskieren, daß sich ein rachsüchtiger Ing. Peter Binder und ein rachsüchtiger Franz Radl jun. auf unsere Fährte heften, weil diese nicht begreifen, daß wir auf ihre Kosten komfortabel leben, während sie inhaftiert sind.

Wir wollen die Wahrheit zurechtrücken, damit die zu Unrecht beschuldigten Löschnakgeiseln Binder und Radl die Spur einer Chance haben, wenn sie in einem der nächsten großen politischen Gesinnungs- und Schauprozesse mit nachfolgenden apokalyptischen Visionen konfrontiert sind:

mit einer Geschwornenbank aus "roten" und "grünen" Wiener Tschuschenweibern;

mit dem bewährt folgsamen und tschuschenhörigen Volksgerichtshofankläger Sepp-Dieter Fasching;

mit einer dreistelligen Anzahl eingeschüchteter Zeugen, die immer brav aussagen müssen, was der Ankläger hören will, ansonsten droht ihnen Sprechverbot oder Verhaftung mit den Worten "Danke!" und "Abführen!" ("News", 11.10.1994, S.40);

mit einem medien- und ministeramtsgeilen, medusenköpfigen, in seiner Grauslichkeit schon fast an Barbara Coudenhove-Kalergi heranreichenden, degenerierten Adelspotpourri in der Funktion eines Schwurgerichtshofvorsitzenden.
Allein schon die Physiognomie dieser Klothilde Eckbrecht-Dürckheim-Montmartin, die einem gefüllten Nachttopf zum Verwechseln ähnelt, macht sie zur unbestrittenen Speerspitze unserer panslawistischen Tschuschenhäuptlinge. Daß diese Dame im Gerichtssaal ohne Schleier sitzen darf, ist bereits seelische Grausamkeit gegenüber den Beschuldigten. Wir zählen gerade zusammen, wie viele Jahre an mittelbarer Freiheitsberaubung ihrer strafprozeßordnungswidrigen Stimmungsmache bisher zuzuschreiben sind. Mit einem Wort: Sie ist in Charakter und Aussehen ein multiethnischer Bastard. Sollte diese mißgestaltete Furie abgelöst werden, besteht ausnahmsweise die berechtigte Hoffnung, daß etwas Besseres nachkommt.
Mit dieser Tirade ist die Dame noch immer nicht ausreichend charakterisiert (mangels Übung des Autors).

Unserem Bestreben, die Wahrheit zurechtzurücken, stehen entgegen:

1) der Innenminister, der Sicherheits-Chef und der Stapo-Chef: Ihnen kommen neben gelegentlichen Ermittlungsfortschritten auch alle Ermittlungsfehler und alle falschen Hinweise sehr gelegen, bieten doch die Bombenermittlungen einen willkommenen Anlaß, um "in einem Aufwaschen" alles zu zerschlagen oder über den Haufen zu werfen, was der Exekutive lästig ist.
   Lästig sind beispielsweise Kesslers "Plauderanten" (VAPO), die Rotlichtszene sowie Gettos von Messerstechern und Dieben.
   Im Dezember 1993 oder Jänner 1994 war Sika im Fernsehen zu sehen, wo er erwähnte, bei den Hausdurchsuchungen von VAPO-Mitgliedern sei nichts Belastendes zu finden. Dann sprach er ganz extrem langsam einen Satz, der etwa lautete: "Vielleicht ist gerade das unsere Chance, daß alles so gut aufgeräumt ist". Uns war sofort klar, daß er die Anschläge jetzt irgendwelchen X-Beliebigen anhängen will. Diesen Fernsehauftritt müßte man den Geschwornen vorspielen.

2) die Neigung der Rechtsausübenden (Ankläger, Schwurgerichtshof, Geschwornenbank), den Sachverständigen in ihrer Argumentation zu folgen; es sieht ganz schlimm für Binder und Radl aus, wenn die Argumentation des sogenannten Sprengstoffsachverständigen Berenda mit seiner bisherigen Fehlerrate von 76.9% zum Tragen kommt.

   Die in der Sinowatzära anstelle der Zweiten Republik ins Leben gerufene Tschuschendiktatur (mit rassistischer Besetzung aller Spitzenpositionen in Politik und Wirtschaft, Verfassungsänderungen, Meinungsterror, ..) beruft sich pausenlos darauf, ein Rechtsstaat zu sein (weil es keiner glaubt). Die Gesetze verantworten nicht die Rechtsausübenden; doch zumindest für alle Fehler im Beweisverfahren haben die Rechtsausübenden einzustehen.

   Wir ermahnen Ankläger, Richter und Geschworne,sich die von uns zur Verfügung gestellten Sachbeweise genauestens SELBST anzusehen, weil der Innenminister teilweise absichtlich mogelt, teilweise aber auch von "Sachverständigen" umgeben ist, die in Sondersituationen reichlich überfordert sind.

   In unseren Reihen wurde der Ruf laut, doch endlich einen exakten Nachbau der ersten Briefbomben mit allen Details anzufertigen und als Beweismittel an den Ankläger Fasching zu schicken.
   Hinderungsgründe:
   - Den grünen Kleinleistungstransistor, die Lithium-Zellen und die extrastarke Angelschnur, die zum Aufbau eines Verbundwerkstoffes diente, können die "Starhemberger" nicht mehr im Inland besorgen, weil es Informationen gibt, daß seit Mitte Dezember 1993 alle Fachgeschäfte, die diese Artikel führen, überwacht werden.
   - Die damals verwendete Schreibmaschine mit dem beliebten Typenschriftbild "Cubic 12" existierte schon am 3.12.1993 nicht mehr. Ein Nachkauf, um zwei Zeilen zu schreiben, ist zu teuer und zu gefährlich.

Weitere Hinderungsgründe:

- Das den Briefbomben beigelegte Kunststoffvlies wird nicht mehr produziert. Beschaffbar ist ein Vlies aus gleichem Material, welches etwas dicker und steifer ist als das Original.

- Beschaffungsprobleme könnte es beim einen oder anderen elektrischen Widerstand oder Kondensator geben, weil fast ausschließlich gebrauchte passive Bauelemente verwendet wurden.
  Alle anderen Bestandteile ließen sich vermutlich besorgen. Ein ausgebauter, defekter Zünder (in Blechhülse, äußerlich sind Spuren der Umwicklung mit Angelschnur sichtbar, Windungen pro cm abzählen!) sowie Sprengstoffproben sind noch vorhanden.

- Die äußerliche Gleichheit des Nachbaus mit den Originalen hat leider keine Beweiskraft mehr. Es gibt zu viele veröffentlichte Fotos von den Bomben:
  "Neue Kronen Zeitung" vom 7.10.1994;
  "News" vom 11.10.1994, Seite 43;
  "Profil" vom 17.10.1994, Seite 42, in Originalgröße.
  Erste Fotoserien dieser Art gab es schon im Dezember 1993.

- Jedes Ausrutschen mit dem Lötkolben in die Richtung der gefüllten Trinkhalme kann verlorene Augen, Krankenhaus und Altersversorgung in Krems-Stein bedeuten.

- Sollen sich die "Starhemberger" etwa abmühen und unnötig Gesundheit und Freiheit riskieren, wenn das solcherart geschaffene Beweismittel ohnehin keine Beweiskraft besitzt?

3) der Chefunterhalter Ing. Wilhelm Berenda als "Experte":
Ansässig ist Berenda in der Kriminaltechnischen Zentralstelle im Innenministerium. Es ist klar, daß man an diese Stelle keinen Industriechemiker oder Universitätsprofessor setzen wird, der nur eine Woche im Jahr echt gefordert ist. Genau so ein Fachmann sollte aber zu Berendas Unterstützung organisiert werden, wenn dieser - wie schon mehrfach - völlig hilflos vor einer explodierten Bombe steht.
An sich fühlen wir uns undankbar,wenn wir Berenda kritisieren, hat er uns doch stets erheitert und für mehrere falsche Spuren gesorgt. SEINE HILFLOSIGKEIT BRINGT ABER LEIDER UNBETEILIGTE IN GEFAHR:

Noch heute - obwohl zum Teil durch neuere Gutachten Ingomar Wiesers von der Technischen Universität Wien widerlegt - verbreiten die Medien die Mär, bei der ersten Briefbombenserie sei kein Silberfulminat verwendet worden und bei allen nachfolgenden Sprengkörpern kein Nitroglyzerin. Daher müsse von zwei unterschiedlichen Tätergruppen ausgegangen werden. Ihren Ursprung nehmen diese für Binder und Radl fatalen Behauptungen in falschen Ermittlungsergebnissen Berendas, die längst korrigiert sind, aber aus taktischen Gründen nicht mehr zurückgenommen werden. Falls die vom begnadeten Schelm und glücklosen Fallensteller Löschnak durchgedrückte und von Berenda gestützte Mehrgruppentheorie nicht als böswillige Behauptung enttarnt werden kann, sieht es um Binder und Radl schlecht aus.

Die ärgsten der bisherigen Lachnummern Berendas waren folgende:

1) Ein Sprengstoff liegt auf Berendas Tisch und wird übersehen.
2) Das Volumen eines Rohres beträgt Länge mal r² mal Pi. Hat sich das noch nicht zu Berenda durchgesprochen?
3) Der sogenannte Experte Berenda bezeichnet eine Sprengbombe ohne Metallhülle als Rohrbombe und verwechselt diese Begriffe noch heute systematisch.
4) Die Blindgänger der zweiten Briefbombenserie waren (unter anderem) als Drohung mit Sprengmitteln gedacht, wurden aber in einen Mordversuch umgemünzt,weil die Elektroniker Berendas eine leere Batterie nicht erkennen (notfalls mit Lampe prüfen!) und es auch um die Logik nicht gut bestellt ist.
5) Berenda läßt sich als "Sprengstoffexperte" bezeichnen und kann in Klagenfurt in einem geschlossenen Raum 49 g Nitroglyzerin (ungefähr so viel, wie in allen Briefbomben zusammen netto enthalten war) samt Glasflasche nicht nachweisen.
6) Ohne weitere Beispiele ähnlich Lachnummer 1 oder 5 anzuführen, geben wir bekannt, daß Berendas bisherige Fehlerrate bei der Sprengstoffidentifikation 76.9 % beträgt.

Lachnummer 1)
Ein Sprengstoff liegt auf Berendas Tisch und wird übersehen!

"Profil", 11.10.1994, Seite 36, W.Lotter und Thomas Vasek:
"Zwar stopften der oder die Bastler das Sprengmittel Silberfulminat wie bei den seinerzeitigen Briefbomben in einen Strohhalm und dichteten dessen Enden mit einer Kunststoffmischung ab."
Dies war eine in den Grundzügen richtige Beschreibung des Glühzünders der Briefbomben der zweiten und der ersten Serie; der Glühzünder ist das Herz der Bomben. Übrigens waren auch die hauchdünnen Sensordrähte, gewissermaßen die Augen der Bomben, völlig identisch. Unser Staatsexperte Berenda fand bei den Briefbomben der ersten Serie, obwohl sie mehrheitlich unzerstört waren, nur zwei der drei Sprengstoffe.
Erst nach Monaten machte ihn ein Universitätsgutachten Ingomar Wiesers darauf aufmerksam, daß auch einige Milligramm des hochempfindlichen und meist nicht einmal in der Fachliteratur angeführten Sprengstoffs Silberfulminat enthalten waren!
Berendas Blamage hat leider nicht zum Eingeständnis geführt, daß der Bombenbauer der ersten Serie auch bei der zweiten Serie mitgewirkt haben muß ("Hofer" & "Starhemberg") !
"Profil", 17.10.1994, Seite 42, Thomas Vasek:
Der Artikel liest sich in seinem dozierenden Schreibstil wie eine Sprengstoffexpertise, aber bezüglich der ersten Briefbombenserie durfte scheinbar kein Silberfulminat mehr erwähnt werden.Es wird ausdrücklich nur Quecksilberfulminat als Initialsprengstoff der ersten Briefbombenserie angeführt, obwohl in allen zehn Bomben auch Silberfulminat vorkommt.
Außerst aufschlußreich, wenn man vergleicht, was derselbe Thomas Vasek noch eine Woche vorher geschrieben hat!

Lachnummer 2)

Das Volumen eines Rohres beträgt Länge mal r² mal Pi. Hat sich das noch nicht zu Berenda durchgesprochen?

"Profil", 16.1.1995, Seite 22: "Laut einem Bericht der Kriminaltechnischen Zentralstelle im Innenministerium hätten für die zehn Bomben 50 bis 100 Milliliter durchaus gereicht."

Angesprochen wird die Nitroglyzerinmenge in den Briefbomben der ersten Serie.

Waren es nun eher 5 ml oder eher 10 ml pro Brief?

(Der Erinnerung nach waren es weniger als 4 ml pro Brief, wozu noch geringfügige Füllverluste kommen.)

Für 10 Milliliter (= 10 Kubikzentimeter) benötigt man prall gefüllte Trinkhalme (0.5 cm Innendurchmesser) mit einer Gesamtlänge von 51 cm !

Jedem Laien muß auffallen, daß hier irgendetwas nicht stimmt!

Zur Feststellung der Nitroglyzerinmenge genügt ein Maurerzollstab sowie ein Zettel und ein Bleistift, ersatzweise auch ein Taschenrechner.

Lachnummer 3)

Der sogenannte Experte Berenda bezeichnet eine Sprengbombe ohne Metallhülle als Rohrbombe und verwechselt diese Begriffe noch heute systematisch.

Auf den Aussagen dieses fröhlichen Staatsexperten, der Sprengstoffe übersieht (1), mit Formeln Schwierigkeiten hat (2), Begriffe verwechselt (3) und leere Batterien nicht erkennt (4), beruht die für Ing. Peter Binder und Franz Radl tragische Expertise, wonach zwischen der ersten Briefbombenserie und den nachfolgenden Anschlägen keine Beziehung besteht.

Der ORF spricht von der "Klagenfurter Rohrbombe" und zeigt das Foto einer zerknitterten Schachtel. Dieses Foto geht um die Welt und wird im Ausland mit dem Text "Paketbombe" unterlegt.

Die Hüllen von Rohrbomben sind normalerweise so ausgelegt, daß sie erst bei einem Druck von 500 bis 1000 Bar bersten. Eine wirksamer Stahlmantel für die Klagenfurter Bombe hätte eine Wandstärke von 1 cm und ein Gewicht von über 15 kg besessen. Die notwendige Verdämmung versprach man sich von den örtlichen Gegebenheiten am Ablageort (Spalt); daher besaß die Bombe nur eine Art von Transportverpackung aus Kunststoff.

Lachnummer 4)

Die Blindgänger der zweiten Briefbombenserie waren (unter anderem) als Drohung mit Sprengmitteln gedacht, wurden aber in einen Mordversuch umgemünzt, weil die Elektroniker Berendas eine leere Batterie nicht erkennen (notfalls mit Lampe prüfen!) und es auch um die Logik nicht gut bestellt ist.

Vermutlich wurde der Kurzschlußstrom der Quecksilberzellen nicht gemessen; bei fabriksneuen Zellen liegt er zumeist bei ungefähr 500 Milliampere.

"Neue Kronen Zeitung", 8.10.1994: "In jedem Fall ist es dem Mann todernst."
Die Elektronik war für zwei CR 2032 in Serie bemessen.
"Der Mann" mußte absichtlich ungeeignete Batterien einbauen, wofür die damalige Vorwahlzeit und die potentiellen Opfer ausschlaggebend waren (In Dornbirn wurde leider ein Volltreffer versäumt, als anstelle einer Frau Burkhard eine streunende Asiatin namens Aydin den Brief geöffnet hat).
Wenn es "dem Mann todernst" war, hätte er sicher der Briefbombe an die Hallein Papier A.G. kein eng beschriebenes Blatt beigelegt, das sich bei einer Explosion in unlesbare Papierschnitzel auflöst!

Nach dem Urteil unserer Fachleute kann Berendas Elektronikern ein gewisser Durchblick nicht abgesprochen werden.
Die Übereinstimmung der vier Bauelemente der "Hofer"-Briefbombenelektronik mit den rund 90 elektronischen Bauelementen der "Oadilo"-Mehrfunktionenelektronik betrifft einen Tantalkondensator mit 10 Mikrofarad. Eine noch geringere Übereinstimmung hätte man eigens untereinander absprechen müssen.
Daß sich die Klemmenspannungen an den Zündern der beiden Briefbombentypen wegen der Thyristordurchlaßspannung und unterschiedlicher Stromquellen um 0.8 bis 1 Volt unterscheiden, haben Berendas Elektroniker begriffen.
Daß die Mehrfunktionenelektronik der Klagenfurter Sprengbombe nicht entschlüsselt werden konnte, kann man niemandem anlasten.

Lachnummer 5)
Berenda läßt sich als "Sprengstoffexperte" bezeichnen und kann in Klagenfurt in einem geschlossenen Raum 49 g Nitroglyzerin (ungefähr so viel, wie in allen Briefbomben zusammen netto enthalten war) samt Glasflasche nicht nachweisen.

"News", 9.2.1995, Seite 13: "Wilhelm Berenda, Sprengstoffexperte des Innenministeriums ..."
Daß ein Sprengstoffexperte ein paar Milligramm Silberfulminat übersieht (Siehe oben!), ist peinlich und tragisch für Binder und Radl, qualifiziert den Experten aber nicht unbedingt fachlich ab. Das Verwechseln der Begriffe "Rohrbombe" und "Sprengbombe" qualifiziert ihn fachlich ab, hat aber keine Folgen für Binder und Radl.
Aber ein qualifizierter Sprengstoffexperte wird doch bei gezieltem Suchen in einem geschlossenen Raum ohne Probleme die Spuren von beispielsweise 49 g Nitroglyzerin samt Glasflasche nachweisen können, oder etwa nicht! Nichts hat er in Klagenfurt gefunden! Er hat auch die Beweise nicht fachgerecht gesichert, damit ihm einer von mehreren österreichischen Fachmännern helfen kann!
Leider ist dadurch ein weiterer wichtiger Entlastungsbeweis zugunsten Binders und Radls verlorengegangen, denn bei der ersten Briefbombenserie wurde Nitroglyzerin von gleicher Qualität eingesetzt (der Erinnerung nach ca. 7 g pro Brief einschließlich der Abfüllverluste).

Lachnummer 6)

Ohne weitere Beispiele ähnlich Lachnummer 1 oder 5 anzuführen, geben wir bekannt, daß Berendas bisherige Fehlerrate bei der Sprengstoffidentifikation 76.9 % beträgt.

Es gefällt Herrn Berenda sicherlich, daß er als Experte gilt. Nach dem Urteil unserer Fachleute kann Berendas Elektronikern ein gewisser Durchblick nicht abgesprochen werden; es sei aber weit und breit nichts von einem Sprengstoffexperten zu sehen (bes. für raucharme Sprengstoffe), welcher seiner Aufgabe gewachsen ist.

Als Sprengstoffspurensicherer und Sprengstoffanalyst hat Herr Berenda schwach angefangen (Silberfulminat bei der ersten Serie nicht gefunden), ... dafür aber stark nachgelassen!
Wenn man die Sprengkörpertypen mit den darin vorkommenden Sprengstoffarten kombiniert und wenn man die Anzahl dieser Kombinationen mit 100% gleichsetzt, wenn man ferner sowohl die von Berenda nicht nachgewiesenen als auch die von ihm dazuerfundenen Sprengstoffe (Quelle = Medienberichte) als Fehler definiert, kommt man zu folgendem Ergebnis:
Die bisherige FEHLERRATE bei der Sprengstoffidentifikation beträgt stolze 76.9 Prozent!
Aufgrund seiner Leistungen gebührt diesem beamteten Sachverständigen ein Zuschuß: der Hilflosenzuschuß!
Unter diesen Umständen fragen wir uns, wie wir einen technischen Beweis führen sollen! Ist es denn nicht möglich, daß die österreichischen Sprengstoffchemiker aus der Industrie und ein paar Fakultäts-Chemiker bei Bedarf die Beweissicherung (vor allem diese) und die Analysen durchführen? Auch ein paar Probesprengungen mit Nitroglyzerin, Sprenggelatine oder Nitrozellulose mit und ohne Verdämmung und anschließende Analyseversuche könnten nicht schaden.

Es wurden ja auch schon erfolglos neunstellige Schillingbeträge für Beamtengehälter, Überstundenentgelte und Reisekosten aufgewandt, um Fachgeschäfte, Postkästen, Parkplätze und Straßen zu überwachen bzw. Leute zu belästigen. Ersatzweise könnte man auch das Gehalt unseres Innenministers halbieren, der unseren Zwergstaat mit dem weltweit höchsten Nettogehalt eines Innenministers ausbeutet; mit dem eingesparten Geld ließen sich ein paar Werkverträge finanzieren.

F) "Starhemberg": Korrekturen zur Sachverhaltsdarstellung vom 1.2.1995

Am 1.2.1995 haben wir leider zuviel versprochen: "Auf unsere Behauptungen in technischer Hinsicht können Sie vertrauen!"
Die "Starhemberger" haben schon vor langer Zeit alle Versuchsprotokölle und so gut wie alle sonstigen schriftlichen Unterlagen, die sich auf die erste Serie beziehen, vernichtet. Die umfangreichen schriftlichen Angaben mußten also überwiegend aus dem Gedächtnis rekonstruiert werden. Daneben sind Reibungsverluste durch die Arbeitsteilung scheinbar unvermeidlich.
Es gibt einen kapitalen Fehler und drei Punkte, die unter Umständen zu Mißverständnissen oder Ausreden Anlaß geben könnten.

Korrektur zu 3 (Punkt 3 vom 1.2.1995; Warnzünder) :

Dies ist der einzige kapitale Fehler, der bei der Beschreibung der ersten Briefbombenserie korrigiert werden muß.
Es wurde vergessen, die Variante mit jeweils 2 hochohmigen Zündern anzuführen (im Briefbombeninneren numeriert mit 42+42, 43+44).
Zwei von 10 Briefbomben der 1. Serie wurden durch die Beschreibung vom 1.2.1995 also nicht erfaßt.

Korrektur zu 3 und 5.1 (Warnzünder und Sprengstoffe) :

Der Protest der Ermittler hinsichtlich mangelnder Übereinstimmung der "Starhemberger"-Sprengstoffliste (TV/ZIB;Briefbomben der ersten Serie) mit den Analyseergebnissen des Innenministeriums kann sich wohl nur auf das folgende Detail beziehen:
Es wurde nicht erwähnt, daß die Glühdrähte aller Zünder, die kein Silberfulminat als Zündmittel verwenden, mit einem Nitrozelluloselack als eigentlichem Zündmittel überzogen sind. Dieser Lack wiegt vielleicht 1 Milligramm, wurde nicht als Sprengstoff gewertet und ändert auch nicht viel an der Zündverzögerung. Das Quecksilberfulminat der Warnzünder kommt also mit dem Glühdraht nicht direkt in Kontakt.
Das Fakultätsgutachten Ingomar Wiesers von der TU Wien beweist (in Übereinstimmung mit der Sprengstoffliste der "Starhemberger"), daß die Briefbomben der ersten Serie folgende Sprengstoffe enthalten: Silberfulminat, Quecksilberfulminat und Nitroglyzerin. Ob in diesem Fakultätsgutachten auch der Nitrozelluloselack erwähnt wurde, geht aus Medienberichten nicht hervor ("Profil", 11.10.1994, Seite 36; "News", 19.1.1995, Seite 43; "News", 9.2.1995, ab Seite 40).
Daß die Ermittler bisher bei der Identifikation von Sprengstoffen eine Fehlerrate von 76.9 Prozent produziert haben, kann man nicht den "Starhembergern" oder anderen Kampftrupps ankreiden.

Korrektur zu 4.2 ("Glühdraht elektrisch gleich") :

Die Glühzünder wurden nach ihrem elektrischen Spannungsabfall in Millivolt bei 3 Milliampere Prüfstrom grob in nieder- u. hochohmige gruppiert. Unter "elektrisch gleich" ist logischerweise nicht der unerreichbare Spezialfall exakter Gleichheit gemeint, sondern die Zugehörigkeit zur gleichen Gruppe.
Die elektrisch aktiven niederohmigen Zünder sind mit den Zahlen 15.5, 21 und 26 (maximale Abweichung vom Mittelwert also ± 25%) beschriftet.
Die elektrisch aktiven hochohmigen Zünder wurden mit den Zahlen 39 bis 57 (maximale Abweichung vom Mittelwert ist ±19%) gekennzeichnet.

Eine besonders gute Übereinstimmung ergibt sich zwischen den Glühdrähten für die "Starhemberg"-Zünder "55" und "57" und den Glühdrähten dreier "Hofer"-Zünder.

Korrektur zu 6.2 (Herstellung von Nitroglyzerin):
Der letzte Satz lautet natürlich: "Aber selbst hier kann man das Glyzerin über Gebühr zersetzen oder überhitzen."

Alle Angaben, die unter dem Titel Sachverhaltsdarstellung laufen, sind jetzt mit ziemlicher Sicherheit fehlerfrei.

G) "Starhemberg":
Ergänzungen zur Sachverhaltsdarstellung vom 1.2.1995
(Auch die auf den Seiten 9 und 10 dargelegten Hinderungsgründe für den Nachbau der Briefbomben der ersten Serie sind als Ergänzung zu verstehen.)

Ergänzung zu 1.1 und 1.2 (Unterdrückung des "Peterle-Briefes" bis zum Ende des Prozesses gegen Gottfried Küssel):
Am 17.2.1995 verlautbart Löschnak via TV, daß unter anderem auch der sogenannte "Peterle-Brief" nicht über das Innenministerium, sondern "über andere Kanäle an die Öffentlichkeit" gelangt ist. Der Brief hätte aber zumindest den Rechtsanwälten Küssels, Binders und Radls ohne Verzögerung zur Verfügung gestellt werden müssen. Der Verdacht, daß Küssel ein Zusatzjahr ausfaßte, weil Löschnak und seine Kumpane absichtlich ein Beweismittel unterdrückt hatten, bestätigt sich immer mehr.

Ergänzung zu 1.3 (drei gleichlautende, an Pressestellen gerichtete Briefe mit dem BBA-Briefkopf, wobei durch Angabe einer Quecksilbermenge die Täterschaft der BBA bewiesen wird):
Diese Briefe sind bis zum heutigen Tag nicht aufgetaucht. Die BBA bedauert dies nicht,denn es wurde nur eine ungenügende stilistische Tarnung durchgeführt.

Ergänzung zu Punkt 3 (Briefe mit Warn- und Detonationsteil):
Aufgrund eventueller Alterungs- oder Transportschäden fällt der Explosionsverlauf in der Praxis möglicherweise nicht immer so aus, wie es Theorie und Experimente vermuten lassen.

Ergänzung zum Thema des bei Peter Binder angeblich sichergestellten Kunststoffvlieses (Quelle: "News", 9.2.1995, Seite 41, r. u.):
Den Behörden liegen sechs unbeschädigte Briefbomben vor. Daraus lassen sich die Streubereiche für die Vliesdicke und für mehrere Elastizitätsparameter feststellen. Es ist anzunehmen, daß sich die Parameterstreubereiche der sichergestellten Vliese von den Streubereichen der Vliese in den Briefbomben signifikant unterscheiden. Nach unseren Recherchen ist das dünne und sehr flexible Originalvlies nicht mehr im Handel erhältlich.

Ergänzung zu 8.3 (Schaltpläne beziehungsweise Bestückungslisten zur ersten Briefbombenserie):
Es wurden zehn Kleinsignal- und zehn Kleinleistungstransistoren verwendet, wobei es sich um PNP-Typen handelt.
Einer der Transistoren ist ein Germanium-Kleinleistungstransistor im Metallgehäuse(Beschriftung entfernt). Die Schaltung mit diesem Transistor unterscheidet sich schon rein optisch deutlich von den übrigen neun Schaltungen; sie besitzt deshalb Beweiskraft, weil sie weder bildlich noch textlich veröffentlicht wurde. Die passiven Bauelemente haben in dieser Version folgende Nennwerte:
22kΩ, 3.9kΩ, 47nF, 56Ω und 150Ω.
Weitere Versionen: 15kΩ/18kΩ/22kΩ, 3.9kΩ/4.7kΩ, 47nF/33nF (?), 22Ω/330Ω, 2.2kΩ/10kΩ
Für Leser mit Volksschulniveau zum Selbsttest:
Ω = Ohm, kΩ = Kiloohm, nF = Nanofarad

Als Stromquellen wurden neben den in der Presse ("News", 9.2.1995, Seite 41) angeführten Lithiumknopfzellen CR 2430 und CR 2032 auch zwei parallelgeschaltete Exemplare des Typs CR 2320 verwendet.

Im Jahr 1993 konnte leider niemand absehen, daß die gefährlichen und lästigen Schaltpläne später benötigt werden, um fälschlich Beschuldigte "herauszuhauen".
Die "Starhemberger" erinnern sich an einige Schaltungsänderungen zur besseren Anpassung der Elektronik an die Glühzünder und Stromquellen (deutlich sichtbar bei der Version mit Germaniumtransistor) sowie an den Austausch eines defekten Kondensators, können aber nicht garantieren, sondern nur hoffen, daß sämtliche ausgetauschte Bauelemente ordnungsgemäß in die Schaltpläne eingetragen wurden.
Sollten 2 oder 3 der 50 verwendeten Widerstände und Kondensatoren abweichende Nennwerte aufweisen, ist dies kein Grund, um in der ZIB nochmals zu triumphieren: "Wir haben Unterschiede festgestellt!"
Berendas Elektroniker hat übrigens auch schon unter Beweis gestellt, daß er nicht allwissend ist; daher soll er den Fehler zuerst einmal bei sich selbst suchen, bevor er schreit.

Ergänzung zu 8.4 (falsch interpretierte Zahlen) :
Auf dem weißen Karton neben den aktiven Briefbombenzündern scheinen Zahlen auf, die vom Elektroniker der Kriminaltechnischen Zentralanstalt im Innenministerium nicht als technische Zahlen erkannt wurden. Typischerweise fand sich - laut Presse - sofort ein österreichischer Historiker,der die Zahlen uminterpretierte. Über solche Zufälligkeiten verwundert, überprüften die "Starhemberger" die Behauptungen und stellten fest, daß die allseits angeführte perfekte Übereinstimmung mit Zahlen aus bestimmten historischen Dokumenten nicht gegeben ist.
Die falsch interpretierten Zahlen beziehen sich auf die Zünder und geben den Spannungsabfall in Millivolt bei einem Prüfstrom von drei Milliampere zum Zeitpunkt November 1993 an. Es ist anzunehmen, daß sich die meisten dieser Prüfspannungen bis zum Februar 1995 auf Grund von Alterungsvorgängen wesentlich verändert haben; üblicherweise steigen sie an.
Unter der Voraussetzung, daß auch diesmal sämtliche ausgetauschte Bauelemente ordnungsgemäß eingetragen wurden, können diese Zünderprüfspannungen und die darauf abgestimmte Bestückung mit Lithiumknopfzellen wiedergegeben werden.

Zahlen neben den Briefbombenzündern	zugehörige Lithiumknopfzellen-Typen CR
57 + 21	2430 + 2430 + 2032
39 + 26	2430 + 2430
39 + 15.5	2430 + 2430 + 2430
42 + 42	2430 + 2032
43 + 44	2430 + 2032
55	2430
40	2430
41	2032 + 2032
41	2320 + 2320
45	2430

Ergänzung zu folgenden Themen:

Warum wurde die Einserserie nicht fortgesetzt?
Warum ist die Zweierserie nicht explodiert?
Fehlt etwa Ing. Peter Binder?
(Siehe "News", 11.11.1994, Seite 43, rechts unten!)

Die Einserserie wird nicht fortgesetzt, weil die Briefe zu dick, schwer und auffällig sind, um auf Dauer ans Ziel zu gelangen; die Waffenwirkung endet zudem in einem Abstand von 5 cm. Auch der Explosionsverlauf war in der Praxis scheinbar nicht immer so, wie es Theorie und Experimente vermuten ließen.
In jedem Fall müßte man ungeeignete Werkstoffe austauschen:

Die aliphatischen Amine des Zweikomponentenklebers (Chemiker fragen!) werden vom Nitroglyzerin aufgeweicht und braun gefärbt.

Es gibt Probleme mit den Batterieanschlüssen, sodaß die Lötstellen der hitzeempfindlichen Lithiumzellen nachträglich mit Drahtklammern gesichert werden mußten.

Die Warnzünder altern sehr schnell und fallen aus.

Falls jemand die Einserserie exakt nachbauen möchte, benötigt er die vollständigen Zünder, den Sensordraht, das Kunststoffvlies und einschließlich der Füllverluste sieben Gramm Nitroglyzerin (jeweils in "Starhemberg"-Qualität) sowie die schon angeführten Fotos aus Tages- und Wochenzeitungen (Seite 5).
Wer observiert und verhaftet werden möchte, der geht anschließend in ein einheimisches Fachgeschäft, um die dargestellte extradicke Angelschnur, den grünen Kleinleistungstransistor oder die Lithium-Knopfzellen einzukaufen. Wir wurden im Dezember 1993 von Mithelfern aus der Bevölkerung vor dem Betreten derartiger Fachgeschäfte gewarnt. Zwirn, Karton, Trinkhalme, Styrofoam, Uhu-Plus-300 und Superkleber kann man laut Aufklärung derzeit noch gefahrlos erwerben.
Die Elektronik der Zweierserie hat ohne Zweifel fehlerlos angesprochen und jene Menge Strom durch den Zünder geschickt, den die symbolisch eingebauten Knopfzellen liefern konnten. Es gab keine "stümperhafte" Elektronik und auch keine fehlerhaften oder falsch dimensionierten Stromleitungen; der Spannungsabfall von 0.8 Volt ist die normale Durchlaßspannung eines Thyristors; folglich muß "News" den Fasching nicht mit der unqualifizierten Frage eröffnen: "Fehlte Peter Binder?" ("News", 11.11.1994, Seite 43, rechts unten)
Daß bei der Zweierserie statt zweier Lithium-Knopfzellen (3+3 Volt) zwei spannungsarme Quecksilberzellen (1.4 + 1.4 Volt) eingebaut wurden, liegt an der damaligen Vorwahlzeit. Märtyrer waren unerwünscht, insbesondere wenn es sich um einheimische Schreibkräfte handelt (Irrtum im Fall Burkhard/Aydin). Blindgänger loszuschicken, das war als allgemeinverständlicher Hinweis auf Löschnak gedacht, der keine Gemeinsamkeiten zwischen Wien und Klagenfurt sah oder sehen wollte. Daß in einem Fall ein vollgeschriebenes Blatt beigelegt war, ist wohl Beweis genug, daß die Zerlegung in unlesbare Papierschnitzel wohl nicht Ziel der Aktion gewesen sein kann. Was der Anlaß für diese Aktion war, ist bekannt.

Zum Thema der Mittäterschaft Radls:
< Kurios sind vor allem die Anschuldigungen gegen den "Philosophen" Radl, der sich (ähnlich Haider) einbildet, daß man unsere gefestigte Tschuschen-Diktatur mit demokratischen, zumindest aber mit gewaltfreien Mitteln zu Fall bringen kann. >
(Dieser Satz ist bereits hinlänglich bekannt)

Radls Standardnote im Gymnasium und bei späteren Prüfungen war angeblich die Eins. Das sogenannte Bombenhirn war hiemit gefunden, zumal man ihm auch gleich ein Motiv anzuhängen wußte: Er war durch staatliche Maßnahmen und ihre Folgen mehrfach behindert worden. Also wirft man ihm gleich den nächsten Prügel vor die Beine!

Im Fernsehen konnte man mitverfolgen, wie Dr. Wolfgang Neugebauer die Ermittler unter Druck gesetzt hat, einen gewissen Steirer (gemeint war Radl) zu verhaften. Die STAPO hatte Radl richtig eingeschätzt und ihn nicht sofort verhaftet. Aber wenn Wizenthal oder Neugebauer die Medien zur Hilfe rufen, dann heißt es: HANDELN oder ARBEITSPLATZVERLUST! Der "österreichische Widerstand" der Spione, Partisanen und Saboteure war 1945 zu Ende; über diese Zeit ist alles lückenlos dokumentiert, und das Dokumentationszentrum müßte sich eigentlich selbst auflösen. So sucht sich Neugebauer ein neues Betätigungsfeld, indem er den ganzen Tag lang die Medien observiert und darüber nachdenkt, wen er als nächsten anzeigen könnte. Bezahlt wird Neugebauer von der SPÖ, jener Partei, die als erste von drei österreichischen Parteien voll in der Hand der Tschuschen war. Den Haß Neugebauers hat sich Radl gerüchteweise durch persönliche Briefe an Neugebauer eingehandelt. Radl hat Leute wie Neugebauer in seiner Kartei gehabt und sich nicht gescheut,diesen ins Gewissen zu reden (nicht verboten, wenn auf dem Kuvert der Vermerk "PERSÖNLICH" angebracht ist). Neugebauer hat in einem Interview zugegeben, Radl sogar einmal persönlich aus seinem Dokumentationsarchiv gejagt zu haben. Diesmal hat Herr Dr. Wolfgang Neugebauer es seinem persönlichen Feind Radl ordentlich heimgezahlt und vorgeführt, wie er mit ihm fertig wird!

Franz Radl kämpft nur mit seinem Textverarbeitungsprogramm; Franz Radl ist kein Bombenhirn und will keines sein, und Franz Radl wird weder als Bombenhirn noch als Historiker oder als Adressenlieferant gebraucht!

Die "Starhemberger" kennen die Geschichte Wiens von der Keltenzeit her (Wi|en, Wean, Wian, Wiana, Wenia, Wena, Vi|enna, Vienne/Rhone; derzeitiger Name sicher nicht vom Gutshof "Vindobona" abgeleitet, sondern von einem Ort, der so klingt wie Wiana = Vienne; Dialekt hat innerhalb von zwei Jahrtausenden praktisch nur ein unbetontes "a" verschluckt = Wian; alte Kelten gibt es in Wien leider nicht mehr; falls sie die Daker, Römer, Germanen, Hunnen und Awaren überlebt haben, wurden sie spätestens von den Ungarn verschleppt und ausgerottet).
Man hört schon in der Schule von der Türkenbelagerung im Jahr 1683. Es bedarf keines Anstoßes durch irgendjemanden, um die Analogie zur heutigen Situation zu erkennen, wo wiederum schwarzäugige Leute mit zusammengewachsenen Augenbrauen in den ehemaligen Vorstädten herumschwirren.

Ob sich alle zehn Briefbombenadressen tatsächlich in Radls Kartei wiedergefunden haben, wie die Medien der Bevölkerung einreden wollen, können wir nicht beurteilen, halten diesen Fall aber eher für unwahrscheinlich.
Vielleicht wäre es sinnvoll gewesen, bereits bei der ersten Briefbombenserie die Adressen so zu verunstalten, daß die Briefe gerade noch zugestellt werden können.
Bei der fingierten Adresse an den Pfarrer Janisch, der ständig von dunkelhäutigen Balkanzigeunern umgeben ist, wollte der Kampftrupp besonders originell sein und hat sich eines rumänischen Schimpfworts bedient; daß sich dieser "Vutuc" eignet, um über 5 Ecken eine Beziehung zu Radl herzustellen, hatte keiner vorausgesehen.
Die fingierte Adresse an den Artikel VII wurde in ähnlicher Weise ausgesucht (Spitzname für "NAZI"); wenigstens dieser Name belastet Radl offenbar nicht.
Auch das türkische Wort für "Krieger" findet im Pressebericht über die Anklage keine Erwähnung.
Bezüglich der Auswahl des fingierten Familiennamens "Urban" fühlt sich der Kampftrupp überführt, nur "Radl" und "GÄCK" müßte man aus der diesbezüglichen Anklagepassage streichen.

Zum Thema Typenradschreibmaschine des Herrn Franz Radl:
Die Nichterwähnung, daß es sich beim Typenschriftbild "Cubic 12" um ein Standardschriftbild mit hoher Verbreitungsdichte handelt, paßt gut zu Faschings Charakter und zum Lügen- und Täuschungskonzept seiner Anklageschrift.

Zum Thema der Mittäterschaft Ing. Binders:

Daß die Kampftrupps der BBA Briefmarken kleben und Briefe einwerfen können, wurde auch nach der Inhaftierung Binders bewiesen.
Die "Starhemberger" haben die Briefbomben der ersten Serie ausführlichst beschrieben, Sprengstoffproben, den Sensordraht sowie einen wegen Drahtbruchs ausgetauschten, zweistufigen Originalzünder als Sachbeweise vorgelegt und hiemit den Nachweis erbracht, daß sie es sind, die die Briefbomben der ersten Serie gebaut haben.
Daß Binder sie nicht gebaut hat, ergibt sich daraus, daß er vieles besitzt, was briefbombentauglich ist, daß in den Briefbomben aber so gut wie nichts vorkommt, was Binder besitzt:

Laut Medienberichten verfügte Binder über mehrere militärische Sprengstoffe, von denen in den Briefbomben keiner enthalten war. In den Briefbomben waren vielmehr 3 seltene, nichtmilitärische Sprengstoffe enthalten, die Binder (zu seinem Glück!) weder selbst erzeugen noch irgendwie besorgen konnte.
Insbesondere der bei Peter Binder sichergestellte oder vermutete Initialsprengstoff Bleiazid ("Profil", 16.1.1995, Seite 24) wäre sehr geeignet, entweder nur als Zündmittel oder als Sprengstoff für die ganze Briefbombe zum Einsatz zu kommen.
Binder versuchte sich angeblich in der Herstellung von Nitroglyzerin; in Ermangelung geeigneter Chemikalien konnte er aber keinen Erfolg haben. Ein Scheidetrichter findet in der Chemie vielerlei Anwendung. Eigens für Nitroglyzerin wird er nicht hergestellt: Wo blieben die Abnehmer? Man kann Nitroglyzerin auch ganz gut ohne Scheidetrichter herstellen. In keinem Fall hätte er Nitroglyzerin in der den Ermittlern bekannten "Starhemberger"-Qualität erzeugen oder besorgen können.

Peter Binder soll erfolglos versucht haben, in einer Guntramsdorfer Drogerie gleichzeitig Kunststofftrinkhalme und Quecksilber zu erstehen. Geht man davon aus, daß es von der Besorgung der ersten Grundstoffe bis zur Einsatzfähigkeit der Briefbomben in jedem Fall Monate dauert, muß es sich beim Drogisten um Albert Einstein - oder um einen Kopfprämienjäger - gehandelt haben. Daß er sich merkt, wenn jemand ohne Giftschein Quecksilber kaufen will, ist möglich. Unser Albert Einstein merkt sich aber über Monate, wenn jemand um ein paar Schillinge Trinkhalme einkauft! (Vermutlich weiß er genau, wie hoch die Ergreiferprämie ist; was er vor zwei Tagen mittags gegessen hat, wird ihm aber sicher schon entfallen sein.) Wir fragen uns: Hätte Herr Binder seine Trinkhalme nicht in einem simplen Supermarkt billiger und unauffälliger besorgen können?

Ob Binder Quecksilberfulminat herstellen wollte oder nicht, ist eigentlich insofern belanglos, als er es in Ermangelung von Quecksilber nicht herstellen konnte. Quecksilber kann man aber auch beim Goldwaschen (Amalgamverfahren), in der Astronomie (Horizont), in Lampen und in Schaltern, in Barometern, für chemische Experimente u.s.w. einsetzen. Daß Binder Quecksilberfulminat in der für zehn Briefbomben erforderlichen großen Menge durch Delaborierung veralteter Patronen gewonnen haben kann, wird durch ein Fakultätsgutachten Ingomar Wiesers widerlegt ("News", 36/94, 8.9.1994, S. 19). Quecksilberfulminat in Zündhütchen ist dazu bestimmt, durch Reibung zur Explosion gebracht zu werden. Angesichts des Brisanzwertes von trockenem und kompaktem Quecksilberfulminat (übertrifft Donarit) wünschen wir (selbst bei Anfeuchtung der Zündhütchen) jedem beste Gesundheit, der sich an das Auskratzen einer dreistelligen Anzahl von Zündhütchen heranwagt. Binder konnte also auch das Quecksilberfulminat weder synthetisieren noch sonstwie beschaffen.

Bei Silberfulminat unternimmt der Ankläger gar nicht erst den Versuch, Binder die Herstellung und Verarbeitung zu unterschieben. Als das Silberfulminat erkannt wurde, sprach man von einem "chemischen Fingerabdruck" ("Neue Kronen Zeitung", 8.10.1994); seitdem klar ist, daß nicht nur in den "Hofer"-Bomben, sondern auch in den angeblich von Binder gebauten Bomben dasselbe Silberfulminat vorkommt, ist keine Rede mehr von einem "chemischen Fingerabdruck".

In "Profil" vom 16.1.1995 wurde auf Seite 23 behauptet, Binder habe über (industriell gefertigte?) Sprengkapseln verfügt. Warum hat er sie dann nicht in den Briefbomben eingesetzt? Mit mehreren treppenförmig nebeneinandergelegten Sprengkapseln, von denen nur eine gezündet werden muß, läßt sich eine starke Briefbombe mit Splitterwirkung aufbauen.

Bei Binder wurden angeblich elektronische Bauelemente gefunden. Via TV wurden den Österreichern auch datenträgergebundene Schaltpläne, in denen eine integrierte Schaltung zu sehen ist, vorgeführt. Nichts davon findet sich in den Briefbomben wieder. Die ausgeführte Elektronik arbeitet ohne integrierte Schaltungen und wäre vermutlich allein schon deswegen unter Peter Binders Würde gewesen.

Die Elektronik der Briefbomben ist sehr einfach, benötigt aber einen haardünnen Sensordraht, der im Detailhandel nicht erhältlich ist. Binder hätte dieser Ruhestromvariante wahrscheinlich die von ihm angeführten Varianten mit Fotozelle, Kontaktschluß beim Öffnen oder mit chemischer Zündung vorgezogen ("Profil", 16.1.1995, Seite 22). Letztere haben eine sehr lange Funktionsdauer, weil sie ohne Ruhestrom auskommen und einen besserklingenden Namen, während unsere Ausführung maximale Funktionssicherheit über die gesamte Lebensdauer gewährleistet und mit einfachen Mitteln fast nicht überlistet werden kann.
Der mit Absicht sowohl bei der ersten als auch bei der zweiten Briefbombenserie verwendete Sensordraht ist rund zwanzig Jahre alt, gänzlich unverwechselbar und mit Sicherheit von keinem Peter Binder und von keiner x-beliebig anderen Person, sondern nur von den "Starhembergern" wiederbeschaffbar.

Extempore:
Daß bisher kein Selbstzerstörungsmechanismus eingebaut wurde, der auf das Einfrieren des Batterieelektrolyts, auf Röntgenstrahlung oder gar auf die Frequenzen der Metallsuchgeräte zuverlässig reagiert, hat mehr mit Psychologie sowie mit Gewicht, Volumen und Stabilität der Briefe zu tun als mit Nachhilfeunterricht ("Neue Kronen Zeitung", 8.10.94, Kleindienst kontra Sika).

Zum Thema Zeugenanwerbung durch Behörden und Journalisten:
Fasching, Baumgartner, Purtscheller und Konsorten unternehmen Pilgerreisen nach Deutschland, um den völlig uninformierten Herren Wendt, Priem und Hasselbach immer mehr Details der Briefbomben einzutrichtern: "Haben Sie bei Binder diesen Schaltplan da gesehen? Haben Sie diesen Draht gesehen? Kennen Sie dieses Kunststoffvlies? Hat Ing.Binder sich mit weißem Silberfulminat, braunem Quecksilberfulminat und ölartigem Nitroglyzerin befaßt? Er hat doch bestimmt von dem Silbernitrat da gesprochen!"
Nach weiteren zwei oder drei Deutschlandreisen mit Fragen nach obigem Muster sind die umworbenen Herren Wendt, Priem u. Hasselbach Fachleute für Briefbomben und ergeben dann ideale Belastungszeugen, mit denen sich die Hausfrauen in den Reihen der Geschwornen beeindrucken lassen.
Herr Dr. Sepp-Dieter Fasching,der führerscheinlose Staatsanwalt mit dem Tunnelblick, hält seinen Ehrgeiz und Siegeswillen sowie sein Bestreben, es seinen Chefs recht zu machen, offenbar für Pflichterfüllung! Vielleicht sollte man ihn die Strafprozeßordnung und das Strafgesetzbuch abschreiben lassen! Oder ist er etwa in irgendeiner Weise vorgeschädigt, weil er gar nicht begreifen will, daß man die Wahrheit nicht verdrehen darf?

H) Dem Innenminister und dem Psychologen Thomas Müller teilen wir mit:

****
Alles, was wir für Binder und Radl sinnvollerweise tun konnten, **um sie** vor falschen Vorwürfen in Schutz zu nehmen, haben wir unter**nommen**; ab jetzt sind die beiden Geiseln des Innenministers voll **auf sich** gestellt und liefern uns keinen weiteren Anlaß für irgend**welche** Gewissensprobleme.
****
Jene Gedächtnisstützen zur ersten Briefbombenserie, die sich noch **im** Besitz der "Starhemberger" befinden und deren Sicherheit gefährden, sind nicht länger erforderlich und werden vernichtet.
Die Theorie, daß Binder und Radl Mitglieder unserer "Wiener Zelle Graf Starhemberg" sind ("News" vom 9.2.1995, S.16; mißverständliche Interpretation möglich) ist ein Hirngespinst. Da (vermutlich) noch keiner aus der BBA jemals mit Binder oder Radl gesprochen hat, existiert auch keine besondere emotionale Bindung zu den beiden.
Es macht keinen Sinn, wenn Exekutive und Justiz weiterhin mit falschen Beschuldigungen gegen Binder und Radl vorgehen, um die BBA (als eigentl. Täter) zum weiteren Schreiben entlastender Briefe zu provozieren. Es wird in dieser Angelegenheit keine weiteren Briefe geben! Die stilistische Tarnung ist äußerst mühsam und auf Dauer nicht fehlerlos durchzuhalten. Es will sich auch keiner der Kämpfer der Lächerlichkeit preisgeben, indem er beim Briefeeinwerfen ausgeforscht, gefangengenommen oder ums Leben gebracht wird.

Unser verdienstvollster und unverzichtbarster Mithelfer,der Vorarlberger "News"-Journalist Purtscheller,derzeit beruflich karenziert, denn er schleicht in ganz Österreich umher, um an die verlockenden zehn Millionen heranzukommen, unternimmt den untauglichen Versuch, den Sinn der Bekennerschreiben ins Gegenteil zu verkehren:
Er behauptet, die BBA hätte Radl deutlicher freigesprochen als Binder, folglich könnte Binder mutmaßlich "tiefer in die Sache involviert" sein ("News", 16.2.1995, Seite 15).
WEDER BINDER NOCH RADL SIND AUCH NUR IM GERINGSTEN INVOLVIERT.

Freuen Sie sich nicht zu früh auf den ersten Fahndungsvolltreffer! Wenn Sie einen von uns zu fassen kriegen, was wohl nicht ausbleiben wird, können Sie ruhig im Kreis der Verwandten, Schulkollegen, Berufskollegen und Nachbarn recherchieren: Sie alle sind ahnungslos und glauben, daß wir herumstreunende Mediterrane, Asiaten, Afrikaner und Heiden sowie unsere Herrenkaste der Tschuschen voll akzeptieren. Selbst wenn ein Kamerad seinen Eid bricht, wird sich der Schaden in Grenzen halten. Denn bei uns weiß jeder nur das, was er wissen muß, und es darf keiner länger als nötig Beweismittel besitzen, die auf einen Kameraden hinweisen.
Die Idee, ein ganz enormes Kopfgeld auszusetzen, ist schon einige Monate alt und stammt von Szymon Wizenthal. Zwar wissen wir nicht genau, ob einer der Mithelfer nicht doch den Versuch unternommen hat, uns in die Pfanne zu hauen; es sieht aber noch immer nach einer Blamage für den zugewanderten ukrainischen Abzocker und angeblichen Ingenieur aus!
Deutsche haben eben einen "deutschen" Charakter. Bei jahrtausendelanger Seßhaftigkeit bleiben hauptsächlich Menschen mit festen Grundsätzen übrig, denen Eid und Ehre vor Geld gehen!
Vom Innenministerium gehen die falschen Anschuldigungen gegen Binder und Radl aus, und der Innenminister persönlich war es, der die beiden im Fernsehen beschuldigt hat. Es ist recht und billig, daß sich der Innenminister die Schreiben vom 1.2. und 25.2.1995 mit den beigelegten Sachbeweisen vornimmt, sich vor die nicht zur Explosion gebrachten Briefbomben hinstellt und alles mit dem Elektroniker von der Kriminaltechnischen Zentralstelle durchgeht. Dann erst soll er sich nochmals persönlich im Fernsehen äußern!

I) Historisches ("Oadilo", "Thietmar"):

Heutzutage nennt sich Historiker, wer die Videokassetten der Herren Riff und Portisch abspielen kann. Lernet Latein und leset alte Urkunden, liebe Historiker! Ansonsten könnt Ihr Euch bald zum sogenannten Sprengstoffexperten Berenda aus dem Innenministerium dazugesellen, der bisher eine Fehlerrate von 76.9 % produziert hat.

1) Wir schämen uns zu Tode, hatten wir doch stets geglaubt, einigermaßen in der europäischen und orientalischen Geschichte zu Hause zu sein!
Da erfahren wir aus der "Neuen Kronen Zeitung" vom 7.2.1995, daß der Babenberger-Herzog Friedrich II., der Streitbare, im Jahr 1246 gegen die Mongolen gefallen ist. Daß er am 15.6.1246 vermutlich bei Moson im Kampf gegen König Bela IV. von Ungarn gesiegt, aber sein Leben verloren hat, war uns wohl bekannt; wir wußten aber bisher nicht, daß unser Herzog anno 1246 ein weiteres Mal ums Leben kam!
"News" weiß am 9.2.1995 auf Seite 17 ferner zu berichten, daß Friedrich der Streitbare der letzte mittelalterliche Raubritter war. Wir hatten aufgrund des sehr positiven Nachrufs Ulrichs von Liechtenstein genau das Gegenteil zu wissen geglaubt, aber man lernt bekanntlich nie aus!
Friedrich dem Streitbaren gelang es, von den turksprachigen Ungarn einen Teil der antiken Provinz Pannonien im Bereich des heutigen Burgenlandes zurückzugewinnen.

2) Der Kampftrupp "Oadilo" wundert sich über die Kritik an seinem "Ausschnitt aus der Geschichte der Karantaner" (8.9.1994). Wer meint, er könne es besser, ist herzlich eingeladen, sich anhand lateinischsprachiger Urkunden sachkundig zu machen und seine Weisheiten unters unwissende Volk zu bringen.
Die Umvolker und Völkermörder beschweren sich, dieses Elaborat sei eine absichtliche Umschreibung der Geschichte zugunsten der Deutschösterreicher. Wie unfair müssen sich dann erst letztere behandelt fühlen, gab es doch bereits um ca. 405 n. Chr. erste ostgermanische Siedlungs- und Kirchenbauten in Kärnten, während der gewählte Zeitrahmen erst mit dem Jahr 530 n. Chr. beginnt. Die erste germanische Phase in Kärnten gab es also 190 Jahre vor der slawischen. Hinzu kommt, daß die heutigen Deutschösterreicher seit dem Jahr 9 vor Christus nördlich der Donau saßen und nichts anderes im Auge hatten, als die Provinzen Raetien, Noricum (keltische Vokabel NORIG heißt auf deutsch Ostreich = Österreich) und Pannonien südlich der Donau zu erobern; sie kämpften mit den Römern ein halbes Jahrtausend lang um das heutige Republiksgebiet.

An der Sache gibt es nichts zu rütteln: Die Deutschen waren vor den Slawen in Kärnten, und es gibt in Kärnten wohl viele slawische Namen, aber kaum slawische Gesichter (Nase nach oben gekrümmt, volle Lippen, kleine Ohren, Gesicht oval, Stirn leicht fliehend, Neigung zu Stirnglatze, Haut und Haare hell, Augen silbergrau).
Slawische Namen ohne slawische Gesichter! Das kann wohl nur darauf zurückzuführen sein, daß es während der hundertzwanzigjährigen slawischen Herrschaft eine Zwangsslawisierung der Nichtslawen, unter der sehr viel längeren deutschen Herrschaft aber keine Zwangseindeutschung gab. Als das Windische schon mehrmals in der Geschichte von selbst einzuschlafen schien, schritt immer wieder jemand ein - nach Art des hackelschmeißenden Mafioso Kapellari, der neuerdings im rein deutschsprachigen Villach irgendwelche Partisanen herbeikarrt, unter enormem Polizeischutz eine deutsch-slowenische Messe inszeniert und damit via ORF und ZDF in ganz Österreich und Deutschland prahlt.

Wenn ein Deutscher den Windischen zuhörte, wußte er ansatzweise, **worum es** ging. Jetzt wurde die windische Sprache nicht vom **Deutschen,** sondern vom völlig unverständlichen Laibacher Schrift-**slowenischen** abgelöst.
Man könnte die Kärntner Slowenen noch dadurch ärgern, daß man sie darauf aufmerksam macht, daß sich die Slawen als jüngstes indogermanisches Volk in der Gegend von Tschernobyl entwickelt haben. Von dort scheint alles auf Österreich herniederzuprasseln, was Probleme bereitet! Wozu muß ein Kärntner so dringend slowenisch sprechen? Weil auf diese Weise ein paar unsinnige Arbeitsplätze für Übersetzer, Lehrer und Quotenpolitiker geschaffen werden und weil die panslawistischen Tschuschenhäuptlinge es aus rassistischen Gründen einfach so haben wollen?

Was die Exaktheit von Jahreszahlen betrifft, kann man am ehesten über die erwähnte Jahreszahl 595 streiten, denn es ist nur sicher, daß die Slawen und Awaren nach 582 in Kärnten einmarschiert sind.

Natürlich sind bei den Namen mehrere Versionen möglich:
Karantaner, Karantanen, Carontanen;
Herminionen, Herminonen, Erminonen, Irminonen;
Bajuwaren, Bajovaren,..
Oadilo, Oatilo, Odilo ("oa" galt wohl schon damals als unfein und nicht schriftreif).
Wir haben ja auch in letzter Zeit mehrere geschichtsverfälschende oder unmotivierte Neuschöpfungen und Umdeutungen erleben müssen:
Hügelgräber-Illyrer -> Vor-Kelten (Haben sie nicht doch mehr den Dalmatinern und Albanern geähnelt als den Iren? Weswegen tritt zwischen Westpolen und Albanien die einzigartige trapezförmige Gesichtsform auf? Sind da jemandem die illyrischen Provinzen Napoleons ein Dorn im Auge?);
Bulgaren in Mazedonien -> serbisierte Griechen;
Tschechei -> Tschechien (aufgrund der vielen kaukasischen Gesichter in Tschechien - übrigens auch am Balkan - wären auch Neutschetschenien, Neucechenien oder Neuawarien möglich gewesen);
Bosniaken -> Bosnier (neuerdings bezeichnen die Medien die bosnischen Moslems wieder als Bosniaken).

3) Für Personen, die mit den englischen Vokabeln "soap", "oak" und "foam" etwas anzufangen wissen, verdeutlicht unser Fachmann das westgermanische "oa":
In den Jahren 736 bis 748 n.Chr. herrschte ein westgermanisch-bajuwarischer Herzog.
Er nannte sich "Oadilo" oder "Oatilo", in lateinischsprachigen Dokumenten wurde sein Name meist zum weltmännischen "Odilo" aufpoliert.
Er wusch sich mit der Soaphn, Soaphen, Soaphon, Soafn, Soapn, ... (andernorts auch als Saiphon bezeichnet).
Er saß an einem Tisch aus dem Holz der Oakn, Oachn, Oachen, ...
Auf seinem Bier schwamm der Foam, Skoam oder Schoam.
Er ging zur Jagd in die Wilden, Wildn, Wilthen, Wildon oder Veldon, Velden, ... (Schrift-Tirolerisch scheinbar "Wilten").
Derzeit kichert er im Grab über die sogenannten Historikerexperten und Sprachforscher, die Wochen benötigten, um die Vokabel "Oadilo" in einem historischen Dokument zu finden ("News", 10.11.1994; Bekennerschreiben am 4. oder 5.10.1994 bei Dr. Peterle eingelangt); bei "Wilden" hat es bis heute nicht gefunkt.

4) Im Jahr 1996 feiern ein paar Obstbäume und deren Nachkommen im niederösterreichischen Mostviertel das tausendjährige Jubiläum. Damals wurde erstmals die deutsche Übersetzung Ostarrichi für die ehemals keltisch-römische Provinz Noricum niedergeschrieben. Beides heißt Ostreich, Osternreich, Sonnenaufgangsreich.

1955	1000 Jahre	bajuwarische Wiederbesiedlung Ostösterreichs
1991	2000 Jahre	Vor-Bajuwaren in Nordösterreich: Wie sie ausgesehen haben, zeigt die 42 m hohe Markussäule in Rom.
1995	1400 Jahre	Slowenen in Kärnten
1996	1000 Jahre	Mostbirnen im Besitz des Stiftes Freising
2030	1500 Jahre	Bajuwaren in Niederbayern, Oberbayern, in Österreich südlich der Donau, in Südtirol und Ungarn bis zum Donauknie

5) Unsere staatsangestellten Historiker im Dienst der Panslawisten eilen derzeit von Symposion zu Symposion, um jene Genmutation zu lokalisieren, die am 29.4.1945 aus der antiken deutschen Volksgruppe der Bajuwaren plötzlich die Rasse des Österreichers entstehen ließ. Bekanntlich hatte sich noch Kaiser Franz Josef bei jeder Gelegenheit als deutscher Fürst bezeichnet, und auch in der Zwischenkriegszeit kam niemand auf die Idee, sich von der deutschen Volksgemeinschaft loszusagen. Der Erzbischof von Salzburg ist der Primas Germaniae, oder täuschen wir uns? Was das typisch deutsche Aussehen betrifft, sind die Österreicher (Staatskünstler, einige Politiker und ORF-Bildschirmfüller, zugewanderte Spaziergänger und Fremdenverkehrspersonal ausgenommen) zumindest deutscher als die Ossis. Bei letzteren haben selbst blaue und graue Augen schon Seltenheitswert.
Wenn sich die Mutationsseuche nicht auf die Gesichter ausgewirkt hat, dann wohl auf die Gedärme. Wir nehmen also zur Kenntnis, daß Rektor Konrad, Professor Jaklitsch und andere seit 1945 nicht mehr auf bajuwarisch (bairisch-österreichisch), sondern in einer anderen Tonart pfurzen.

6) Unsere Staatshistoriker im Dienst der Panslawisten erinnern wir an einen Sachverhalt, der von den Zeitgeschichtlern noch nicht gebührend verarbeitet wurde. Erstmals hat sich ein Tschuschenhäuptling verplappert und auf den subtilen österreichischen Rassenkampf hingewiesen, den die Deutschösterreicher erst zu begreifen begannen, als sie schon aus allen Machtpositionen verdrängt waren. Unser Sozialminister Hesoun äußerte sich laut "News" vom 23.2.1995 (Seite 29) wie folgt:

> "Dagegen haben wir doch gerade gekämpft, daß der Germane als Herr dasteht und alle anderen als Untermenschen."
>
> "Wir" = die Tschuschen
>
> "gekämpft" = rassistischer Verdrängungskampf gegen die Deutschösterreicher um Pfründe und Lebensraum plus Nachholung von Verstärkung aus dem Ausland; überrumpelt wurden die Deutschösterreicher während der Regierungszeit des Kroaten Sinowatz; dies ist das Ende der Zweiten Republik und der Beginn der Tschuschendiktatur;
>
> "der Germane" = in Wahrheit der Untermensch (Ministerliste vom Herbst 1994)

7) Vergleiche mit der NAZI-Zeit vor 1938 sind durchaus angebracht. Damals ging die Mehrheit auf die Minderheiten los, was einer angeborenen Überlebensstrategie entspricht; diesmal rotten sich die Minderheiten zu einer Herrenkaste zusammen, bezeichnen sich als "anständige Österreicher" und "Demokraten" und gehen auf die Mehrheit des Volkes los, was noch perverser ist.
Es lassen sich etwa 20 Parallelen mit umgekehrtem Vorzeichen angeben und fünf Seiten vollschreiben.

8) Es gab einen mittlerweile abgesägten FPÖ-Politiker mit Schmiß, der den Mut besaß, von Umvolkung zu sprechen.
Diese "Umvolkung" ist in den Bereichen Großstadt-Straßenszene, Fremdenverkehrsszene und Medienszene objektiv bereits vollzogen. Ein Fremder, der zu uns kommt, muß glauben, ein Österreicher sieht so aus wie die oben angeführten zugewanderten Spaziergänger in den Straßen Wiens. Finstere Gesichter von Hauttyp 4 aufwärts mit zusammengewachsenen Augenbrauen und hagere Balkanweiber (teilweise mit Bart und behaarten Warzen im Gesicht) haben sich in den letzten zehn Jahren immer mehr in den Vordergrund geschoben. Die Visagen der näselnden, rabenschwarzen Jüdin Danielle Spera sowie die der Mischlinge Kiesbauer, Coudenhove-Kalergi, Scholten, Zilk, Wegas, Hesoun, Petrovic, Kurt Ostbahn und Otti Schenk werden einem tagtäglich im Fernsehen vorgesetzt. Kein Wunder, wenn der österreichische Fremdenverkehr zusammenbricht! Früher hat der österreichische Wirt den deutschen Gästen Witze erzählt; jetzt kommt irgendein Perser anmarschiert und fragt jede Bestellung 3x ab, bis er sie versteht. Leider werden jetzt auch zunehmend die Dörfer mit Ausgestoßenen aus aller Welt vollgestopft.

9) Geschichte des ANTIKEN BAIRISCH-ÖSTERREICHISCHEN VOLKSSTAMMES DER B A J U W A R E N ("Oadilo", "Thietmar")

58 vor Christus:
Die Markomannen, von denen der grenzübergreifende bairisch-österreichische Dialekt stammt, leben in Südwestdeutschland. An der Seite der Schwaben und fünf weiterer westgermanisch-herminonischer Volksstämme, die die zweitausendjährige Geschichtsreise leider nicht so gut überstanden haben, treten sie im ersten Elsaßkrieg der Geschichte dem späteren römischen Diktator Gaius Iulius Caesar gegenüber. Die Germanen werden vom Heerkönig Ariovist kommandiert, dessen Zweitfrau die Tochter des Kärntner Noricerkönigs Voccio ist. Caesar siegt, ist aber nicht so überlegen, daß er unsere deutschen Vorfahren unterwerfen kann.

9 vor Christus:
Die Markomannen (Name: Grenzlandbewohner oder Männer des Marko) werden vom römischen Kaiser Augustus und seinem Feldherrn Drusus besiegt und teilen hiemit das Schicksal aller südwestdeutschen Germanenstämme. Die Markomannen unter König Marbod weichen nach Osten aus, wenden sich gegen die keltischen Bojer und erobern Nordösterreich nördlich der Donau sowie Teile Tschechiens. Obwohl in der Literatur gelegentlich von der vollständigen Vertreibung der Bojer die Rede ist, wird es wohl zu einer Volksverschmelzung gekommen sein. Auf Grund des in der Antike kaum vorhandenen ethnischen Unterschiedes zwischen Germanen und Kelten blieb der Volks-Charakter erhalten. Heute gibt es erkennbare Kelten nur mehr in Irland.

176 nach Christus:
Der römische Kaiser Marc Aurel gibt in Rom die 42 m hohe Markussäule in Auftrag. In den Reliefs wird der erfolgreiche Abwehrkampf der Römer gegen unsere Vorfahren dargestellt, die sich in den Kopf gesetzt hatten, den Römern Österreich und Westungarn abzunehmen.

405 n.Chr: 28

Unter dem Westgotenkönig Alerich I. (Goten=Ostgermanen=nach Süden gewanderte Schweden; Westgermanen=nach Süden gewanderte Dänen), der von 370 bis 410 lebte, siedeln sich erstmals auf Dauer und in größerem Maßstab Germanen auf österreichischem Staatsgebiet an.

530 n.Chr.:

Die Markomannen und verwandte westgermanische Stämme aus der Religionsgruppe der Herminonen erhalten die römischen (und damals noch lateinischsprachigen) Provinzen Raetien, Noricum, Pannonien zwischen dem Lech im Westen und dem Donauknie auf dem Gebiet des heutigen Ungarn zugeteilt. Das Mischvolk aus germanischen Zuwanderern und lateinischsprachigen Einheimischen bezeichnete sich fortan als Bajuwaren.

595 n.Chr.:

Pannonien, Niederösterreich, Steiermark und Kärnten werden vom Turkvolk der Awaren (wohl auch Cechenen: Cech, Tschechien) und dem neu in Erscheinung tretenden indogermanischen Volk der Slawen erobert. Die Slawen (Weiß-, Klein- und Großrussen) dürften sich als Ableger des Baltenstammes der Prussen (Altpreußen) im Bereich Tschernobyl zu einem eigenen Volk entwickelt haben. Slawen und Germanen sehen einander sehr ähnlich. Der Spachunterschied ist hingegen bedeutend.

94 bis 955, mit Höhepunkt 907:

Die turksprachigen, nomadisierenden Ungarn (Uguren, Onoguren) setzen sich in der Pußta und anschließend in Pannonien fest.

Am 5.7.907 fallen Luitpold von Bayern und Karantanien, Erzbischof Thietmar von Salzburg, der Tiroler Bischof und ein Großteil des wehrtauglichen Adels dieser Länder in der Schlacht bei Bratislawa gegen die Ungarn.

Die Bevölkerung Niederösterreichs und der Steiermark (damals Slawen und Bajuwaren) wird innerhalb dieser 60 Jahre fast zur Gänze versklavt und ausgerottet. Die Menschenraubzüge der Ungarn führen bis nach Bayern und Italien.

955 werden die Ungarn von einem Aufgebot aller deutschen Länder und der Tschechen im Lechfeld unter dem Kommando Ottos des Großen (später Kaiser, Sachse) so entscheidend geschlagen, daß sie im heutigen Ungarn seßhaft werden und ihre Raubzüge aufgeben.

970, 1043, 1241:

In mehreren Wellen werden die Ungarn durch Kriege und Verträge ungefähr bis zur heutigen österreichischen Ostgrenze zurückgedrängt. Die Siedler sind Westösterreicher oder Bayern. Deutsche Siedler kommen auch nach Ungarn und vermischen sich dort mit der Bevölkerung.

Kurze tschechische u. ungarische Regentschaften sowie die Mongolen- und Türkenkriege wirken sich auf die Bevölkerungszusammensetzung in Österreich nicht aus.

Das war ein Abriß der Geschichte der Deutschösterreicher.

Dieses Land haben unsere Ahnen in fünfhundertjährigem Kampf erobert, als noch kein griechischer oder römischer Gelehrter jemals die Vokabel "Slawe" (= anständiger Österreicher und Demokrat) gehört hatte.

Dieses Land hat 1500 (im Norden sogar 2000) Jahre lang uns gehört, und so soll es auch bleiben.

In diesem Land sind Personen willkommen, die aussehen wie wir, die beten wie wir, die sprechen wie wir und die sich nicht gegen uns zusammenrotten, sondern zu uns gesellen.

Von volksfeindlichen Rassisten und sonstigen selbsternannten "anständigen Österreichern und Demokraten", die uns umformen wollen, halten wir nichts.

(Und wenn aufs Schimpfen und Töten die gleichen Strafen stehen, entscheiden wir uns für das Effektivere!)

Das zweite Schreiben an das Nachrichtenmagazin Profil

W,NÖ,OÖ,S,NT/OT,B,Stmk,K; Beobacht.NB,OB,Südt

Salzburger Eidgenossenschaft
Bajuwarische Befreiungsarmee

Wir wahren uns!

An das
Nachrichtenmagazin "profil"
Redaktion
Marc-Aurel-Straße 10 bis 12
1010 Wien

24.8.1996
Schriftliche Ausführung und
stilistische Bearbeitung:
BBA, Sekretariat

Vorbemerkungen:

1) Derartige Schreiben sollen auf Wunsch des Innenministeriums nicht maschinell kopiert werden. Gegen das Photographieren mit einer hochauflösenden Kamera kann es hingegen keine Argumente geben.
2) Nachfolgende Anglizismen werden ungeachtet jeder Kritik beibehalten:
   Punkt statt Komma bei reellen Zahlen (Fließkommazahlen),
   Anführungszeichen "——",
   English Gothic im Briefkopf.
3) Richtigstellung einer absichtlichen Fälschung des Innenministeriums:
   Original: "ältere einheimische Arbeitskräfte",
   Zitat: "Klingt ja fast sozialdemokratisch!",
   "profil", 23.10.1995, Seite 30, linke Spalte (und ZIB 2, Hochner):
   "andere einheimische Arbeitskräfte"
4) Die Fellner-Brüder rühmen sich zu Recht, daß (die verleumderischen) Teile der Briefbombenanklage weitgehend auf die sogenannten "Recherchen" von "NEWS" zurückzuführen sind (Ausgabe 6/95, Seite 42).
   Wo bleibt die finanzielle Wiedergutmachung (Anwaltskosten und dgl.) der Verleumder für den juristischen 8:0-Sieger und finanziellen Verlierer Radl?
5) So einfach können Planungsabläufe sein:
   Die von der deutschfeindlichen Tschuschenkaste über Binder und Radl wegen gewaltfreier politischer Gesinnungsdelikte und politischer Gefährlichkeit verhängten Haftstrafen verpflichten uns zu weiteren 8 Briefbomben und 0.8 Staatsbegräbnissen.
6) Der Geheimzeichensatz sowie Fließkomma-Klartext-Zahlen sind aus der beiliegenden Chiffrier/Dechiffrier-Anleitung auszuklammern.
7) Ein ferngesteuerter Politiker, nämlich der aus dem Bgld. stammende, mit Speckrollen am Hals und Kongolippe ausgestattete Slawenhäuptling und Germanenfresser Vranitzky, dessen politisches und körperliches Vorbild der Napoleon aus einem tierisch guten literar. Klassiker der Weltliteratur ist, trat zuerst zur Befehlsausgabe September 1996 in Israel an und spielte anschließend den Weihnachtsmann für Arafat.
   Nichts liegt näher, als daß er sich einen weiteren Steuergeldkoffer schnappt und sogleich nach Washington zum Zigeunerabkömmling Clinton weiterreist, um das chiffrierte Kernstück dieses Schreibens bei der NSA knacken zu lassen!
   Der Entschlüsselungsaufwand wurde von unserem Fachmann so bemessen, daß die eingedrungenen Ausbeuter, Umvolker und Völkermörder ohne Hilfe der NSA nicht mehr zeitgerecht vor den Herbstwahlen an die kodierte Wahlkampfmunition herankommen.

CHIFFRIERUNG, DECHIFFRIERUNG, VERZÖGERUNGSCHIFFRIERUNG

Begriffe:
Transformation
Chiffrierung
Textdatei
Zeichensatztabelle mit den IBM-Codes 000 bis 255
für Computer und Drucker (Siehe Betriebsanleitungen!)
Geheimzeichensatz mit den Codes 256 bis 999
Klartext-Segmente
Klartextzahlen
natürliche Zahlen, reelle Zahlen (Fließkommazahlen)
Chiffrieroperation (Verschlüsselungsformel)
Chiffratzahlen

TRANSFORMATION:

Textdateien mit den IBM-Codes 000 bis 255, also mit allen Steuerzeichen, Leerzeichen und lesbaren Zeichen, werden in Klartext-Segmente unterteilt.
Länge und Reihenfolge sind normalerweise unregelmäßig.
Das unmittelbare Rechnen mit solchen Buchstabenfolgen ist nicht möglich. Folglich sind sie (auf dezimaler Ebene und ohne Datenverdichtung) in Klartextzahlen zu transformieren:

```
Die Himmelsrichtung "Ost" = IBM(079/115/116)
                                 O / s / t
  wird zur natürlichen Zahl 79115116
  oder zur Fließkommazahl 7.911511600000.
Die Umkehrtransformation für die Klartextzahl 79115116
ergibt selbstverständlich die Vokabel "Ost".

Analog entstehen aus der Zeile "Die Postboten streiken."
      068/105/101/032/080/111/115/116/
       D/i/e/Leerzeichen\P\o/  s / t /
      098/111/116/101/110/032/115/116/
       b / o / t/e/n /Leerzeichen\s\t/
      114/101/105/107/101/110/046/013/010
       r / e / i / k / e /n/Punkt/Zeilenschaltung
68105101032080111115116098111116101110032115116114101105
107101110046013010
bzw.
6.8105101032080111115116098111116101110032115116114101105
107101110046013010000000.
```

Klartextzahlen bestehen normalerweise aus den Dreiergruppen 009 bis 254. Im Deutschen sind das Leerzeichen (032) und der kleingeschriebene Buchstabe "e" (101) besonders häufig.

Führende Nullen entfallen. Dieser (nur scheinbare) Informationsverlust hat normalerweise keine Mißverständnisse zur Folge.

CHIFFRIERUNG:

Geeignete mathematische Operationen sorgen dafür, daß aus Klartextzahlen die nicht mehr direkt auslesbaren Chiffratzahlen entstehen.
Chiffratzahlen sind gut durchgemischt und enthalten alle Dreiergruppen bis 999 mit gleicher Wahrscheinlichkeit.

Ein Beispiel ohne praktische Bedeutung, das mit dem Taschenrechner nachvollzogen werden kann:

```
Klartextzahl = 7.9115116
                 O/ s/ t
Selbstgewählte Chiffrieroperation:
  Multiplikation der Klartextzahl mit 1.0125133
7.9115116 mal 1.0125133 = 8.0105107 (gerundet)
                          080=P, 105=i, 107=k
Chiffratzahl = 8.0105107
                 P/ i/ k
```

Somit ist aus der oben angeführten Richtung "Ost" durch Multiplikation mit 1.0125133 die Spielfarbe "Pik" entstanden.

Mögliche Dechiffrieranweisung im konkreten Fall:

```
  C = Chiffratzahl, K = Klartextzahl
  1) C = 8.0105107
     C = K mal 1.0125133
  2) C = 8.0105107
     K = C geteilt durch 1.0125133
  3) C = 8.0105107
     C = K geteilt durch 9.8764135
```

Durch Anwendung der Dechiffrieranweisung auf die Spielfarbe "Pik" gelangt man wiederum zurück zur Himmelsrichtung "Ost".

VERZÖGERUNGSCHIFFRIERUNG:

Dem Adressaten werden die Anweisungen zur Dechiffrierung zugleich mit dem Chiffrat mitgegeben. Der Klartext steht ihm aber dennoch erst nach beispielsweise frühestens drei Tagen zur Verfügung.

DECHIFFRIERANWEISUNG:

Die Seiten 1 bis 15 enthalten Serie von Chiffratzahlen mit jeweils 241 bis 243 Dezimalstellen.

Die Klartextzahlen wurden chiffriert mit der Formel

Chiffratzahl = Rest von [(Klartextzahl hoch Exponent) geteilt durch (Primzahl1 mal Primzahl2(]

mit

Exponent =
508075310835159009812633969174411123496728859672737076695139826186257647581337481521676692825102982808222076238747753504407

und

(Primzahl1 mal Primzahl2) =
630548215070129547156718332495889632234434145411971275888376987603260225252787926135276738944105689100036295535868141424386536403649578707699128189491432138631900590774729214990015369102760964884776344849717811484309528915040117952098061886881.

Durch wiederholte Chiffrierung nach dieser Formel oder durch Umkehrung dieser Formel nach den bekannten Verfahren kommt man wieder zur Klartextzahl. Zur Lösung dieser nach simpler Hauptschulmathematik aussehenden Formel, die nicht einmal technisch anwendbar ist, wurden in den letzten Jahren Supercomputer mit spezieller Schaltkreisarchitektur gebaut.

Auf den folgenden Seiten einige Beispiele des chiffrierten Briefes.

Seite 1
224923982645255075764641682644299099941567835922453543993512357836217839079
1708311313588852023200773834023282537334593926142324562700993779248565048 63
531650648222840476724197684978335435824683210303529490850440904599551700481
26701570986580 1294
118258470832316669144058875416102351904053138796970926136701764061349060941
852624180336543102927177997592642823268526761712338243425118709505929634585
129941908175387374033840112508268338553661529059969292674670879868530695454
83247244552972 3758
772544757693754456729319755881351285253938343187181763725329874984367897849
365947442772697122487386373867905176117864752061760902698170691553716305719
558766445448893886699570160729033886915169137819678381034916080051118496388
8682832434247 3962
624180031453114854949495080075834709524791381733488934025690365079943413527
585036298247777958097547345290840985910576392073427968568137617907096276709
951420892774376799878876620679797398585754941387679429336610773194054090420
15332473776212 0838
2824499783547436473583214[illegible]4434683421840997661402379905631187918775850753578
821434316879020726609253988848901270205891031695476865646707867527346380946
031865258828958679111555801572006223444328543509069212026619948299528990038
[illegible]262847370225562
344895900995366080289908735120682533093895921421582855861862924334483375405
609850237957330855230478069832102326748790806530490215356958599851748431535
026574676740652110100227401001871947524238965313435861753529223722905902680
6736722087359935 42
5767084367977872078626568803457988105270934753850002 65[illegible]37778076853052690755
316858783607114989646660 2[illegible]43185542926[illegible]024[illegible]78611878057718777654776569780491
980718112966486281 99609[illegible]84000572663489284591521021589834692084285847524 7685
60900900225772721
613584394813541911847883915334096266586073529179946909804716591147501895116
881991842936728722110808873432204741358706165468717065608356184000479054515
317925204741900785143680363189399884262556671110581144964862281687402843712
69172349597582206 0
37981517910537103743014952938 1[illegible]28519488593045407017319888549739104311061241
183012402581014075811999[illegible]9497025890434076651382061924031914034994008047 8209
698118295963634423640[illegible]12858337649684 4[illegible]111767806540036267058086402082638817
050057202214375483
262367983846996470324334752155 86[illegible]5015[illegible]5465655584917928323082804350815683199
186774763659156894271185962030668958782212808191788843455963503429584205452
368954319770326274756044732542131508734010320452847685278373904652599701189
[illegible]4624320439401409
114241899911487495986937548979[illegible]6214716371440531395839049038857474176662142 1
592321186685868430561920932084548989927708071532304913945171126923850297727
0897085516157682855638214665724024 56[illegible]348781681125516930476932667899817556 21
74979638851055499 9
40550955663270024361366839675669344[illegible]301090383344361864760966071556839116 11
056309848904561033299729905652988768[illegible]542504342546744827423756802369878033 23
576416117105278292466710530503366877148953719688312134594900847345303321485
68734554899011376 6
211819295573429519355839492950543965066310973557449726233799283764809962 7457
531150834471297137451088254500084057291523879763599484493002435669885483958
030171759958589452080159532356097843062926200937085500580650684058304145791
8203991154147102 83
2837432235123839804968493159746802832335891261262520593880839345096365752390
627124754707534875257645935169463996320232 74[illegible]54948883037831441707220837949 3
58702273995984238 54[illegible]630143639327 73[illegible]8951511322273279318990916752806019158 07
23224308996709221 5
4956483034168841946449661448809 2[illegible]162745427542224156661968734515266426433 77
810235173256666513970461451004103238147373091529084763631788894201804674829
268981947133381949939659425012556964514081414570886399453802469076238441363
3511739229776179 72

Seite 2
463316335616613937318842101415083702006628892795168389554894402706884035322
375721126316678871052346087047872057770161604068825594947480777575090664841
774749749032122958886916388656231305149413112661671360620310298582755616480
043108904735117491
539005089487197652126078471946182862104566919546392584576382761212672212956
091616810820252947362780[illegible]49024426610603939370841261135949368931024059666084
927144950678577116359919749708596010126779137758172105634001090065652789506
004158958556860036
134283011479177418042657484018680700754407858505157846494554229179175519716
432655530037310273094922438068275060237874417176903272695672900056747811681
552466202798463275401718424034865091608978727102141449480952209863101596710
550819638255829107
238356603997264273313533337716256270749789606299692044220301988800463567208
600815481150950701225968681687984069140160428788104264578977813044024861061
527992635699280371[illegible]0380135371551828763863158165283152850532841748245325986 74
910807557870410556
348659476383811345454775915173899667130784739536908694281295778002196744454
367763576115155242786021767666329950733108415624707428207831624849415931979
281294911743323847844110065398424096881910144431725159416720485703320206769
868701025019722893
577501349686895321141999301361728819612135592940558091130224562698351016938
344159732225376847177665056867658259292866884803898369336543122302586043136
603146422616154879576018790110891243432685048956063872382909009181042176455
174413467981593951
491869577[illegible]16433958477676551720311078386192197265913572480101446357795727549
491837626[illegible]7724300262179245591665431706884987514888544836151837504595469 0264
881478715168863342758[illegible]72884[illegible]13937560671850619258693605091481173516587848 64
122778724981254951
505727707399430353236159683868096249466102814967576333898984981433718357486
666085860338247705976301481408607476971865070704904374210560370459821612598
979311877315381792327720357891296398468912898053343089355844524648193974309
131848365289734904
335647304481031393875556880016788382296768201398585566869418363248099088923
84592831753613567 07[illegible]9682367491627813446973096465139736351637042816989811144
[illegible]797650113913207372124160422495730326075871184234650693273293687832104017 0
190759562015616280
569661654459053986675718861071219910732123000250078947256412535615137343997
261786594633147343038014523745478471147575216343284731022207181765117212849
672341790521352666390467660062142022382772321308550165877331123298148131590
8203153672169721
691960842177717635705423 58[illegible]5394671620362[illegible]5527950723739426833521810613621844
570984035571868507495749588939184366231412782788361722817559672310823613649
108683225101263526888705439796496054264869929809013058996140576659923372[illegible]3
32842257623512255
5183183095533841042270515058084625992838[illegible]19132537480[illegible]583[illegible]6847239516710955713
764611748259276390701602846089963454070425733208836[illegible]38101335044310385953738
09478[illegible]96560780669875800122486772927457613233044193458697143059919844445451 7
683269116957303077
567428713083907521332513760189428058947355131719761734460875117406914850434
500446535968721780560654301731017[illegible]36002870805345868245300808434826300902381
3239366915021466577037870[illegible]4780979[illegible]594662[illegible]446413593190341636468449854850102
80496661245733082
103810786010724990241677221114038372382625982980217659986349450312804487599
879667194481569597656295134245072202621361313394942549003869509818050832171
911530893545854006983074909192166120782583058332407465956054546582030370454
175784478256972090
428245008975539665319727933363727239722628543633082898792476841073491987668
597191596868272817609722012047381654961513164463806550858448888436436605056
949334371348286661909186421311608483430656917051954526556796641762867481611
567316412463239800

Seite 3
5306996108890643350015529121544213651823749922894910534124369954525597825 69
508694184219773252170353175831920660313089939585755519845237409824202586406
009994227190546922575354143804063957328320019596031870515181960087614333407
377979157380818479
329656587318633640729719456491265022017349561054411564041316913135236867228
238409344347393292813838869934570518650356367886940419094213901538628419365
746592320698431984506027625943807277873500552221962778472253548377999109747
978209837068797872
132976068140566313375677101561844156136517877676509772296823151060454820624
6201625282228031118156667962101082321498274449561592657635518741244072693847
467758738000386420464989836283781174443237372971088931747255762774846761181
822916715022297874
388785776116125205192262000215269884014338372861936832400971375032030480304
976528065919968320453177691699380539404692216786140017203135027382823295754
526107867496487644010357965167630052496917457525292000864476870275883717097
86547944322924865
207661968515204999584313416227412548385491183566913279890744526199675876862
025262915875461315973529715102993771246830942743487640937945251457066416022
40510813477893996652016894782741757499516703794304699309328690184559789145
221886911146038
237217924638287055687388851802594084084786067053525685268405049757586981675
588252481282524996507442853645052000952673333419467907390195174355004240800
543326985169838579475574045765814059794238608254847795863786673809854522979
703800157106847008
518371239537737348956393126292129982096784852038453639579695604299493880772
756432932816079052159404647733300280180484924299519146448868587887574072864
535325327 82665170347740959963748426636751963495029731240072570415581809144
008425105961924536
254924422590736502860519067901441552054266938173709103343229010806345416352
775592096894430879555177762810491405489860031750386700698190828761935128858
517290998290469208854104029773551385768883606619907615210310402251852810903
668904840037255097
237044852332718872982000626478063974026188298093558661310508915670429581561
21048960116959259720250928258128 669604256147507157466429442826290430822466
15367305026205622341173705091064 527621648262772011664220439229560932608067
479241635917548225
465324679826028323935658547256847446722475317934486160929779236339702028860
339229660628374308864106941666589464470350078987227569536498364342643979837
613445346371782689988965792073273111177381246155907999740261156261805890500
9962456048845759
5391556836236733318455505847635852035977738954428905149711483325774240558 59
835522407720737756320494599 05609113967006894608179759191141487444900966528
381135638207677765131283036590868321347791870522670648621934463786196451904
935542226019042642
629860552646171778972587655804525006121676027362938734125310055365614766178
738158581660865165881531175970293549056743973008024778246532121922211286605
814958865682832740877232773459639466412445620507463346870879091767811467137
889930709302450124
177620005009185459843764125524215256498634266156828446403049981560413696110
548242651603648667233727704654512915930470470982753084424919769752536889932
494978202265407535999426934011896420590645572469868817813886707665913381165
84579133845146278
415917266641542376536744216327516500643890247968018367982224105661405852105
679266364842909800353674735198894516488054905467140355437421910527394356970
946083588084815751649125121307673209561289167574328605477267778169569982509
552342833465160207
464057988228682920337229897385190719355926965099319268790777501193779087075
072144288857418647023197373464393190178886849584130086857720335415933972757
340252177687200445239973112709934981850971214111366621630746929935345360551
67970594110818010

Seite 4

51101608953319269180440252544699525283920043521202244057080576887910202050 5
0661793111587270823961673442868591834217476153058992146024898280383013754 09
5758294192668288894966422137564855122229455071526366741276917648071594026 93
4284715679417703 89

2319767319325292653555455880741201191087593035300502444592324103906875756 63
5619186159817336270903995792880769078597599277251052657075482077892522187 01
5671910669753112983531739729043762087070371602381851304670324761962011614 68
1679219126974362 25

3447409532641655938416908594290982613796702592647854760316223939494721857 65
9452968167058718205704997971574953938173176155851353367930296671333331152 05
5315835068184535991860352485519245287341270346498428612823568560414458546 55
4904262192555064 51

1077845740626220520045330679450482233317626903178566115820153632643659232 05
2601177569557386866876455095760552684890107805989117760234265671365133565 7
4355354392635265 0 2426668975284821972378442379994 907 97194828223451489682 8
0179622083450526 6

4038128683799643082970427399366572609646459898531545242218714631940495827 35
8165371811942018275589666791364656594050607004806780952050799823367859832 09
[illegible]06378920883281669909489722019155037099408312425044050354704835027855738 21
0555901443080580 62

2107250462231512426248140911422309229766905978703335989111285614024424337 03
6563062171327587645527010254574837794914961477945711313163289390606003440 93
7041020471075973086558110398907755112958936919048268084496269416873261140 36
5775077152719356 31

2288611188370794858756238130466374428288694392708797316238155470574153718 93
4592478336821691386468815479079277967956577646488983046221005869454780657 07
3150561758005089798131933240469617409936255425655890790652976030928916088 23
1587514780516942 17

6037312918612210047893858382466783363142932847853870063037736901196820008 65
7418388692428703606785577104660298567329263307473446657413106003389984706 25
3025714844713026778528711956237403500158033752251205877783742576831132483 44
6369622191265574 76

5611526355663910209712161524261952938601191422817514949966510432747757552
48180649792059016606453467315934353508358172489381829046065231519659157 58
3238367338907480032463596259149362942779224066425242643974840967278013700 85
1420526133812291 51

8515033013048414043900683400929811358874817656520862231361286212164385068 12
7976169678016147822250067641780178413814674803452646667431130374200773337 96
[illegible]14008118111000953989458483876188435891509625045199753682036848125338344 41
2709625145681361 0

2717612165911648115274350314167526847901430062968368263564531549414310725 13
0003087739024424140021802516897192387999648773421823504806835054535071744 04
8559190843132201652140080093864230161806665976137351991918361833286911038 7
4820273758822003 16

1101503028967393844193830470276401407758909471679184482950025807730362268 02
8703365272077734184644029259223723283712807665222961464006394096630418422 12
9046716234556092166507660878272725382309935805620848666395180607715150944 93
2754717593913362 00

4062026363639769363618223171817871327696381783039332637081037953534618884 68
7786399379299766669174013288795110710671860360856390370487455540954876484 66
5753195316987051794164340099487840500796988008337363741665996490079378358 37
8020317956703281 5

4437304359518807496429192408953805417403175715978164602286114475673411265 37
5826735002658006574828834189715639978839956189597568741352968726349876086 42
9728476898251950537590278765910528671408892459000790640182002728344078655 97
8000994537402267395

4065317170936668165006741120330193483889151789090760224074030004015277349 15
2658529903824005607917549633579673023111794786914930545911462148151089267 65
3705519985708145781271730243535175674121452633309960969414472665855777772 14
793019195428149564

*S 2
*C 4
*I .
*S 8
*C .
*I 1
*O 9
*T 9
*S 9

1) Die BBA bekennt sich zu den Anschlägen in Oberwart und Stinatz, die gegen die aus dem Boden gestampfte Neovolksgruppe der Roma beziehungsweise gegen das illyrische Volksverhetzernetz Stinatz gerichtet waren.
Die Kampfmittel, eine Sprengfalle und ein Selbstschußapparat, wurden produziert und zum Einsatz gebracht vom Kampftrupp BBA, "Herzog Friedrich II., dem Streitbaren".
Vom Kampftrupp "Starhemberg" stammen aktive und passive Bestandteile (Beweismittel) mit einer Gesamtmasse von rund 40g.
Dank gebührt vor allem auch der Sendung "Heimat, fremde Heimat" für die informativen Gratisluftaufnahmen während der Erkundungsphase.

2) Beweise zu Punkt 1:
a) In beiden Kampfmitteln kam ein Endstufentransistor AD 133 zum Einsatz, wobei die Typenbezeichnung absichtlich nur bei der Elektronik der Sprengfalle entfernt wurde.
b) Mangels fachlicher Kompetenz der Entschärfer und der KTZ im Innenministerium macht es keinen Sinn, auf chemische Besonderheiten der Sprengstoffe (chemische Markierung) hinzuweisen.
Wenn ein Wizenthal den Doktorhut wegen humanitärer Leistungen entgegennimmt, dann gebührt auch all jenen, die 16 Monate lang vom Sprengstoff TNT gesprochen haben, der Ehrendoktorhut wegen außergewöhnlicher wissenschaftlicher Leistungen.
Von 8 Millionen Österreichern hätten sicherlich 2 Millionen aus dem Kreis jener, die sich nicht vor dem Militärdienst gedrückt haben oder die als Zivilisten schon im Film oder Fernsehen eine Granate explodieren gesehen haben, den Augenzeugen Preißler, Madl und Grandits die Frage gestellt, ob eine schwarze Rauchwolke aufgestiegen ist.

3) Am 4.2.1995 fanden in Oberwart ein Rom, ein mutmaßlicher Albaner mit ungarischem Namen und zwei Kroaten aus der sogenannten Oberwarter Zigeunersiedlung bei einer nächtlichen Schlachtmesser-Attacke auf eine am Wegrand abgestellte und als Heereseigentum gekennzeichnete Blechtafel den Heldentod.
Initiiert von einer Jugendlichen aus dieser Siedlung und aufgehetzt von Leuten wie der Halbzigeunerin Grandits und der kroatischen Chauvinistin Stoisits sowie von zwei geschäftstüchtigen Sprachwissenschaftern, hatten die in der Siedlung lebenden Roma und jene Personen, die keine Inder sind, die aber die Zigeunerlebensweise vorziehen, beschlossen, sich über die gewöhnlichen Österreicher zu erheben, die alte indische Sprache wieder zu erlernen und die Vorteile einer gehätschelten Minderheit zu genießen.

4) Am 6.2.1995 wurde der Stinatzer Selbstschußapparat ausgelöst. Zu unserem Bedauern erlitt hiebei der Deutschösterreicher Erich Preißler, der für die in Stinatz ansässige Kroaten-Maffia den Dreck putzte, einen großkalibrigen Mittelhanddurchschuß und verlor einen Finger. Er arbeitete an diesem Tag nur aushilfsweise, und es war keineswegs sein Auftrag, sich um Dosen zu kümmern, die auf dem Gehsteig stehen.
Seine Verbitterung ist besonders groß, weil es in seinem Fall offensichtlich ist, daß nicht wir es wollten, sondern der Liebe Gott.
Die günstigste Ablaufprognose sah vor, daß der unverwundbare Germanenfresser und rabiate Widerling Terezija Stoicsics vor dem Einbiegen zum Elternhaus aus dem Auto hüpft, "JEBEM TI BOGA!" schreit und die herumstehende Dose aufhebt.

Im Dorf Stinatz residiert jene Kroaten-Maffia, die ihre minderbegabten Lobbyisten in Universitäten, in- und ausländischen Sendern und Schulen sitzen hat, die ihren Leuten Mischehen mit Deutschen und den Gebrauch der deutschen Sprache im Heimatort verbieten will.
Die Burgenlandkroaten stammen in etwa aus jener Gegend, aus der die serbischen Kriegsverlierer mit amerikanischer Hilfe verjagt wurden. Für all jene Burgenlandkroaten, die der Meinung sind, es reiche aus, innerhalb von zwei Jahrtausenden illyrisch, lateinisch und slawisch zu sprechen, und die sich nach einem halben Jahrtausend noch immer nicht bei uns integriert haben, bietet sich die Rückkehr in dieses Bevölkerungsvakuum an.

5) Technische Details der Sprengfalle von Oberwart:
1. Stufe: Quecksilberfulminat im Glühzünder,
2. Stufe: 1 g Quecksilberfulminat in Stahlkammer,
3. Stufe: 37 g Glyzerintrinitrat in aufgesetztem, koaxialem Alu-Rohr,
4. Stufe: 107 g verdichtete Trinitrozellulose, Trägheitsverdämmung weit überkritisch;

Gesamtsprengstoffmasse also 145 g;
Energieäquivalent ca. 200 g TNT;
Brisanz vergleichbar mit TNT, PETN, Tetryl, Pikrinsäure (und vielen anderen, Hexogen ausgenommen);
unter Wasser funktionsfähiges Ruhestromsystem (6.5 mA).
Wieser mit seinem Team oder ein Gleichwertiger möge die Angaben überprüfen! Er weiß nicht nur, wie man kostengünstig zu Ergebnissen kommt, sondern auch, wie man mit Gefahren umgeht.
Die "Sprengstoffexperten" des politisch gesäuberten Parteibuchministeriums für Inneres sorgen nämlich nach wie vor nur für Heiterkeit.

6) Technische Details des Selbstschußapparates von Stinatz:
Aktive Teile:
1. Stufe: Silberazid im Glühzünder,
2. Stufe: 3.0 g Silberazid in Alukapsel,
3. Stufe: 24.5 g faserförmige Trinitrozellulose als Treibmittel;

unter Wasser (Regenwasser) funktionsfähiges Ruhestromsystem mit 6.5 mA Ruhestrom.
Nachfolgende Daten sind unzuverlässig:
Geschoßmasse: ca. 80 g,
Kaliber: ca. 26 mm (scheibenförmig),
Führungslänge: ca. 35 mm.

Passive Teile (Beweismittel) im Schußrohr, Bruttomasse ca. 3 g:
defekte Sprengkapsel mit Silberfulminat,
Behelfsbehälter mit Nitroglyzerin

7) Zur Entlastung der unschuldig einsitzenden Löschnakgeiseln und politischen Gefangenen Ing. Peter Binder und Franz Radl wurden nachfolgende Maßnahmen gesetzt:
Das Auslösekonzept wurde in beiden Fällen identisch mit dem der Briefbomben gestaltet.
Im Schußrohr des Selbstschußapparates befanden sich als passive Komponenten eine defekte Zündkapsel mit Silberfulminat und ein Behälter mit Nitroglyzerin.
In der Sprengfalle befanden sich als aktive Bestandteile 1 g Quecksilberfulminat und 37 g Nitroglyzerin.

8) Bisherige Bekennungen:

8.1) Im Inneren der Waffen von Oberwart und Stinatz befanden sich Kurzbekennungen mit dem Wortlaut:
< Wir wehren uns! >
< BBA,"Friedrich der Streitbare" >.

8.2) Das Oberwarter Pamphlet wurde an einer Haltegebotstafel am westlichen Straßenrand der Verbindungsstraße Unterwart-Oberwart angebracht und hatte die wundersame Minderheitenvermehrung in Österreich zum Inhalt (aus 50 Zigeunern im Jahr 1945 wurden 20 000; in gleicher Weise wurden aus 600 Juden mittlerweile 60 000). Spezielle Erwähnung fanden die allseits bekannten und beliebten Oberwarter Messerstecher.
Das Ollersdorfer Pamphlet gelangte tröpfchenweise zum ORF: Im Teletext wurde jede Viertelstunde ein Rechtschreibfehler ausgebessert, bis nur noch drei Interpunktionsfehler verblieben.

8.3) Eine eindeutige indirekte Bekennung erfolgte am 25.2.1995 in der Erwiderung auf die Anklageerhebung gegen Binder und Radl (Abschnitt "Lachnummer 6"):

Unter den "weiteren Beispielen" können nur Oberwart und Stinatz gemeint sein; ansonsten gab es damals keine offenen Fälle.

Für eine Fehlerrate von 76.9% sind erst einmal zehn Fehldiagnose bei 13 möglichen Fällen erforderlich, was jeder mühelos ausrechnen kann und wovon man vor Oberwart und Stinatz noch weit entfernt war. Ausgerechnet dem Historiker BOTZ ist diesbezüglich etwas aufgefallen (während er sich zur Falle Moson nicht äußerte).
In Oberwart wurden Quecksilberfulminat, Nitroglyzerin und Nitrozellulose nicht nachgewiesen;dazuerfunden wurden Silberfulminat und TNT. In Stinatz blieben Silberazid und Nitrozellulose unentdeckt; dazuerfunden wurden wiederum Silberfulminat und TNT. Daß man in Oberwart nichts fand, ergibt 3 Möglichkeiten und 3 Fehler. Hinzu kommt noch etwas, was eine völlige Neudefinition des Begriffes der Fehlerrate (error overkill ?) nötig macht, nämlich das Hinzuerfinden zweier nicht vorhandener Stoffe, was eigentlich in Summe 5 Fehler bei nur 3 Möglichkeiten ergibt (167%). Die Verwechslung der Silbersalze in Stinatz fand großzügigerweise keinen Eingang in die 76.9 Prozent.

Ebenso finden im Abschnitt "Lachnummer 6" des Schreibens vom 25.2.1995 die tatsächlich verwendeten Treibmittel und Sprengstoffe Nitrozellulose und Nitroglyzerin Erwähnung.

9) Geschichtliche Anfänge der Illyrer:

1200 v. Chr.:

Der Vulkan Hekla auf Island bricht aus. Der Eintrag von Schwefelsäure in die hohen Luftschichten führt zu einem wissenschaftlich verbürgten Temperatursturz und löst die Wanderung der von den Ägyptern beschriebenen Nord- und Seevölker aus. Eines davon sind wohl die Illyrer.
Diese ziehen aus dem heutigen Westpolen (?) nach Süden und lassen sich in den mitteleuropäischen Seengebieten und an der jugoslawischen und italienischen Adriaküste bis hinunter zur Straße von Otranto nieder. An den österreichischen Seen, Flüssen und Bergwerksgebieten, vor allem aber an der slowen. Adriaküste siedelt der Stamm der Veneter oder Eneter.
Venedig leitet sich von den Venetern ab; dies gilt wohl auch für die spätere Bezeichnung Wenden für die Slowenen.
Im mittleren Teil der Adria gründet der Hauptstamm und im südlichen Teil der Stamm der Albaner seine befestigten Siedlungen.
Ein vermutlich ebenfalls illyrischer Stamm sind die biblischen Philister, die ebenfalls um 1200 v.Chr. bis nach Israel vordringen.
Die Silben "st" und "nt"/"nd" sind typisch für illyrische Namen. Sie finden sich in Tergeste (Triest), Hydruntum (Otranto), Brundisium (Brindisi), vermutlich auch im Wort Palästina.

Ca. 1008 v.Chr.:

Der Zweikampf des angeblich über 3 m großen Philisters Goliat(h) gegen den späteren Israelitenkönig David findet statt.
Bei der Überlieferung der Maße dürfte hier wohl ein Irrtum im Ausmaß von etwa 30% passiert sein.
Die Philisterschlachten von 1080, 1010, 1004 vor Christus sind verbürgt.
Wenn die Philister tatsächlich Illyrer waren, dann ist die historische Vergangenheit der Germanen oder gar der Slawen im Vergleich zu der der Illyrer vergleichsweise dürftig.
Erstere wurden erstmals 325 v.Chr. vom griechischen Forscher Pytheas aufgespürt. Sie nannten sich Teutonen und wußten noch nicht, daß sie der Grieche Poseidonius im Jahr 80 v.Chr. nach den Speermännern des Stammes der Tungrer (?) als Germanen bezeichnen würde.
Sie Slawen werden gar erst in der Spätantike erstmals genannt. Sie bezeichneten sich mit ziemlicher Sicherheit ursprünglich als Prussen oder Russen und waren in der Ukraine ansässig.

Einschub:
Da wir schon beim Alten Testament und somit bei der Geschichte der Israeliten angelangt sind, seien zur Abwechslung einmal ein paar der sogenannten Bannvollstreckungen der Israeliten an anderen Völkern angeführt = zeremonielle Abschlachtung aller Männer, Frauen, Kinder und zumeist auch aller Tiere, nachdem um ein Gebiet ein Strich gezogen wurde:
ca. 1250 v.Chr. unter Moses:
Kanaiter-Kleinkönigreich Arad (mehrere Städte),
Amoriter-Kleinkönigreiche Heschbon und Baschan;
ca. 1220 v.Chr. unter Josua:
Stadtstaat Jericho, gegründet 8000 v.Chr.,
Stadtstaat Ai.
In Anbetracht dessen, daß damals die Weltbevölkerungszahl um den Faktor 100 geringer war als heute, sollten die Israeliten nicht neidisch sein auf Hitler, sondern sie dürfen stolz sein auf das, was sie selbst zustandegebracht haben.
Aktionen ähnlicher Art waren vor Jahrtausenden durchaus üblich.
CAESAR betrachtete auch einen ganzen gefangengenommenen Volksstamm "als Feinde" und erwähnte so etwas nur ganz beiläufig in seinen Kriegsberichten.
Die Ungarn töteten bei ihrer Landnahme vor 1100 Jahren einen Teil der ansässigen Bevölkerung und verkauften den Rest auf dem Sklavenmarkt in Konstantinopel.

Ca. 1200 v.Chr. bis ca. 450 v.Chr, Höhepunkt 650 v.Chr.:
Der Geograph Strabon, der um Christi Geburt lebt, behauptet, die Osthallstattkultur sei von illyrischen Völkern getragen worden. Die umfassenden ägyptischen Geschichtsaufzeichnungen sind zu seiner Zeit bereits verbrannt, doch dürften sie noch einige Jahrzehnte im Kreis der Gelehrten (und somit auch ihm) bekannt gewesen sein.
Demnach hätten also die Veneter Österreich während der Urnengräber- und älteren Eisenzeit bewohnt. In Übereinstimmung hiemit stehen die österreichischen Flußnamen. Die Grabbeigaben sind nicht unbedingt aussagekräftig, weil es sich häufig um Importware z.B. aus Griechenland handelt. Auffällig werden die keltischen Einflüsse insbesondere ab 500 v.Chr.
Neuerdings wird behauptet, die Träger der österreichischen Osthallstattkultur seien nicht illyrisch, sondern keltische Stämme gewesen. Irgendwann werden genetische Untersuchungen Klarheit bringen.

Ca. 360 v.Chr. bis 300 v.Chr.:
illyrisch-griechische Kriege (gegen die Makedonier);
Volk und Sprache der Illyrer überstehen den dreimaligen Verlust der Unabhängigkeit

228 v.Chr. bis 33 v.Chr.:
zweihundertjähriger Kleinkrieg der Illyrer gegen die Römer zur Bewahrung oder Wiedererlangung der Unabhängigkeit

168 v.Chr.:
Gründung einer römischen Provinz Illyrien, die Dalmatien und Westungarn umfaßt

33 v.Chr.:
völlige Unterwerfung der Illyrer;
Dalmatien wird eine eigene Provinz;
das Überleben der Sprache in Albanien läßt vermuten, daß es keine Zwangslatinisierung gab

Ca. 180 v.Chr. bis 15 v.Chr.:
Umvolkung des illyrisch-norischen Teils Österreichs bis hin zur Ausrufung eines keltischen Königreichs um 180 v.Chr. (ca. 170 v.Chr. Freundschaftsvertrag zwischen Rom und dem erstmalig erwähnten Königreich Noricum);
in Westösterreich leben nur Etrusker (Räter);
in den Vierteln nördlich der Donau gibt es nur Kelten (Bojer);
Österreich ist damals ethnisch dreigeteilt

268 n.Chr. bis 325 n.Chr.:
Die Illyrer Claudius, Aurelian, Probus, Diocletian, Constantin sind Kaiser oder Mitkaiser in Rom.

537 (?) n.Chr.:
Die slawischsprachigen Sklawinen (ethnisch vermutlich Russen) und Anten (ebenso wie die Bolgaren aus dem Südosten des damaligen slawischen Siedlungsraums stammend, dem Namen nach und ethnisch mehr türkisch als indogermanisch, jedoch slawischsprachig) verbünden sich mit den Goten gegen das Römische Reich und besetzen 32 Festungen in der römischen Provinz Illyrien.

Im Nahen Osten gibt es die illyrische Sprache nicht mehr. Die heutigen Palästinenser scheinen ein einheitlich semitisches Volk zu sein. Die Hälfte der syrischen Bevölkerung, zu der auch der Präsident gehört, ist jedoch sehr hellhäutig und sieht tatsächlich ungewöhnlich mitteleuropäisch aus (Tscherkessen, Griechen, Hethiter, Galiläer, Philister?).
In Italien, Jugoslawien, Österreich und Westungarn ist die illyrische Sprache ausgestorben. In Ostösterreich wurde in der Zwischenzeit auch die Bevölkerung ausgerottet; der uralte illyrische Typ ist daher am ehesten zwischen Salzkammergut und Kärnten und bei vielen Burgenlandkroaten anzutreffen.
Vor allem die Slowenen und die Dalmatiner sind nach wie vor (vermutlich) überwiegend ethnische Illyrer.
Die Albaner waren den Slawisierungsattacken weniger ausgeliefert. Die alte Sprache hat sich dort erhalten. Auch der illyrische Bevölkerungsanteil (hellhäutig und braunhaarig) sieht völlig einheitlich aus. Daneben existieren aber heutzutage fast 30% dunkelhäutige Kurden und andere Iraner sowie Zigeuner.

*F*R*I*E*D*R*I*C*H*ÖÖÖÖÖ*T*H*I*E*T*M*A*R*ÖÖÖÖÖ*S*E*K*R*E*T*A*R.*

BILANZ

Der BBA-Terror enthielt so viele Aspekte, die aus der Sicht des Autors unmöglich dem Hirn eines einsamen Mannes in Gralla in der Südsteiermark entsprungen sein können. Das vorliegende Buch war der Versuch, die Causa sachlich zu bearbeiten und aufzuzeigen, dass viele Indizien dafür sprechen, dass nicht ein Einzelner am Werk war. Der Autor positioniert sich ganz klar. Hinter dem Fall scheint mehr verborgen zu liegen, viel mehr.

Wurde wirklich ernsthaft versucht, über Franz Fuchs hinaus nach Tätern zu suchen? Oder waren entsprechende Aussagen von der Suche nach Mittätern doch bloß Lippenbekenntnisse?

Ich fürchte, es war zu verlockend, den Fall mit der Verurteilung des Franz Fuchs abzuschließen. Und grotesk ist, dass dieser Umstand auch im Sinne einer unter dem deutschtümelnden BBA-Decknamen agierenden Tätergruppe liegt. Die Drahtzieher haben sich in den vergangenen Jahren vermutlich ins „Fäustchen gelacht", wie gut ihnen einerseits die Destabilisierung des Landes gelungen ist und andererseits, wie bequem sich der Fall gelöst hat. War der Einzeltäter Fuchs daher nicht für viele Seiten bequem?

Bei der Vorbereitung des Buches bin ich auf ein Zitat des berühmten US-amerikanischen Präsidenten Abraham Lincoln gestoßen, das für mich auch auf das unfreiwillige Publikum des BBA-Terrors, damit auf uns alle, zutrifft. Lincoln sagte einmal:

„Man kann einen Teil der Menschen immer zum Narren halten und alle Menschen gelegentlich. Aber nicht alle Menschen immerzu."

Zum Schluss lassen Sie mich noch einmal aufgrund der Ergebnisse dieses vorliegenden Buches zu dem Fall öffentlich Fragen stellen, Fragen, die nach Antworten suchen:

10 wichtige Fragen zum BBA-Terrorfall

1. Warum ist der Grazer Fuchs-Prozess den zahlreichen im vorliegenden Buch dargelegten Ungereimtheiten im BBA-Terrorfall gar nicht erst auf die Spur gegangen?

2. Warum hat der Grazer Fuchs-Prozess den BBA-Bekennerschreiben praktisch keine Aufmerksamkeit gewidmet? Wäre dabei vielleicht allzu rasch klar geworden, dass Franz Fuchs die Bekennerschreiben nicht verfasst haben konnte?

3. Wie erklärt man sich im Innenministerium das Insiderwissen über die Ermittlungsarbeit in dem Terrorfall, das in den BBA-Bekennerschreiben deutlich wird?
   Wie erklärt man sich Anspielungen auf geheime Gutachten oder die Wiedergabe von Details von Inhalten aus Besprechungen im Innenministerium?

4. Warum wurden im Grazer Fuchs-Prozess bestimmte und wichtige Zeugen nicht gehört? Wurden entscheidende Wahrnehmungen von Zeugen nicht zu Kenntnis genommen, weil diese die Einzeltäterthese widerlegt hätten?

5. Warum wurden Franz Fuchs viele wichtige Fragen zum BBA-Terror in den Vernehmungen vor dem Untersuchungsrichter nicht gestellt, wie die Vernehmungsprotokolle zeigen?

6. Warum wurde Franz Fuchs systematisch von Kreisen aus dem Innenministerium als Universalgenie dargestellt? Steht dies nicht im krassen Widerspruch zu den Vernehmungsprotokollen, zu den Ermittlungsergebnissen und vor allem im Gegensatz zum von poli-

tischem Desinteresse gekennzeichneten Leben von Franz Fuchs? Was soll Franz Fuchs bewogen haben, einen solch komplexen und hochpolitischen Terror durchzuziehen?

7. Hat die Justiz ein mögliches Alibi von Franz Fuchs zur fünften Briefbombenserie im Dezember 1995 gar nicht erst zur Kenntnis nehmen wollen?

8. Könnte es einen Bajuwaren im Bezirk Mödling in Niederösterreich geben? Lassen nicht diverse Wahrnehmungen einen solchen Schluss zu?

9. Gibt es Zusammenhänge zwischen dem BBA-Terrorfall und anderen Verbrechen? Warum wurde in der österreichischen Öffentlichkeit so wenig über eine Brief- und Buchbombenserie von Österreich nach Rumänien im Frühjahr 1995 bekannt?

10. Wie konnte es zum Selbstmord von Franz Fuchs kommen? Sind alle Umstände des Ablebens von Franz Fuchs wirklich geklärt?